DIGITAL

디지털금융을
알 지
못하는
사람을 **위한**

디지털 금융 기초 법률 상식

FINANCE

정세진 지음

한국금융연수원
KOREA BANKING INSTITUTE

발간사

인공지능, 블록체인, 클라우드 등 디지털 기술 혁신을 통한 금융권의 '디지털 전환(Digital Transformation)'이 활발하게 이뤄지고 있으며, 코로나19 팬데믹 상황에 대처하면서 이러한 현상은 더욱 가속화되고 있습니다. 금융과 디지털 기술의 접목을 통해 도입된 오픈뱅킹, 간편결제 등은 소비자에게 매우 편리한 전자금융 서비스를 제공하고 있으며, 나아가 고객 데이터의 효율적 활용으로 새로운 고부가가치 창출도 가능하게 했습니다.

한편 디지털금융 서비스의 확장과 함께 데이터 및 개인정보의 유출 또는 오·남용 위험이 증대되었으며, 비대면 거래에 따른 책임 소재를 더욱 명확하게 할 필요성이 커졌습니다.

디지털 시대의 위험과 부작용을 극복하고 디지털금융이라는 새로운 패러다임의 주도권을 잡기 위해서는 단순히 고객의 데이터를 분석하고 새로운 비즈니스를 도입하는 데 그칠 것이 아니라 디지털금융과 관련된 법과 제도에 대한 정확한 이해가 선행되어야 하며, 새로운 규제의 도입에도 각별한 주의를 기울여야 할 것입니다.

그러나 디지털금융과 관련된 법률을 실무에 직접 활용하도록 설명하는 도서를 찾기는 매우 힘듭니다. 이에 한국금융연수원에서는 독자들이 디지털금융과 관련된 기본적인 법률 지식을 손쉽게 습득하고, 연관된 강의에도 활용할 수 있도록 『디지털금융 기초 법률 상식』을 발간하게 되었습니다.

본 도서는 디지털금융 업무의 기초가 되는 데이터 및 전자금융거래와 관련된 법 전반에 대해 자세하게 설명하고 실무에서 발생할 수 있는 사례를 수록하였습니다. 아울러 디지털금융 서비스와 관련된 법률 이슈 등을 폭넓게 소개하고 있습니다.

본 도서가 나오기까지 많은 노력을 기울여온 저자와 감수자 그리고 우리 원 직원 여러분께 깊이 감사드리며, 금융인은 물론 디지털금융에 관심이 있는 일반인들도 이론적·실무적 지식을 넓히는 데 큰 도움이 되기를 기대합니다.

한국금융연수원 원장 **서 태 종**

머리말

최근 금융권의 최고 관심사는 단연 "디지털금융"이다. 마이데이터, 간편결제, 간편송금, 빅데이터, 클라우드 등이 모두 디지털금융의 범주에 포함된다. 금융분야에서 발생하는 새로운 서비스라면 그냥 디지털금융이라고 칭하는 분위기이다.

가끔 디지털금융이 금융의 한 분야라고 말하는 사람들이 있다. 그런데 이것은 잘못된 생각이다. 디지털금융은 금융의 한 분야가 아닌 금융 전체의 흐름이며, 가까운 미래에 대부분의 금융이 "디지털"이라는 수단을 통해서 행해질 것이기 때문이다.

그러므로 금융인이라면 또는 금융인을 목표로 하고 있는 '금융 꿈나무'라면 누구나 디지털금융과 관련된 기초 법률 상식을 필연적으로 알아야 한다.

어느덧 "디지털금융(또는 스마트금융 또는 핀테크)에서의 법률"이라는 강의를 시작한지도 5년이 되어간다. 강의를 하면서 기초적인 내용이 간략히 정리되어 있는 책이 있다면 유용할 것 같다는 생각을 여러 번 했고 수강생들로부터 디지털금융과 관련된 법률 기초를 다지기 위한 도서 추천 요청도 여러 번 받았는데, 필자가 직접 그 책을 집필해야겠다는 생각은 미처 하지 못했던 것 같다.

이 책은 디지털금융의 법률 기초를 다지고자 하는 금융인들에게 조금이나마 도움이 되길 바라며 집필한 책이다. 디지털금융의 핵심 법률인 데이터3법과 전자금융거래법의 기본적인 내용을 설명하였고 마이데이터, 빅데이터, 클라우드 등 각각의 서비스에서 이러한 법률이 어떻게 적용되는지를 설명하였다.

딱딱한 법률도서가 아니라 누구나 편하게 읽을 수 있는 교양도서를 만들고 싶었는데, 집필하다보니 너무 어렵게 쓰여진 것 같아 아쉬움이 남는다. 공학도로 살다가 처음 법학을 접했을 때 느꼈던 한계처럼 글쓰기는 참 어렵다는 것을 여러 번 깨닫는 시간이었다.

그럼에도 불구하고, 이 책을 통해 디지털금융을 위해 알아야 하는 기본적인 법률 상식 정도는 충분히 이해하고 습득할 수 있을 것이라고 기대한다. 그리고 가끔은 업무를 하다가 꺼내서 읽어보고 관련 법률 이슈를 점검해 볼 수 있는 정도의 체크리스트 같은 길잡이는 될 수 있을 것이다.

필자를 개인정보 분야로 이끌어 주신 스승님인 김진환 변호사님과 현실과 떨어진 법률가가 되지 않도록 끊임없이 실무를 알려주시는 이준현 상무님께 감사드린다. 또한 본서가 출판될 수 있도록 지원을 아끼지 않으신 한국금융연수원 서태종 원장님과 집필의 시작부터 마무리까지 꼼꼼히 챙겨주신 이지현 팀장님, 편집과 교정에 노고를 아끼지 않은 출판미디어사업부 모든 직원분들께도 감사의 마음을 전한다.

무엇보다도 집필에 집중할 수 있도록 배려와 격려를 아끼지 않은, 나의 전부인 아내와 아들에게 특별한 감사의 마음과 사랑을 전한다.

이 책을 통해 모든 독자들이 디지털금융과 법률에 조금 더 친해질 수 있기를 바란다.

2022년 7월

정 세 진

개정판을 내면서

지난 1년동안 디지털금융 관련 법률은 많은 변화가 있었다.

CPO 자격요건 강화, 개인정보 처리방침 평가 등을 내용으로 하는 개정 개인정보 보호법이 시행되었고 선불업자의 규제 강화를 주요 내용으로 하는 개정 전자금융거래법도 시행되었다. 한편, 망분리 및 클라우드 규제를 개선하는 전자금융감독규정의 개정도 있었다.

아울러, 금융위원회는 마이데이터 서비스 개선 및 생성형AI의 활용을 지원하는 계획을 발표하였고 개인정보보호위원회는 AI 환경에서의 데이터 활용과 관련한 다양한 가이드라인을 발간하였다.

이러한 경향은 올해에도 계속될 전망이다. 이미 관련 규제기관에서 디지털금융과 관련된 다양한 계획을 발표하였는데, 이 중 상당수가 올해 입법되거나 가이드라인 형태로 발간될 예정이다.

"활용"과 "보호"가 서로 상충되는 개념이라고 본다면, 최근 디지털금융 관련 규제의 방향은 예측하기 어려운 측면이 있다. 데이터와 관련된 법률은 활용을 장려하는 방향으로 개정되고 있으며, 정보보안과 관련된 규제도 금융회사에 보다 많은 자율성을 부여하는 방향으로 개정되고 있다. 반면, 전자금융업과 관련된 법률은 규제를 강화하는 방향으로 개정되고 있으며, 신용정보법 및 개인정보 보호법 위반을 이유로 금융회사에 과징금을 부과하는 사례도 증가하고 있다. 또한, 플랫폼 기업의 개인정보 무단 국외이전이나 대금정산 불능 사태 등과 같은 이슈로 전자금융업에 대한 규제를 더욱 강화해야 한다는 목소리가 커지고 있다.

결국 디지털금융을 잘하기 위해서는 “활용을 잘하면서 보호도 잘하는” 즉 “둘 다 잘하는” 상태가 되어야 한다. 그런데, 이를 위해서는 디지털금융과 관련된 기초 법률을 제대로 이해하는 것이 무엇보다도 중요하다.

법 개정 내용에 맞추어 책 내용도 새롭게 개정하였다. 신용정보법, 개인정보 보호법, 전자금융거래법 등의 개정 내용을 모두 반영하였고, 공개는 되었으나 아직 시행되지 아니한 법률의 내용이나 규제기관에서 발표한 계획도 참고자료라는 표시와 함께 모두 포함하려고 노력하였다.

또한, 최근 디지털금융에서 가장 주목받은 분야인 “금융AI와 관련된 법률 이슈”를 제7장에 새롭게 추가하였다.

마지막으로 언제나 아낌없는 배려와 응원을 보내주는 아내와 아들에게 깊은 감사와 사랑의 마음을 전한다.

이번 개정판이 빠르게 변화하는 디지털금융 환경에서 법률을 이해하는데 조금이나마 도움이 되길 바란다.

2025년 3월

정 세 진

CONTENTS

제1부
디지털금융과 기본 법률

제2부
디지털금융 서비스와 법률

CONTENTS

디지털금융
기초 법률 상식

디지털금융
기초 법률 상식

KOREA BANKING INSTITUTE

제1부
디지털금융과 기본 법률

제1장 디지털금융 관련 동향
제2장 디지털금융에 적용되는 주요 법률
제3장 디지털금융 주요 법률 이해하기 (데이터법)
제4장 디지털금융 주요 법률 이해하기 (전자금융거래법)

제1부

디지털금융과 기본 법률

제1장

디지털금융 관련 동향

KOREA BANKING INSTITUTE

제1장

디지털금융 관련 동향

최근 금융권의 최고 관심사는 단연 "디지털금융"이다. 많은 금융회사들이 디지털금융 분야를 육성하기 위하여 새로운 조직을 만들고 관련 인재를 영입하였다는 기사를 쉽게 접할 수 있다. 2019년 금융감독원은 보도자료를 통해 17개 은행 중 16개 은행이 디지털을 위한 전담조직을 운영하고 있으며 전담조직의 평균인원은 105.5명, 평균예산은 약 235억 원에 달한다고 분석한 바 있는데[1] 현재에는 이러한 자료를 낼 필요가 없을 정도로 금융회사마다 디지털금융에 대한 투자를 집중하고 있으며, ICT그룹, 융합센터, 디지털전략그룹, AI전담조직 등 디지털 역량을 강화하기 위한 다양한 조직을 계속 신설하고 있다.

한편, 플랫폼이나 전자상거래를 주요 사업영역으로 하는 소위 테크기업들도 활발히 디지털금융 분야에 진출하고 있다. 네이버는 계열사인 네이버파이낸셜을 통해 간편송금, 간편결제 등 다양한 디지털금융 서비스를 제공하고 있으며, 카카오도 카카오페이를 통해 이와 유사한 서비스들을 제공하고 있다. 이외 무신사(무신사페이먼츠), 쿠팡(쿠팡페이), 당근마켓(당근페이) 등도 디지털금융업을 담당하는 자회사를 운영하고 있다.

공식적으로 "디지털금융"의 의미에 대해 정의된 바는 없지만 일반적으로 "디지털 기술을 응용한 금융상품 또는 서비스"를 의미한다고 해석하고 있으며, 빅데이터, 마이데이터, 간편결제, 간편송금, 금융권 클라우드, 혁신금융서비스, 가상자산, 블록체인, 토큰증권,

1) 금융회사의 디지털 전환 추진 현황(2019. 5. 15.)

AI 등 금융권에서 생겨나는 디지털을 이용한 신기술은 모두 디지털금융이라는 범주 내에 포함된다고 보는 것이 일반적인 경향이다.

이와 유사한 용어로서 "핀테크"라는 용어도 많이 사용하는데, 이는 금융(Finance)과 기술(Technique)이 융합된 신조어로서 "전통적인 금융모델이 아닌 새로운 형태의 금융서비스를 기업과 소비자에게 제공할 수 있는 방향으로 금융과 기술이 결합하는 것"이라고 해석하는 것이 일반적인 경향이다.

엄격히 구분해야 하는 경우라면 "디지털금융"과 "핀테크"를 동일한 용어로 볼 수는 없겠지만 금융권 현장에서는 두 용어를 딱히 구분하지 않고 혼용하는 경우가 많으므로 "디지털금융"이라고 얘기하는 것과 "핀테크"라고 얘기하는 것이 별반 다르지 않다고 보아도 무리가 없을 것으로 생각된다[2].

〈그림 1-1-1〉 금융권 디지털 전환 현황

금융권 디지털 전환 현황

	전담조직	전담조직 평균 인원	평균 예산(원)
은행 (17개사)	16곳	105.5명	235억 6,000만
카드 (8개사)	8곳	107명	52억 6,000만
보험 (41개사)	25곳	20.9명	32억 1,000만
증권 (42개사)	14곳	34.7명	28억 1,000만

출처: 금융감독원(2019)

2) 본서에서도 "디지털금융"과 "핀테크"라는 용어를 구분하지 아니하고 사용하였으며, 주로 "디지털금융"이라는 용어로 표현하였다.

제1부

디지털금융과 기본 법률

제2장

디지털금융에 적용되는 주요 법률

KOREA BANKING INSTITUTE

제2장

디지털금융에 적용되는 주요 법률

제1절 디지털금융 주요 법률

앞 장에서 언급한 디지털금융에 해당하는 서비스들을 살펴보면 대체로 크게 3가지 범주로 구분할 수 있다.

첫째는 간편결제, 간편송금, PG업 등과 같이 전통적인 금융서비스에서는 존재하지 않았던 새로운 전자금융서비스, 둘째는 마이데이터, 빅데이터, 로보어드바이저, 금융AI 등과 같이 대규모 데이터를 수집·발굴·분석하여 새로운 가치를 만들어내는 서비스, 셋째는 클라우드, 블록체인 등과 같이 기존에는 금융회사 내부에 두던 저장 공간을 금융회사의 외부에서도 가능하게 함으로서 새로운 구조를 만들어내는 서비스[3]로 나눌 수 있다.

이러한 분류에 따라 각각의 서비스에 적용될 수 있는 주요 법률을 매칭시켜보면 간편결제, 간편송금 등 새로운 금융서비스와 관련하여서는 선불전자지급수단, 전자지급결제대행업 등 <u>전자금융업을 다루고 있는 「전자금융거래법」이 주요 법률에 해당할 것이다.</u> 빅데이터, 마이데이터 등 대규모 데이터를 처리하여 가치를 만들어내는 서비스는 처리하

3) 이 부분은 좀 더 추가 설명이 필요할 것으로 보이는데, 예전에는 금융회사의 고객정보를 금융회사 내부에서 처리하는 것이 일반적이었으나 클라우드는 이러한 정보처리시스템을 외부인 클라우드 공간에서 처리할 수 있도록 하는 것이고 블록체인(분산원장기술)은 정보를 외부에 분산하여 저장·관리하도록 함으로써 보안성, 투명성 등을 높이는 방식이다.

는 데이터가 대부분 개인에 관한 데이터일 것이므로 소위 데이터3법이라고 일컬어지는 「개인정보 보호법」, 「정보통신망 이용촉진 및 정보보호 등에 관한 법률」(이하 "정보통신망법"), 「신용정보의 이용 및 보호에 관한 법률」(이하 "신용정보법")이 주요 법률에 해당할 것이다. 마지막으로, 클라우드, 분산원장기술 등 저장(처리)공간의 변화로 새로운 가치를 만들어내는 서비스의 경우에는 금융회사의 정보처리시스템과 관련된 내용을 규율하는 법률이 주요 법률이 될 것인데, 정보처리시스템에 관한 규제는 전자금융거래법 하위고시인 전자금융감독규정이나 개인정보 보호법의 하위고시인 개인정보의 안전성 확보조치 기준 또는 신용정보법의 하위고시인 「신용정보업감독규정」에서 다루고 있으므로 역시 전자금융거래법과 데이터3법[4]이 주요 법률에 해당할 것이다.

물론, 디지털금융 서비스는 고객과 직접 대면하여 제공하던 서비스를 비대면으로 제공하는 것이 주요 특징 중 하나이므로 전자문서 및 전자서명의 활용이 필수적이다. 따라서 「전자문서 및 전자거래 기본법」(이하 "전자문서법") 및 「전자서명법」도 디지털금융에 적용되는 법률에 해당할 것이고 가상자산에 대해 규율하고 있는 「특정 금융거래정보의 보고 및 이용 등에 관한 법률」(이하 "특정금융정보법") 및 가상자산 이용자 보호 등에 관한 법률, 혁신적인 금융서비스에 대해 일정기간 규제 적용의 예외를 허용해주는 「금융혁신지원 특별법」(이하 "금융혁신법") 등도 디지털금융 관련 법률이라고 할 수 있을 것이다.

그러나 "디지털금융"의 핵심만을 요약한다면 1) 새로운 전자금융서비스를 도입하거나 2) 개인 데이터를 분석하여 새로운 가치를 창출하거나 3) 데이터의 저장 또는 처리되는 공간의 변화를 가져오는 것이라고 할 수 있는데, 이는 데이터3법과 전자금융거래법의 영역이므로 디지털금융 관련 주요 법률은 단연 데이터3법과 전자금융거래법이라고 정리할 수 있다.

---

4) 2020. 8. 5. 시행된 개정 데이터3법에서 정보통신망법에 있었던 개인정보 보호 관련 규정을 개인정보 보호법으로 일원화하였으므로 현재는 데이터3법이 아닌 데이터2법으로 부르는 것이 더 정확한 표현이다. 그러나 현재에도 여전히 개인정보 보호 관련 법률들을 데이터3법이라는 용어로 통칭하고 있으므로 본서에서도 그대로 데이터3법이라는 용어로 표현하였다.

〈그림 1-2-1〉 디지털금융 주요 법률

디지털금융 주요 법률

- 전자금융거래법
- 업무 위탁 관련 규정
  - ✓ 금융기관의 업무 위탁 등에 관한 규정
  - ✓ 금융회사의 정보처리 업무 위탁에 관한 규정

- 개인정보 보호법
- 신용정보의 이용 및 보호에 관한 법률
- 정보통신망 이용촉진 및 정보보호 등에 관한 법률
- 전자문서 및 전자거래 기본법, 전자서명법

금융회사가 디지털금융 서비스의 도입을 위해 관련 법률을 검토할 때 추가로 기억해야 할 것이 한 가지 더 있다.

전통적으로 금융 관련 법률은 업권별로 법을 구성하는 구조를 취해 온 것으로 보인다. 예를 들어, 은행업은 은행법, 보험업은 보험업법, 신용카드업은 여신전문금융업법, 금융투자업은 자본시장법과 같은 구조이다. 따라서 우리가 디지털금융 서비스를 도입하기 위해 법률검토를 할 시 전자금융거래법과 데이터3법을 확인하여, 허가, 등록, 신고 등의 절차가 필요하지는 아니한지, 고객의 데이터를 이용하기 위해서는 어떠한 절차를 거쳐야 하는지, 정보처리시스템 또는 전산실에는 어떠한 조치가 필요한지 등을 확인하고 필요한 조치를 취하는 것에 더하여 우리 회사가 속해 있는 업권의 법에서 혹여라도 준비 중인 서비스를 금지하고 있지는 아니한지 또는 추가적인 의무를 부여하고 있는 것은 없는지 여부를 꼭 확인할 필요가 있다.

예를 들어 은행에서 클라우드 서비스를 이용하여 빅데이터 분석을 하는 서비스를 제공하고자 한다면 전자금융거래법과 데이터3법 등을 확인한 후에 반드시 은행법에서 추가적인 의무를 부여하고 있는 규정이 없는지를 확인하여야 한다.

〈표 1-2-1〉 금융회사의 업권별 관련 법령의 예시

금융회사의 업무	관련 법령
은행업	은행법
금융투자업	자본시장과 금융투자업에 관한 법률
보험업	보험업법
신용카드업	여신전문금융업법
저축은행업	상호저축은행법
대부업	대부업 등의 등록 및 금융이용자 보호에 관한 법률

정리

- 회사에서 디지털금융 서비스를 도입하고자 한다면 전자금융거래법과 데이터3법의 관련 내용을 확인하여야 한다. 또한 구체적인 서비스의 내용에 따라 자본시장법, 특정금융정보법, 금융혁신법 등을 확인하여야 하는 경우도 생길 수 있다.

- 이러한 법률의 검토를 마친 후에는 꼭 회사가 속해 있는 업권 전체를 규율하는 법이 없는지를 확인하고 해당하는 법이 있다면 그 법에서 달리 정한 바가 있는지도 확인하여야 한다.

제2절 관련 법령 개정 분위기

1. 데이터3법 개정 분위기

2014년 1월에 드러난 카드3사 관련 대규모 개인정보 유출사고 이후 수년간 개인정보 보호 관련 규정은 보호를 강화하는 방향으로 개정되어 왔다. 개인정보 보호법의 경우 주민등록번호를 동의기반이 아닌 법률, 대통령령 등에서 구체적으로 처리를 요구하거나 허용한 경우에만 처리가 가능하도록 하고 주민등록번호의 암호화를 의무화하였으며, 징벌적 손해배상제·법정손해배상제를 도입하여 개인정보 유출에 대한 정보주체의 피해 구제를 강화하는 등의 개정이 있었다. 정보통신망법의 경우에도 개인정보 유출 시 지체 없이 통지 및 신고하도록 하고 이동통신단말장치에 대한 접근권한 취득 시 동의를 받도록 하는 등 개인정보 처리 시의 의무를 강화하여 왔다. 이러한 개인정보의 보호를 강화하는 경향은 신용정보법에서도 동일하게 반영되었다.

▸ 카드3사 유출 사건

3개 카드사의 부정사용방지시스템(FDS; Fraud Detection System) 업그레이드 개발을 담당하던 수탁업체의 책임자인 직원이 3개사의 고객정보를 유출한 사건이다. 유출된 고객정보는 3개사 모두 합해 1억 건이 넘어, 지금까지 벌어진 고객정보 유출 사건 중 가장 규모가 컸다. 간혹 우리나라 인구가 1억 명이 안 되는데 ... 라고 질문하시는 분들이 계신데, 개별 카드사별로 산출한 것이므로 중복 계산된 경우가 있기 때문이다.

이로 인해 3개 카드사는 3개월간 신용카드 신규 회원 모집 및 현금서비스 등 신규 카드 대출 등의 영업정지 조치에 처해졌으며, 600만 원의 과태료가 부과되었다. 또한 관련 민사소송에서 유출 고객당 7~10만 원의 손해배상판결이 내려졌으며, 형사소송에서는 롯데카드 1,000만 원, KB카드 및 NH카드는 1,500만 원의 벌금이 부과되었다.

이에 대해, 사건의 심각성에 비해 벌금액수가 적어 판결에 문제가 있다고 주장하는 언론기사들이 더러 있었는데, 유출 사고가 발생하던 당시의 개인정보 보호법에 따르면 1,000만 원 또는 1,500만 원의 벌금이 법인에 부과할 수 있는 최고형이었으므로 당시 재판부로서는 가장 엄한 처벌을 내린 것이다.

최근에는 데이터의 활용을 장려하는 분위기에 맞춰 개정 경향이 달라졌는데, 2020. 2. 4. 개정(2020. 8. 5. 시행)된 데이터3법의 제정·개정이유에서 이를 명확히 확인할 수 있다. 이처럼 최근의 데이터3법의 개정 분위기는 데이터의 보호보다는 이용의 활성화에 좀 더 방점을 두고 있는 것으로 보인다.

▸ 신용정보법 개정이유 일부

신용정보의 이용 및 보호에 관한 법률

시행 2020. 8. 5. [법률 제16957호 2020. 2. 4., 일부개정]

데이터는 사물인터넷, 인공지능 등으로 대표되는 4차 산업혁명의 흐름 속에서 혁신성장의 토대가 될 것으로 기대되고 있는데, 특히, 금융분야에서는 소비·투자 행태, 위험성향 등 개인의 특성을 반영한 맞춤형 금융상품의 개발 등 데이터의 활용가치가 매우 높음

그러나, 우리나라는 빅데이터 이용률이 저조하고, 빅데이터 활용과 분석수준도 다른 나라에 비해 뒤처져 있는 실정인 바, 데이터 경제로의 전환이라는 전 세계적 환경변화를 적극적으로 수용하면서 적극적인 데이터 활용으로 소비자 중심의 금융혁신 등의 계기를 마련하기 위하여 빅데이터 분석·이용의 법적 근거를 명확히 함과 동시에…

▸ 개인정보 보호법 개정이유 일부

개인정보 보호법

시행 2020. 8. 5. [법률 제16930호, 2020. 2. 4., 일부개정]

4차 산업혁명 시대를 맞아 핵심 자원인 데이터의 이용 활성화를 통한 신산업 육성이 범국가적 과제로 대두되고 있고, 특히, 신산업 육성을 위해서는 인공지능, 클라우드, 사물인터넷 등 신기술을 활용한 데이터 이용이 필요한 바, 안전한 데이터 이용을 위한 사회적 규범 정립이 시급한 상황임

그러나, 현행법상 개인정보 보호 감독기능은 행정안전부·방송통신위원회·개인정보보호위원회 등으로, 개인정보 보호 관련 법령은 이 법과 「정보통신망 이용촉진 및 정보보호 등에 관한 법률」 등으로 각각 분산되어 있어 신산업 육성을 위한 데이터 이용 활성화를 지원하는 데 한계가 있어 왔음

이에 따라, 정보주체의 동의 없이 과학적 연구, 통계작성, 공익적 기록보존 등의 목적으로 가명정보를 이용할 수 있는 근거를 마련하되…

한편, 디지털 시대에 맞게 개인정보 보호법을 정비한 것이라고 알려져 있는 개인정보 보호법 개정안이 2023. 2. 27. 국회 본회의를 통과하여 2023. 3. 14. 공포되었다. 개정법에서는 전송요구권을 도입하여 현재 금융·공공 등 일부 분야에서만 추진 중인 마이데이터 사업을 全국민, 全분야 마이데이터 산업으로 확장하고 온-오프라인 이중규제·개인영상정보 처리 등 신기술환경 변화에 따라 가지 못하는 규제 등을 디지털 전환에 맞추어 대폭 정비하는 내용 등을 담고 있다.

따라서 개정 개인정보 보호법의 시행에 따라 개인정보의 이용이 더욱더 활성화되는 분위기가 형성될 것이다.

〈그림 1-2-2〉 개정 개인정보 보호법 주요 내용(개인정보보호위원회 보도자료 내용 중)

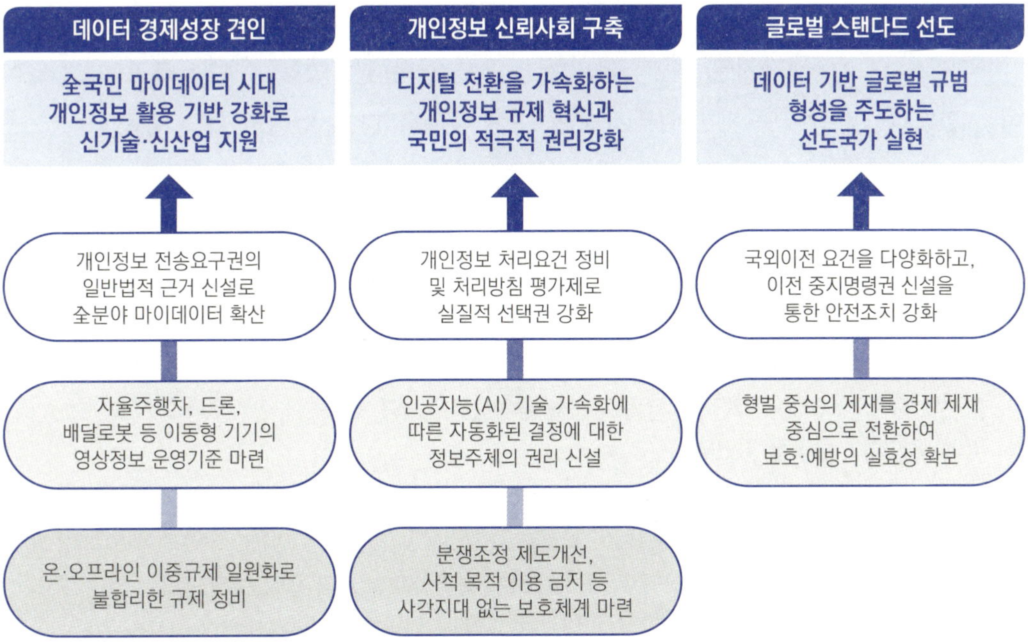

출처: 개인정보보호위원회(2023)

참고

개정 개인정보 보호법 시행 시기

개정된 개인정보 보호법은 1) 공포 후 6개월이 경과한 날, 2) 공포 후 1년이 경과한 날, 3) 공포 후 1년이 경과한 날부터 공포 후 2년이 넘지 아니하는 범위에서 대통령령으로 정하는 날로 시행일이 나누어져 있다.

현재 대부분의 개정 규정이 시행된 지 1년이 지났지만, 특히 큰 변화를 가져올 정보전송요구권 관련 규정은 최근인 2025년 3월 13일에 시행되었다. 따라서 이 규정이 실무에 어떻게 적용될지는 좀 더 지켜볼 필요가 있다.

2. 전자금융거래법 개정 분위기

최근 전자금융거래법도 개정되었는데, 2023. 9. 14. 개정(2024. 9. 15. 시행)된 전자금융거래법은 선불전자지급수단과 관련한 규제를 강화하는 것을 주 내용으로 하고 있다. 이는 2021년 발생한 머지포인트 사태에 대한 대책을 담고 있다고 알려져 있다.

▸ 머지포인트 사태

머지포인트란 머지플러스라는 회사에서 운영하던 포인트 제도이다. 당시 이용자는 할인된 가격으로 머지포인트를 구매하여 카페, 음식점, 편의점 등에서 사용할 수 있었다. 예를 들어, 이용자는 8,000원을 지불하고 10,000원의 가치를 가지는 머지포인트를 구입할 수 있었으며, 이를 이용하여 편의점에서 10,000원짜리 상품을 구입할 수 있었다. 해당 서비스가 인기를 끌면서 약 100만 명의 이용자가 몰리게 되었다.

그러자 2021년 8월 금융당국은 머지포인트가 선불전자지급수단에 해당한다고 판단하여 머지포인트 운영사인 머지플러스에 전자금융업 등록을 요청하는 시정권고를 내렸다. 이로 인해 주요 가맹점이 계약을 해지하면서 머지포인트의 사용처가 급감하고 결제가 갑자기 중단되는 일이 벌어지게 되었고 이는 대량의 환불 사태로 이어졌다. 그러나 이미 자금을 다 써버린 회사는 환불해줄 자금이 없었으므로 현재까지도 대부분의 이용자들이 충전금을 돌려받지 못하고 있다.

머지포인트 사태로 인해 흔히 포인트로 통칭되는 결제수단에 관한 규제가 강화되어야 한다는 여론이 형성되었다.

한편, 최근에는 2024년 발생한 이른바 티메프사태[5]로 인해 PG업과 관련한 규제를 강화하는 것을 주 내용으로 하는 전자금융거래법 개정 움직임이 활발히 일고 있다. 따라서, 최근의 전자금융거래법의 개정 분위기는 전자금융업과 관련된 규제를 강화하는 방향으로 흘러가고 있다고 볼 수 있다.

다만, 전자금융거래법의 하위 고시로서 정보기술부문의 안전성 확보와 관련된 규제를 담고 있는(즉, 금융보안과 관련된 규정이 모여있는) 전자금융감독규정은 규제를 완화하는 방향으로 개정 움직임이 일고 있다.

2025. 2. 5. 시행된 개정 전자금융감독규정은 규칙 중심의 규제를 원칙 중심의 규제로 개선하여 개별 금융회사가 자율적 판단에 따라 보안체계를 구축하는 자율보안체계 구축을 목표로 하고 있다. 구체적으로는 현행 293개 행위규칙 중 134개 규칙을 삭제하여 166개[6]로 축소하는 것이 주요 내용이다. 따라서, 향후 금융회사가 금융보안을 위해 준수하여야 하는 의무사항들이 대폭 축소될 것으로 보인다. 그러나 "자율 보안"이라는 의미가 단순히 규제를 풀어준다는 의미가 아니라 회사의 상황에 따라 보안체계를 확립하고 감독당국은 추후 문제가 발생하였을 경우 사후적으로 규제하겠다는 의미이므로 막연히 규제가 완화되었다고 생각하는 것은 무리가 있다.

예전에는, 법에서 구체적으로 회사가 해야할 일을 알려줬는데, 이제는 스스로 알아서 하란 의미이므로 어쩌면 회사 입장에서는 더 부담이 되는 상황이 된 것일지도 모른다[7].

5) 전자상거래업체이자 2차 PG업체인 위메프 및 티몬이 판매자에게 대금 정산을 지연하면서 시작된 소비자 환불 불가 사태를 의미한다. 티메프는 결국 지급 불능 상태에 직면하게 되었고 현재까지도 다수의 판매자들이 판매대금을 정산받지 못하고 있는 상황이다.
6) 293(현행) - 134(삭제) + 7(신설) = 166
7) 일부 규정의 시행일은 2025. 8. 5. 또는 2026. 2. 5.로 늦춰져 있으므로 회사에서 개정 내용을 반영할 시 이 부분도 확인하여야 한다.

〈그림 1-2-3〉 규칙(rule) → 원칙(principle) 중심으로 전자금융감독규정 합리화

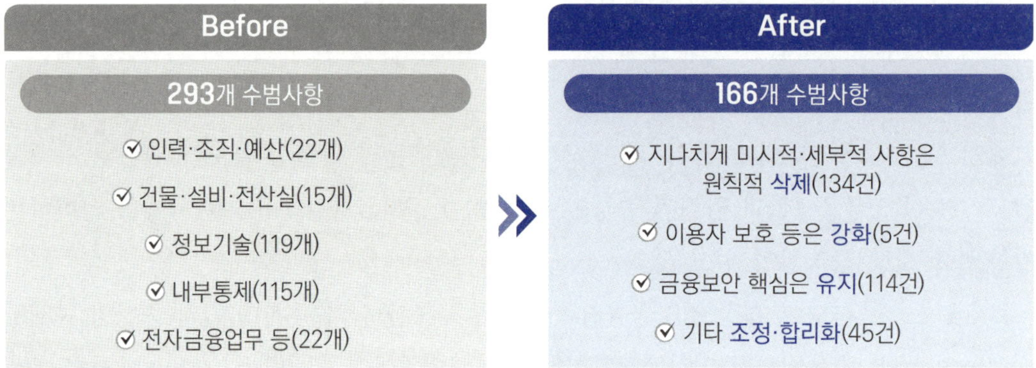

출처: 금융위원회(2024)

정리

- 2023. 3. 14. 공포된 개정 개인정보 보호법은 개인정보 처리요건을 정비하고 온-오프라인 이중규제를 일원화하는 등 많은 변화를 수반하고 있다. 따라서, 해당 내용을 꼼꼼히 확인하여 회사의 정책, 시스템 등에 반영할 필요가 있다.

- 2024. 9. 15. 시행된 개정 전자금융거래법은 선불전자지급수단에 관한 규제를 강화하는 것을 주 내용으로 하고 있다. 또한, 전자지급결제대행업자(PG업자)의 규제를 강화하는 것을 주 내용으로 하는 전자금융거래법 개정 움직임이 활발히 일고 있다. 따라서, 전자금융업을 수행하는 회사들은 전자금융거래법의 개정 추이를 잘 모니터링하여야 한다.

- 2025. 2. 5. 시행된 개정 전자금융감독규정은 금융보안과 관련한 규제의 많은 변화를 담고 있다. 따라서 개정 내용에 맞춰 회사의 정책, 시스템 등을 변경할 필요가 있다.

제1부
디지털금융과 기본 법률

제3장

디지털금융 주요 법률 이해하기 (데이터법)

KOREA BANKING INSTITUTE

제3장

디지털금융 주요 법률 이해하기 (데이터법)

앞선 장에서 살펴본 바와 같이 디지털금융의 주요 법률은 개인정보 보호법 및 신용정보법과 전자금융거래법이다. 따라서 이 법률의 내용을 잘 알고 있어야 디지털금융 서비스를 수행하기 위해 지켜야 하는 법적 의무를 알 수 있다. 본 장에서는 이에 대해 다룰 것인데, 반드시 알아야 할 기초적인 내용 위주로 설명하려고 한다.

이외에도 디지털금융을 위해서는 전자서명법, 금융혁신지원 특별법 등에 대해서도 알아야 하는데, 이는 제2부에서 개별 디지털금융 서비스에 적용되는 법적 의무를 설명하면서 다루고자 한다.

제1절 데이터법 개론

앞서 설명한 바와 같이 2020년 데이터 3법이 개정되어 데이터2법(개인정보 보호법, 신용정보법)으로 변경되었다. 또한 2023년 개인정보 보호법이 한 차례 더 개정되었다. 간혹 이러한 개정과정을 거치면서 정보통신망법에 있었던 규제들이 사라진 것으로 착각하는 사람들이 있는데 이는 잘못된 생각이다. 두 번의 개정과정을 거치면서 일부 규제들이 사라지기는 하였으나 상당수의 규제들은 개인정보 보호법 내의 일반 규정에 통합되거나 새로 신설되는 방식으로 여전히 남아있다. 따라서 법을 검토할 때 기존에는 개인정보

보호법, 정보통신망법, 신용정보법 3개의 법을 찾아서 확인해야 했던 것이 이제는 개인정보 보호법, 신용정보법 2개의 법만을 찾아보면 된다는 의미일 뿐 여전히 규제의 상당 부분이 그대로 남아 있다는 점을 인지하고 착각하지 말아야 한다[8].

어쨌든 디지털금융을 위해서는 신용정보법과 개인정보 보호법을 알아야 하므로 이번 장에서는 이 2개의 법률에 대해서 설명하고자 한다. 본 장에서 다루는 내용은 데이터2법의 개론적인 내용이므로 데이터법의 고수가 되기 위해서는 훨씬 더 많은 내용을 알아야 한다는 점을 기우(杞憂)에서 다시 한번 강조한다.

1. 개인정보 처리 법령 간의 관계

금융권의 개인정보 처리와 관련된 법률은 신용정보법, 개인정보 보호법, 금융실명거래 및 비밀보장에 관한 법률(이하 "금융실명법") 일부 규정, 금융지주회사법 일부 규정 등이 있다. 각 법률마다 내용이 조금씩 상이한 경우가 있고 부여하고 있는 의무의 경중에도 차이가 있으므로 개별 법령 간의 관계를 잘 알고 있어야 한다.

개인정보 보호법 및 신용정보법에서는 다른 법률과의 관계에 대해 다음과 같이 정하고 있다.

▸ 개인정보 보호법

제6조(다른 법률과의 관계) 개인정보 보호에 관하여는 다른 법률에 특별한 규정이 있는 경우를 제외하고는 이 법에서 정하는 바에 따른다.

▸ 신용정보의 이용 및 보호에 관한 법률

제3조의2(다른 법률과의 관계) ① 신용정보의 이용 및 보호에 관하여 다른 법률에 특별한 규정이

8) 개인정보 처리와 관련된 규정은 아니지만 디지털금융 서비스 제공 시 반드시 연결되는 영리목적의 광고성 정보(일명 SPAM)와 관련된 규정은 여전히 정보통신망법에 남아 있다. 따라서 정보통신망법의 일부 규정도 여전히 검토가 필요하다. 제2부에서 이와 관련된 내용도 언급할 것이다.

있는 경우를 제외하고는 이 법에서 정하는 바에 따른다.
② 개인정보의 보호에 관하여 이 법에 특별한 규정이 있는 경우를 제외하고는 「개인정보 보호법」에서 정하는 바에 따른다.

정리하면, 금융실명법이나 금융지주회사법 등 개별 금융법에 있는 개인정보 관련 규정이 신용정보법보다 우선하여 적용되고 신용정보법은 개인정보 보호법에 우선하여 적용된다.

▸ **법적용 순서**

1) 개별 금융법 내의 개인정보 관련 규정, 2) 신용정보법, 3) 개인정보 보호법

따라서, 금융회사에서 디지털금융 서비스를 제공하기 위해 개인신용정보를 처리하는 경우라면 먼저 신용정보법을 기준으로 검토하고 신용정보법에서 다루고 있지 않는 내용에 한해 개인정보 보호법을 적용한다. 물론 금융실명법 등 개별 금융법 내의 개인정보 관련 규정이 적용되는 이슈라면 개별법의 관련 내용을 최우선적으로 검토하여야 한다.

〈그림 1-3-1〉 개정 후 데이터3법의 관계

개인정보 보호법

- 개인정보 보호에 관한 일반법
- 개인정보를 처리하는 모든 법인, 단체 및 개인에 적용

신용정보법

- 상거래(주로 금융거래) 관련 개인신용정보에 관한 특별법
- 신용정보제공 이용자(주로 금융기관)에 적용

제2절 개인정보·신용정보[9]의 개념

가장 먼저 내가 업무상 다루고 있는 데이터가 개인정보인지 또는 신용정보인지를 확인하여야 개인정보 보호법 또는 신용정보법의 검토가 필요한지 여부를 알 수 있다.

개인정보 보호법이 개인정보에 관한 일반법이므로 먼저 "개인정보"인지 여부를 확인하여야 하며 "개인정보"에 해당하지 않는다고 판단된다면 데이터법 자체의 검토가 필요하지 않을 것이다. "개인정보"에 해당한다고 판단된다면 "개인신용정보"에 해당하는지 여부도 판단하여야 하는데, 판단결과 "개인신용정보"에도 해당한다고 판단된다면 신용정보법과 개인정보 보호법을 모두 검토하여야 할 것이며, 개인정보이나 개인신용정보는 아니라고 판단된다면 신용정보법은 검토할 필요가 없을 것이다.

개인정보(○)이고 신용정보(○)	→	개인정보 보호법과 신용정보법 검토
개인정보(○)이나 신용정보(×)	→	개인정보 보호법만 검토
개인정보(×)이고 신용정보(×)	→	데이터법 검토 불필요

따라서 "개인정보"와 "개인신용정보"의 정의가 어떠한지를 정확히 아는 것은 매우 중요하다.

9) 디지털금융 서비스는 고객 "개인"의 신용정보를 다루므로 주로 개인신용정보를 처리한다. 따라서, 본 서에서 사용하는 "신용정보"와 "개인신용정보"라는 용어는 모두 신용정보법상의 "개인신용정보"를 의미한다고 생각하면 된다.

1. 개인정보란?

개인정보 보호법에서는 개인정보를 다음과 같이 정의하고 있다.

▸ **개인정보 보호법**

제2조(정의)

1. "개인정보"란 살아 있는 개인에 관한 정보로서 다음 각 목의 어느 하나에 해당하는 정보를 말한다.
   가. 성명, 주민등록번호 및 영상 등을 통하여 개인을 알아볼 수 있는 정보
   나. 해당 정보만으로는 특정 개인을 알아볼 수 없더라도 다른 정보와 쉽게 결합하여 알아볼 수 있는 정보. 이 경우 쉽게 결합할 수 있는지 여부는 다른 정보의 입수 가능성 등 개인을 알아보는 데 소요되는 시간, 비용, 기술 등을 합리적으로 고려하여야 한다.
   다. 가목 또는 나목을 제1호의2에 따라 가명처리함으로써 원래의 상태로 복원하기 위한 추가 정보의 사용·결합 없이는 특정 개인을 알아볼 수 없는 정보(이하 "가명정보"라 한다)

가목은 그 정보만으로 바로 누군지 알 수 있는 정보를 의미하므로 개인정보라는 데 이견이 없으나 늘 문제는 나목에서 발생한다.

외국기업들과 개인정보 처리 관련 업무를 하다보면 한국의 개인정보 규제가 너무 어렵다는 얘기를 종종하는데, 결국 그것도 나목의 "쉽게 결합하여 알아볼 수 있는"의 수준을 어디까지로 보아야 할지의 해석이 어렵다는 얘기이다. 개인정보의 보호를 강조하는 입장에서는 이를 넓게 해석하여야 한다고 주장하는데, 이러한 주장에 따르면 개인에게서 떨어져 나온 정보는 대체로 개인정보라는 해석에 이르게 되어 데이터의 활용을 강조하는 현재 트렌드와는 맞지 않는 해석이 된다.

다목은 2020년 개정을 통해 새로 도입된 "가명정보"를 의미하는데, 가끔 "가명정보는 동의 없이 사용할 수 있는 것으로 알고 있는데 그렇다면 개인정보가 아닌 거 아닌가요?"라는 질문을 받곤 한다. 그러나 가명정보를 개인정보에서 제외한다면 개인정보 보호법 적용대상 자체에 해당하지 않게 되어 이를 규제할 수 있는 방법이 없게 된다. 따라서 개인정보 보호법에서는 가명정보를 개인정보의 하나로 포함시킨 뒤 가명정보에 대해서는 주요 규정의 적용을 제외하는 방식[10]을 취하고 있다[11].

---

10) 가명정보는 개인정보 보호법 제20조, 제20조의2, 제27조, 제34조제1항, 제35조, 제35조의2, 제36조 및 제37조를 적용하지 아니한다.

결국 업무를 하다보면 처리하고 있는 정보가 나목에 해당하는지 여부에 따라 "개인정보의 처리"인지 아닌지 여부가 결정되는 경우가 대부분일 것이다.

나목의 "결합 용이성"과 관련하여, 법에서는 다른 정보의 입수 가능성 등 개인을 알아보는 데 소요되는 시간, 비용, 기술 등을 합리적으로 고려하여야 한다고 정하고 있다. 여기에서의 '입수 가능성'은 두 개 이상의 정보를 결합하기 위해 그 결합에 필요한 다른 정보에 합법적으로 접근하여 이에 대한 지배력을 확보할 수 있어야 하며 해킹·절취 등 불법적인 방법으로 취득한 정보까지 포함되지는 않는다고 해석하고 있다. 따라서 쉽게 결합하여 개인을 식별할 수 있게 하는 정보가 있다고 하더라도 합법적으로 이를 입수할 방법이 전혀 없는 경우라면 이러한 정보는 제외하고 "결합 용이성"을 판단하여야 한다.

또한, 입수 가능성이 있는 정보라고 하더라도 현재의 기술 수준이나 충분히 예견할 수 있는 기술 발전 등을 고려하여 결합에 시간이나 비용, 노력이 비합리적으로 과다하게 수반되지 않아야 한다. 따라서 일반적으로 사업자가 구매하기 어려울 정도로 고가의 장비가 있어야 결합이 가능한 경우라면 '쉽게 결합'하기 어렵다고 보아야 한다.

판례에서 어떠한 기준으로 이를 판단하고 있는지를 참고한다면 좀 더 쉽게 개념을 이해할 수 있을 것이다.

1) 휴대전화번호 뒤 4자리가 개인정보에 해당하는지(대전지법 논산지원 2013. 8. 9. 선고 2013고단17판결)

경찰공무원 A가 피해자의 휴대전화번호 뒷자리 4자를 제3자에게 알려준 것이 업무상 알게 된 개인정보를 권한 없이 다른 사람이 이용하도록 제공한 행위에 해당하는지 여부가 문제된 사안

---

11) 신용정보법의 경우에도 동일한 방식으로 가명정보는 신용정보법 제32조 제7항, 제33조의2, 제35조, 제35조의2, 제35조의3, 제36조, 제36조의2, 제37조, 제38조, 제38조의2, 제38조의3, 제39조 및 제39조의2부터 제39조의4까지의 규정의 적용이 제외된다.

휴대전화번호 뒷자리 4자만으로도 그 전화번호 사용자가 누구인지를 식별할 수 있는 경우가 있고, 설령 휴대전화번호 뒷자리 4자만으로는 그 전화번호 사용자를 식별하지 못한다 하더라도 그 뒷자리 번호 4자와 관련성이 있는 다른 정보(생일, 기념일, 집 전화번호, 가족 전화번호, 기존 통화내역 등)와 쉽게 결합하여 그 전화번호 사용자가 누구인지를 알아볼 수도 있다고 보아 개인정보라고 판단함

2) 'IMEI/USIM 일련번호'가 개인정보에 해당하는지(서울중앙지방법원 2011. 2. 23. 선고 2010고단5343판결)

피고인이 증권앱을 개발하면서 사용자들의 'IMEI(국제모바일 단말기 인증번호)와 USIM 일련번호'를 가져와 관심종목을 보여주도록 서비스에 이용한 것이 동의 없이 개인정보를 수집·이용한 행위에 해당하는지 여부가 문제된 사안

IMEI나 USIM 일련번호는 특정 개인의 소유로 귀속되기 전까지는 기기나 특정 카드에 부여된 고유번호로서 그 자체로는 당해 개인을 알아볼 수 있는 정보라 보기 어려우나, 각 IMEI나 USIM 일련번호가 휴대폰 가입신청서 등 가입자정보에 나타난 다른 정보와 어려움 없이 쉽게 결합됨으로써 개인을 특정할 수 있으므로 개인정보라 판단함

3) '혈액검체정보'가 개인정보에 해당하는지(수원지방법원 2018. 4. 12. 선고 2017노7275판결)

병원직원인 피고인이 채혈된 혈액 검체를 그 검체용기에 부착된 라벨스티커 상단 부분인 '환자이름, 등록번호, 성별/나이, 병동' 부분만을 제거하고, 나머지 '검체번호, 채혈시간, 검사항목, 검사결과 수치, 바코드' 부분은 그대로 남긴 채 타인(진단키트 개발업체)에게 전달하였는데, 이러한 행위가 업무상 알게 된 개인정보를 누설한 행위에 해당하는지 여부가 문제된 사안

어느 정보가 다른 정보와 쉽게 결합하여 개인을 알아볼 수 있는 것인지 여부는 단순히 정보제공자를 기준으로 판단할 것이 아니라 ① 해당 정보가 담고 있는 내용, ② 정보를 주고받는 사람들의 관계, ③ 정보를 받는 사람의 이용 목적 및 방법, ④ 그 정보와 다른 정보를 결합하기 위해 필요한 노력과 비용의 정도, ⑤ 정보의 결합을 통해 상대방이 얻는 이익의 내용 등을 합리적으로 고려하여야 하는데, 환자의 구체적인 인적사항 확인은 특정한 프로그램에 접속해야만 확인 가능하며 진단키트 개발업체는 환자를 특정할 필요성이 없다는 점 등을 고려하여 반출된 정보가 다른 정보와 쉽게 결합하여 특정 개인을 알아볼 수 있는 정보에 해당하지 아니하여 개인정보가 아니라고 판단함

4) '의료통계 빅데이터'가 개인정보에 해당하는지 (대법원 2024. 7. 11. 선고 2019다242045, 2019다242052(병합)판결)

약사가 처방전 정보를 EMR시스템에 입력하면 식별정보 변환값[12], 환자의 성별, 생년월일, 처방관련 정보가 피고 회사(의료정보 분석업체)로 자동 전달되도록 한 것이 무단으로 개인정보를 수집·이용 및 제공한 행위에 해당하는지 여부가 문제된 사안

피고 회사가 암호화된 주민등록번호를 복호화 할 의도나 그럴만한 경제적인 유인이 없었고 실제로 복호화가 이뤄진 바 없었다고 하더라도, 식별가능성을 판단함에 있어 정보 수령자의 주관적 의도나 동기, 이익, 활용방법까지 고려하여야 한다고 볼 수는 없다고 보아 제공된 매칭 테이블을 이용해 누구인지 특정할 수 있으므로 다른 정보와 쉽게 결합하여 특정 개인을 알아볼 수 있는 정보로서 개인정보에 해당한다고 판단함

4개의 판례를 종합하여 분석해 보면, **1)**, **2)**는 결합가능성의 범위를 넓게 해석하였다. 특히 **2)**의 경우 IMEI/USIM 일련번호와 개인을 매칭할 수 있는 통신사 가입정보를 증권 앱 개발사가 입수할 수 있는지에 대해서는 판단하지 않았으므로 개인정보성 판단 시 "입수

12) 초기에는 주민등록번호를 변환하여 사용하다가 이후에는 성명, 생년월일, 성별의 혼합값을 변환하여 사용함

가능성"은 크게 고려하지 않은 것으로 보인다. 이와 같은 해석이라면 진짜 개인에게서 나온 정보는 대부분 개인정보라는 해석에 이르게 될 것으로 보인다. **3)**은 정보를 받는 사람의 이용 목적 및 방법, 정보의 결합을 통해 상대방이 얻는 이익 등 주관적인 요소를 결합 가능성 판단 기준에 포함하였는데, 이는 **1)**, **2)**에 비해 개인정보성의 범위를 좁게 해석한 것으로 이해된다. **4)**의 경우는 **3)**의 해석과는 반대로 개인정보성 판단 시 기술적으로 결합이 용이한지 여부만을 판단하는 것이지 주관적인 요소는 고려사항에 해당하지 않는다고 해석하였다.

참고

최근 개인정보보호위원회는 2) 판례가 더 이상 유효하지 않다는 해석을 내놓은바 있다[13].

이 해석에 따르면 2020년 법 개정 이전에는 개인정보의 정의에 "다른 정보와 쉽게 결합하여"의 의미를 구체적으로 정하지 아니하였으므로 "쉽게 결합"의 의미를 해석함에 있어 "입수가능성"은 고려하지 않고 "정보 자체의 결합"을 중심으로 개인정보 여부를 판단한 사례가 있다고 설명한다.

<u>2020년 개인정보 보호법 개정 이전의 "개인정보" 정의</u>

"개인정보"란 살아 있는 개인에 관한 정보로서 성명, 주민등록번호 및 영상 등을 통하여 개인을 알아볼 수 있는 정보(해당 정보만으로는 특정 개인을 알아볼 수 없더라도 다른 정보와 쉽게 결합하여 알아볼 수 있는 것을 포함한다)를 말한다.

그 사례로 2)판례를 언급하면서, 현재의 개인정보 보호법에서는 다른 정보와 쉽게 결합할 수 있는지 여부를 판단할 때 "다른 정보의 입수 가능성 등 개인을 알아보는 데 소요되는 시간, 비용, 기술 등을 합리적으로 고려"하도록 명시하고 있으므로 향후에는 '개인정보를 처리하는 자'의 입장에서 '개별 사건의 상황적 특수성'을 고려하여 해당 정보가 개인정보인지를 판단하는 방향이 정립될 것이라고 설명하고 있다.

⇒ 이 설명에 따르면, 2)판례는 개인정보를 처리하는 자(앱 개발자, 앱 배포자)가 가입자정보를 입수할 가능성을 고려하지 않고 IMEI정보와 가입자정보가 쉽게 결합하여 누군지 알아 볼 수 있는지 여부만을 기준으로 개인정보성을 판단하였으므로 현재 "개인정보"의 정의와는 맞지 않는 기준이라는 의미이다.

---

13) 개인정보보호위원회, 개인정보지식센터 답변 중

그렇다면 회사에서 업무를 함에 있어 이러한 법원의 해석을 어떻게 고려하여야 할까?

"해당 정보만으로는 특정 개인을 알아볼 수 없는 정보"를 업무에 이용하고 이러한 이용이 문제가 되는 경우 그 구체적인 사실관계에 따라 개인정보 여부가 달리 판단될 수 있을 것이다. 그러나 업무를 할 시 중요한 것은 나중에 법원에서 어떻게 판단될지가 아니라 "개인정보"라고 해석될 가능성이 있는지 여부이다. 왜냐하면 컴플라이언스 입장에서는 "개인정보"라고 해석될 가능성이 조금이라도 있다면 "개인정보"에 해당된다는 전제하에 업무를 하는 것이 바람직하기 때문이다. 실제 개인정보 보호법 위반이 문제가 되는 경우 검찰수사단계를 거쳐 법원의 최종판결을 받기까지는 수년이 걸리므로 최종적으로 문제가 없다는 판결을 받을 즈음에는 이미 그 서비스는 엉망이 되어 있을 가능성이 상당하다.

필자의 경우도 서비스의 개인정보 보호법 위반 여부가 문제가 된 사건을 담당하면서, 법원에서 최종적으로 문제가 없다는 판결을 받았으나 이미 그 전에 회사에서 서비스를 철수하겠다는 발표를 하고 실제 서비스를 중단한 경우가 여러 번 있었다.

결론적으로, 업무를 진행할 때는 개인정보성을 가장 보수적으로(즉, 가장 넓게) 해석하고 업무를 진행하는 것이 가장 안전할 것으로 생각된다. 개인적인 의견으로는 **1)**, **2)**의 판결이 여전히 남아 있고 아직까지는 이를 직접적으로 번복한 판결이 없었으므로 서비스에 이용하고자 하는 정보와 결합하여 개인 식별이 가능한 정보가 존재하고 합법적인 방법을 통한 입수가 완전히 불가능한 상황이 아니라면 해당 정보의 이용은 개인정보 보호법상의 "개인정보"의 처리라고 생각하고 업무를 수행하는 것이 바람직하다는 의견이다.

2. 개인신용정보란?

앞선 개인정보성 판단에서 개인정보라는 결론이 내려졌다면 개인신용정보인지에 대해서도 판단하여야 한다. 도입하고자 하는 디지털금융 서비스가 개인정보를 처리하는지 여부에 대해서는 가능한 넓게 해석하는 것이 안전하다는 게 필자의 결론인데, 개인신용정보성을 판단함에 있어서도 비슷한 의견이다.

신용정보법상 개인신용정보란 기업 및 법인에 관한 정보를 제외한 살아 있는 개인에 관한 신용정보를 의미하며, 신용정보란 식별정보, 거래정보, 신용도판단정보, 능력정보, 기타 신용판단 시 필요정보를 의미한다(신용정보법 제2조 제1호 및 제2호).

따라서 개인에 관한 식별정보, 개인에 관한 거래정보, 개인에 관한 신용도판단정보, 개인에 관한 능력정보, 기타정보가 개인신용정보에 해당한다(다만, 식별정보의 경우 다른 정보와 같이 있는 경우에만 개인신용정보이고 식별정보만 있는 경우에는 개인정보 보호법상의 개인정보에만 해당한다).

〈표 1-3-1〉 개인신용정보의 분류 및 예시

구분	예시
식별정보	성명, 주소, 전화번호, 전자우편주소, SNS주소, 성별, 국적, 거소 개인식별번호(주민등록번호, 외국인등록번호, 여권번호, 운전면허번호, 국내거소신고번호) 개인의 신체 일부의 특징을 컴퓨터 등 정보처리장치에서 처리할 수 있도록 변환한 정보 CI값, 개인을 고유하게 식별하거나 구분하기 위해 부여된 정보, 신용관리번호 등
거래정보	신용정보제공·이용자에게 신용위험이 따르는 거래로서 거래의 종류, 기간, 금액, 금리 한도 등 금융실명법상 금융거래정보, 보험계약에 관한 정보 및 보험금의 청구 및 지급에 관한 정보 금융투자상품의 종류, 발행·매매명세, 수수료, 보수 등 **상법상 상행위에 따른 상거래의 종류, 기간, 내용, 조건 등**
신용도 판단정보	금융거래 등 상거래와 관련한 채무불이행, 대위변제, 거짓이나 속임수 등에 의한 신용질서문란행위 등
능력정보	직업·재산·채무·소득의 총액 및 납세실적 등
기타정보	법원의 후견, 도산, 경매 결정, 신용조회기록, 채무재조정약정 등 세금/국가채권/벌과금/사회보험/공공요금 체납 등 개인신용평점 등

위에서 열거된 바와 같이 신용정보법상의 개인신용정보의 범위도 상당히 넓게 해석하고 있다. 따라서, 금융회사가 보유하고 있는 고객정보의 일부 항목만을 활용하여 서비스를 제공한다고 하더라도 그 일부 정보만으로도 개인신용정보에 해당될 가능성이 크다. 그러므로 금융회사가 개인고객의 정보를 이용하여 업무를 진행하는 경우라면 개인신용정보의 처리가 발생한다고 생각하고 업무를 수행하는 것이 안전할 것으로 보인다[14].

14) 물론 금융회사에서 고객에게 택배를 발송하기 위해서 택배회사에 고객의 성명, 연락처, 주소 정보만을 전달하는 경우 등과 같이 "개인신용정보의 처리"가 아닌 "개인정보의 처리"에만 해당되는 경우가 있기는 하다.

정리

- 디지털금융 서비스의 대부분은 고객의 정보를 활용하는 서비스이므로 가장 먼저 서비스에 이용하는 정보가 개인정보인지, 개인신용정보인지에 대한 분석이 필요하다.

- 분석 결과 개인정보(○)/개인신용정보(○)인 경우에는 개인정보 보호법 및 신용정보법을 검토하여야 하고 개인정보(○)/개인신용정보(×)인 경우에는 개인정보 보호법만 검토하면 된다. 물론 개인정보에도 해당하지 않는 경우에는 데이터법 전체(개인정보 보호법과 신용정보법)의 검토가 필요하지 아니하다(가장 행복한 case이나 아직까지 고객이 요청한 업무를 검토하면서 이런 case가 발생한 적은 없었다).

- 개인정보성 및 개인신용정보성을 판단할 시에는 법률의 내용, 규제기관의 해석, 판례 등을 참고하여야 할 것인데, 기준을 명확히 제시한 해석이 없을 뿐만 아니라 그 범위를 넓게 해석한 경우도 상당하다. 따라서 개인으로부터 나온 정보가 확실하고 개인정보/개인신용정보라고 판단될 가능성을 완전히 배제할 수 없는 경우라면 개인정보/개인신용정보에 해당한다는 전제하에 업무를 진행하는 것이 안전하다.

제3절 개인정보의 라이프 사이클

경험상 데이터법을 가장 쉽게 이해하고 가장 오래 기억하는 방법은 개인정보가 기업에 들어와서 사라질 때까지의 흐름을 정리하고 그 순서대로 학습하는 것이다.

따라서 본 서에서도 개인정보가 기업에 들어와서 파기되기까지의 과정, 즉 라이프 사이클에 따라 관련 법적 의무를 설명하는 방식을 취하고자 한다. 또한 개인정보에 관한 일반법인 개인정보 보호법을 기반으로 설명하면서 신용정보법에서 달리 정하고 있는 부분은 추가하는 식으로 설명하려고 한다. 따라서 별도의 추가 설명이 없는 부분이라면 개인정보 보호법과 신용정보법이 동일한 내용이라고 생각하면 된다("개인정보"라고 설명하고 있다고 하더라도 "개인신용정보"의 경우에도 동일하게 적용된다고 생각하면 된다).

〈그림 1-3-2〉 개인정보 라이프 사이클

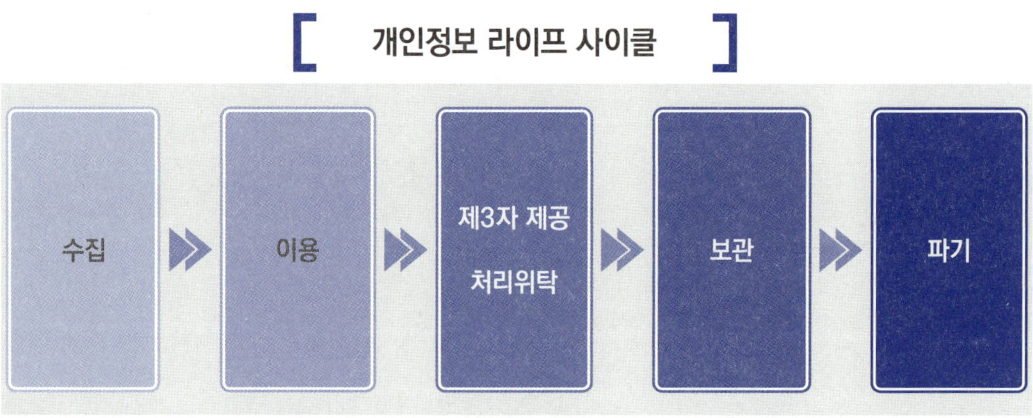

제4절 개인정보의 수집/이용

최근 몇 년 사이에 사회 전체적으로 개인정보 보호에 관한 이해도가 상당히 높아졌다. 이제는 개인정보의 수집·이용 시 동의를 받아야 한다는 점을 모르는 금융인은 없을 것이다. 그렇다면 제대로 동의를 받는 것이 중요한데, 동의를 받을 시에는 ① 개인정보의 수집·이용 목적, ② 수집하려는 개인정보의 항목, ③ 개인정보의 보유 및 이용 기간, ④ 동의를 거부할 권리가 있다는 사실 및 동의 거부에 따른 불이익이 있는 경우에는 그 불이익의 내용을 알리고 동의를 받아야 한다. 이 중 하나라도 누락되는 경우에는 과태료 또는 과징금 대상에 해당한다(개인정보 보호법 제15조; 신용정보법 제15조 및 제33조).

1. 개인정보의 수집·이용 목적

고지하여야 하는 항목 중 가장 중요한 것은 수집·이용 목적이다. 우리나라의 개인정보 관련 규정은 목적을 명시하고 동의를 받는 구조여서 동의 시 특정한 목적으로만 처리가 가능하고 다른 목적으로 처리할 시에는 추가 동의를 받아야 한다. 따라서 서비스 가입 단계에서 동의를 받을 때 현재 제공 중인 서비스에 대한 목적뿐만 아니라 향후 제공 예정인 서비스와 관련된 목적을 함께 명시하고 동의를 받는 것이 바람직하다.

2. 수집하려는 개인정보의 항목

개인정보의 항목과 관련하여서는 수집할 개인정보 항목을 구체적으로 나열하여야 한다. 따라서 “등”의 용어를 사용하는 것은 수집할 항목에 영향을 미치지 아니한다. 많은 동의서에서 수집항목에 “등”이란 표현을 사용하고 있는데, 사용이 가능하다고 하더라도 이로 인해 동의서에 나열된 구체적인 항목 이상으로 수집항목이 확대된다고 해석되기는 어렵다.

3. 개인정보의 보유 및 이용 기간

보유 및 이용 기간과 관련하여서는 구체적으로 기간을 정해서 알려야 한다. 보유 및 이용 기간을 특정할 수 없는 경우에는 보유 및 이용 기간을 결정하는 데 사용되는 기준을 알리는 방식도 가능하나 보유 및 이용 기간을 특정할 수 없는 사유를 개인정보처리자, 즉 회사가 입증하여야 한다. 따라서 기간을 특정하여 알리는 것이 바람직하다.

※ 보유 및 이용 기간을 '이용 목적 달성 시'와 같이 추상적으로 기재하는 경우가 있는데, 규제기관의 해설서에서는 이를 잘못된 작성 사례로 언급하고 있으므로 기간을 구체적으로 특정하여 기재하여야 한다.

4. 수집·이용 동의 예외사유

개인정보 보호법에서는 동의 없이 개인정보를 수집·이용할 수 있는 일부 예외사유를 두고 있다.

▸ **개인정보 보호법**

제15조(개인정보의 수집·이용) ① 개인정보처리자는 다음 각 호의 어느 하나에 해당하는 경우에는 개인정보를 수집할 수 있으며 그 수집 목적의 범위에서 이용할 수 있다.

1. 정보주체의 동의를 받은 경우
2. 법률에 특별한 규정이 있거나 법령상 의무를 준수하기 위하여 불가피한 경우
3. 공공기관이 법령 등에서 정하는 소관 업무의 수행을 위하여 불가피한 경우
4. 정보주체와 체결한 계약을 이행하거나 계약을 체결하는 과정에서 정보주체의 요청에 따른 조치를 이행하기 위하여 필요한 경우
5. 명백히 정보주체 또는 제3자의 급박한 생명, 신체, 재산의 이익을 위하여 필요하다고 인정되는 경우
6. 개인정보처리자의 정당한 이익을 달성하기 위하여 필요한 경우로서 명백하게 정보주체의 권리보다 우선하는 경우. 이 경우 개인정보처리자의 정당한 이익과 상당한 관련이 있고 합리적인 범위를 초과하지 아니하는 경우에 한한다.
7. 공중위생 등 공공의 안전과 안녕을 위하여 긴급히 필요한 경우

이 중 우리 회사가 개인정보를 수집·이용하는 사유가 "정보주체와 체결한 계약을 이행하거나 계약을 체결하는 과정에서 정보주체의 요청에 따른 조치를 이행하기 위하여 필요한 경우(이하 "계약체결")"나 "개인정보처리자의 정당한 이익을 달성하기 위하여 필요한 경우로서 명백하게 정보주체의 권리보다 우선하는 경우(이하 "정당한 이익")"에 해당하지 않는지에 대한 질문을 종종 받곤 한다.

그러나 두 사유에 해당하여 동의를 받지 않고 개인정보를 수집·이용하겠다고 결정하는 것은 매우 신중하여야 한다. 우선 "계약체결"의 경우 ① 계약의 성립(정보주체와의 계약이 성립하여 유효한 것인지), ② 정보주체의 예측가능성(개인정보의 수집·이용에 대해 정보주체의 예측 가능성이 있는지), ③ 개인정보의 필요성(합리적으로 개인정보가 필요한 범위 내에 있는지)이라는 세 가지 요건을 모두 충족하는 경우에만 이 사유에 해당한다고 판단된다. 그런데 이렇게 판단된 경우에도 목적 달성을 위해 필요한 최소한의 정보만을 활용할 수 있는데 나중에 문제가 발생하는 경우 필요·최소한의 정보라는 점을 회사에서 입증하여야 한다. 예를 들어, 임직원과 고용계약을 체결할 시 고용계약 이행 목적으로만 개인정보를 이용하는 경우에는 동의가 필요하지 아니하다. 그러나 회사와 임직원 간의 관계가 틀어진 상황에서 임직원이 불필요한 내 개인정보까지 이용했다고 문제를 제기하는 경우가 있는데, 이때 회사가 필요·최소한의 정보만을 이용했다는 점을 입증하는 것은 쉽지 않다.

> **▸ 개인정보 보호법**
>
> 제16조(개인정보의 수집 제한) ① 개인정보처리자는 제15조제1항 각 호의 어느 하나에 해당하여 개인정보를 수집하는 경우에는 <u>그 목적에 필요한 최소한의 개인정보를 수집하여야 한다. 이 경우 최소한의 개인정보 수집이라는 입증책임은 개인정보처리자가 부담한다.</u>

"정당한 이익"과 관련하여서는 이를 인정한 사례가 매우 드물다. 도난방지, 시설안전 등을 위해서 회사 출입구, 엘리베이터, 복도 등에 CCTV를 설치·운영하는 경우나 이미 해결된 민원인데도 계속해서 민원을 제기하는 고객에 대응하기 위하여 요금 정산자료, 고객의 민원제기 내용 등을 계속 보관하는 경우 정도가 이에 해당한다고 인정된 경우이다. 따라서 이 사유는 거의 인정되기 어려운 것으로 생각하고 업무를 진행하는 게 나을 것이라는 조언을 종종 하곤 한다.

정리

- 디지털금융 서비스를 위해 고객의 개인정보를 수집·이용하는 경우에는 회원가입 시 법에서 요구하는 요건에 따라 동의를 받는다라고 생각하는 것이 가장 편하다. 실무상 동의 예외사유에 해당한다고 판단되는 경우가 많지 않다.

- 고객은 서비스 이용 도중에 추가 동의를 하는 것을 선호하지 아니하므로 미리 예상 가능한 이용 목적을 모두 꼼꼼히 정리한 다음에 이를 전부 기재하고 동의를 받는 것이 바람직하다.

제5절 개인정보의 이전

개인정보 보호법에서는 개인정보가 제3자에게 이전되는 경우를 개인정보 제3자 제공(이하 "제3자 제공")과 개인정보 처리업무 위탁(이하 "업무위탁")으로 구분하고 있다.

업무위탁과 제3자 제공 모두 개인정보가 다른 사람(제3자)에게 이전되거나 공동으로 처리하게 된다는 측면에서는 동일하다. 구분기준은 누구의 목적/이익을 위하여 개인정보가 이전되느냐인데 '업무위탁'의 경우에는 제공하는 자의 업무를 처리할 목적으로 개인정보가 제3자에게 이전되지만, '제3자 제공'은 제공받는 자의 업무를 처리할 목적으로 개인정보가 이전된다.

예를 들어, 회사에서 payroll업체를 이용하여 급여 관련 업무를 처리하면서 이를 위해 payroll업체에 직원의 개인정보를 이전하는 경우 회사가 처리하여야 하는 업무(HR업무)를 payroll업체가 대신 처리하는 것이므로 이를 위한 개인정보 이전은 "업무위탁"에 해당한다. 또한, 쇼핑몰이 상품배송을 위해 고객정보를 배송업체로 이전하는 경우에도 고객과의 관계에 있어서 상품배송은 쇼핑몰의 의무이므로 배송업체가 쇼핑몰의 업무를 대신 수행하는 것으로서 "업무위탁"에 해당한다. 반면, 회사가 제휴업체에 고객정보를 이전하는 경우에는 제휴업체에서 자신의 사업을 위해 고객정보를 활용하므로 이는 "제3자 제공"에 해당한다. 또한, 마트 등에서 경품응모의 방식으로 고객정보를 수집하여 보험업체에 전달하고 보험업체가 이를 이용하여 TM영업을 하는 경우가 종종 있는데, 이는 보험업체의 사업목적을 위하여 정보가 이전되는 경우이므로 이 또한 "제3자 제공"에 해당한다.

조금 더 이론적으로 설명하면, 개인정보의 관리·감독권이 누구에게 있느냐에 따라 구분된다고 하는데 정보이전 이후에도 여전히 개인정보의 관리·감독권이 이전한 회사에 있는 경우에는 "업무위탁"에, 이전 이후에는 이전받은 회사(제3자)가 자신의 책임하에 개인정보를 처리하고 관리·감독권도 제3자에게 있는 경우에는 "제3자 제공"에 해당한다고 보고 있다. 그러나 조금만 생각해보면 이러한 해석이나 누구의 목적/이익인지에 따라 구분하는 해석이나 사실상 동일한 기준이라는 것을 알 수 있다. 따라서 더 쉽게 설명하고 있는 전자의 해석을 기억하는 것이 더 나은 방법이다.

1. 개인정보의 제3자 제공

개인정보를 제3자 제공하는 경우에는 정보주체의 동의를 받아야 한다. 이는 개인정보 보호법이 지키고자 하는 보호법익이 "개인정보자기결정권"이라는 점과 연결시켜서 생각하면 이해가 쉬운데, 제3자 제공은 정보주체가 수집·이용 동의 시 허용하지 않았던 목적으로 제3자가 새롭게 이용하는 것이므로 그대로 이용할 경우 "개인정보자기결정권"의 침해가 생길 수 있다. 따라서 새로운 허락행위로 동의를 받는 것이다. 반면, 업무위탁은 정보주체가 수집·이용 동의 시 허용하였던 목적범위 내에서 제3자가 개인정보처리자(최초 개인정보 수집회사)의 관리·감독하에 마치 손발로서 업무를 하는 것이므로 개인정보자기결정권의 침해가 크지 않다고 볼 수 있다. 따라서 동의가 필요하지 않다고 보는 것이다.

동의를 받을 시에는 ① 개인정보를 제공받는 자, ② 개인정보를 제공받는 자의 개인정보 이용 목적, ③ 제공하는 개인정보의 항목, ④ 개인정보를 제공받는 자의 개인정보 보유 및 이용 기간, ⑤ 동의를 거부할 권리가 있다는 사실 및 동의 거부에 따른 불이익이 있는 경우에는 그 불이익의 내용을 알리고 동의를 받아야 한다(개인정보 보호법 제17조; 신용정보법 제32조).

개인정보 보호법 및 신용정보법에서 동의 없이 제3자 제공할 수 있는 일부 예외사유를 두고 있는데, 이 중 종종 문제가 되는 것은 "다른 법률에 따라 제공하는 경우[15)]"의 범위에 대한 해석이다. 이를 넓게 해석하면 규제기관에서 행하는 모든 자료제공 요청에 대해 대부분 응해야 한다는 의미로 해석될 수 있는데, 이는 개인정보의 보호 관점에서는 적합하지 않기 때문이다.

이에 대해서는 법률에서 개인정보의 제공에 대하여 구체적으로 요구하거나 허용하고 있는 경우에만 이에 해당한다고 해석하는 것이 합리적이다. 따라서 법률에서 개인정보 제공 의무를 명시하거나 개인정보가 포함된 자료의 제공 의무를 명시하고 있는 경우("제

15) 개인정보 보호법에서는 "법률에 특별한 규정이 있거나 법령상 의무를 준수하기 위하여 불가피한 경우"라고 되어 있는데 동일한 의미로 해석하여도 무방하다(동법 제17조 제1항 제2호).

공하여야 한다"와 같이 되어 있는 경우)에는 이에 해당하나 재량을 부여하고 있는 경우("제공할 수 있다"와 같이 되어 있는 경우)에는 이에 해당하지 아니한다.

여기서 주의해야 하는 경우가 한 가지 있는데, 가끔 "제공할 수 있다"라고 규정하고 있으면서 제공하지 아니하는 경우에는 과태료 부과대상으로 정해놓고 있는 경우가 있다. 예를 들어 어떠한 법령 제5조 제1항에서 "개인정보가 포함된 자료를 제공할 수 있다"라고 규정해 놓고서 제50조에서 "제5조 제1항에 따라 개인정보를 제공하지 아니하는 경우에는 과태료 100만 원에 처한다"라고 규정되어 있는 경우이다[16]. 이러한 경우에는 법 전체로 보아 사실상 의무를 부여하고 있는 것이므로 동의 없이 제공할 수 있는 경우에 해당한다고 해석하는 것이 합리적이다.

다음의 규제기관 및 법원의 관련 해석을 참고한다면 좀 더 쉽게 이해할 수 있을 것이다.

1) 행정안전부/금융위원회/금융감독원 금융분야 개인정보보호 가이드라인(2016) FAQ

Q 모 경찰서 A경위입니다 (…) ATM 출금기록을 영장발부 없이 긴급히 처리할 수 있는지요?

A 피해자의 생명이나 신체에 심각한 위험 발생이 예상되는 등 긴급한 상황이 아닌 상황에서 영장이나 법원 명령 없이 자료제출은 불가능하므로, 평시 상황이라면 수사기관에서 영장을 발급 후에 자료를 제출하는 것이 옳다고 판단됩니다.

⇨ 법에서 자료제출을 강제하고 있는 영장이나 법원 명령으로는 동의 없이 제공하는 것이 가능하나 단순 수사기관의 요청에 따른 경우에는 동의 없이 제공이 불가능하다는 해석이다.

2) 수사기관의 자료제공요청(서울고등법원 2015. 2. 9. 선고 2014노2820판결)

회사가 수사기관에 개인정보에 해당하는 트위터 정보를 형사소송법 제199조 제2항에 근거하여 임의로 제출한 행위가 개인정보 보호법에 위반되는지 여부가 문제가 된 사안에서, 동 규정은 공사단체에 대하여 보관하고 있는 서류나 정보의 제공을 요구할 수 있는 규정이 아니므로 수사기관으로서는 공사단체에 대한 사실조회를 통하여 현황을 보고받은 후

---

16) 예시로 든 법령 및 조항은 임의로 만든 내용이다.

추가적인 관련 자료가 필요한 경우라면 법원으로부터 압수·수색영장을 발부받아 해당 자료를 압수하여야 할 것이므로 이 규정에 근거하여 임의제출의 방식으로 제공하는 것은 위법하다고 판단하였다.

⇨ 이 또한 법에서 자료제출을 강제하고 있는 압수·수색영장이 있어야 동의 없이 제공하는 것이 가능하다는 해석이다.

▸ 동의받는 절차관련 tip

개인정보 보호법 및 신용정보법에 따르면 개인정보를 제공하는 자가 정보주체로부터 제3자 제공 동의를 받아야 한다.

그러나 핀테크 업체들이 운영하는 금융서비스 앱을 생각해보면 은행 등 금융기관이 보유하고 있는 정보를 핀테크 업체들이 넘겨받아 이를 분석하여 서비스를 제공하는 경우가 대부분이다. 이러한 경우 제공하는 자가 "은행 등", 제공받는 자가 "핀테크 업체"가 될 터인데, 고객과의 접점은 핀테크 업체의 앱밖에 없으므로 사실상 은행 등이 고객의 동의를 받는 것 자체가 불가능하다.

이러한 경우를 고려하여 금융분야 가이드라인[17]에서는 원칙적으로는 제공하는 자가 동의를 받아야 하나 해당 개인정보를 제공하는 자와 제공받고자 하는 자가 상호 협의한 경우에는 개인정보를 제공받고자 하는 자가 개인정보를 제공하는 자에게 정보주체의 동의 의사를 대신 제출한 후 개인정보를 제공받는 것은 가능하다고 해석하고 있다.

17) 금융분야 개인정보 보호 가이드라인

2. 개인정보의 처리업무 위탁

1) 데이터법에 따른 개인정보 업무위탁

업무 중 제3자에게 고객정보를 이전해야 하는 경우가 발생하면 제3자 제공인지 업무위탁인지를 판단하는 것이 매우 중요하다. 그 이유는 업무위탁의 경우에는 고객 동의가 필요하지 않기 때문이다. 고객에게 서비스 가입 시가 아닌 서비스 이용 중에 동의를 받아야 하는 상황을 경험해본 사람이라면 누구나 이게 얼마나 큰 의미인지 알 수 있다.

동의가 필요없다는 것은 고객과 접촉하지 아니하고 회사 내부에서 모든 업무 처리를 할 수 있다는 의미이므로 업무위탁은 어렵지 않은 절차이다.

동의를 받지 않는 대신에 업무위탁 시 챙겨야 하는 절차가 상당하다(개인정보 보호법 제26조; 신용정보법 제17조).

수탁자와 위탁목적 외 개인정보의 처리금지, 개인정보의 기술적·관리적 보호조치에 관한 사항, 위탁업무의 목적 및 범위, 재위탁 제한에 관한 사항 등 법에서 정한 사항이 포함된 문서를 작성하여야 하고 위탁업무의 내용과 수탁자를 웹사이트에 공개하여야 한다. 마케팅 업무와 관련된 위탁의 경우에는 공개가 아닌 고지를 하여야 하는데, 고지란 정보주체에게 일일이 알리는 것이므로 일반적으로 개인정보 처리동의를 받을 시 동의서에 관련 내용을 함께 기재하는 방식을 이용한다[18].

또한 업무위탁은 개인정보의 관리·감독권이 여전히 위탁자에게 있는 것이므로 수탁자를 연 1회 이상 교육하고[19] 수탁자의 처리 현황을 점검하는 등 수탁자가 개인정보를 안전하게 처리하는지 관리·감독하여야 한다.

---

18) 동의서를 작성한다는 것은 개별 고객이 동의서의 내용을 확인하고 동의를 한다는 것을 의미하므로 여기에 기재해 놓으면 고지의 효과가 발생하는 것이다.

19) 수탁자가 연 1회 이상 그 소속 임직원에 대한 교육을 실시한다는 내용이 위탁계약에 반영되어 있고, 위탁자가 수탁자가 그 위탁계약에 따라 해당 교육을 실시한 사실을 확인한 경우에는 위탁자가 수탁자에게 교육을 실시한 것으로 본다.

> **참고**
>
> 2023년 9월 15일 시행된 개정 개인정보 보호법에서 "개인정보 처리위탁"과 관련된 다음의 두 가지 내용이 추가되었으니 유의할 필요가 있다.
>
> 1) 법에서 수탁자의 범위에 재수탁자가 포함된다는 점을 명확히 하였다.
>
> | 제26조(업무위탁에 따른 개인정보의 처리 제한) ② 제1항에 따라 개인정보의 처리 업무를 위탁하는 개인정보처리자(이하 "위탁자"라 한다)는 위탁하는 업무의 내용과 개인정보 처리 업무를 위탁받아 처리하는 자(<u>개인정보 처리 업무를 위탁받아 처리하는 자로부터 위탁받은 업무를 다시 위탁받은 제3자를 포함하며, 이하 "수탁자"라 한다)</u>를… |
> |---|
>
> ⇒ 따라서, 회사의 개인정보 처리방침 내의 "개인정보처리의 위탁에 관한 사항" 부분을 찾아서 재위탁과 관련된 사항이 포함되어 있는지를 확인한 후 누락되어 있다면 보완하여야 한다.
>
> 2) 수탁자는 재위탁을 하는 경우 위탁자의 동의를 받아야 한다는 규정이 신설되었다.
>
> | 제26조(업무위탁에 따른 개인정보의 처리 제한) ⑥ 수탁자는 위탁받은 개인정보의 처리 업무를 제3자에게 다시 위탁하려는 경우에는 위탁자의 동의를 받아야 한다 |
> |---|
>
> ⇒ 앞으로 회사가 위탁받아 처리하고 있는 업무를 다른 회사에 재위탁하는 경우가 발생한다면 위탁자의 동의를 받아야 한다는 점을 놓치지 말아야 한다.

2) 금융회사의 정보처리 업무 위탁 시의 추가 의무

금융회사가 정보처리 업무를 위탁하는 경우에는 좀 더 많은 의무가 부여된다.

금융회사의 정보처리 업무 위탁에 관련해서는 "금융회사의 정보처리 업무 위탁에 관한 규정"(이하 "정보처리위탁규정")이라는 별도의 규정을 두고 있는데, 이 규정에 따라 금융감독원에 위탁보고 절차를 진행하여야 한다(규정 제7조).

위탁보고 절차는 위탁되어 처리되는 ① 정보의 종류 및 ② 수탁자의 소재지에 따라 나누어지는데, 간단하게 정리하면 다음과 같다.

종류	장소	절차
개인의 식별가능한 금융거래정보	국외 위탁	금감원 사전보고(30일 전)
	국내 위탁	금감원 사전보고(7일 전)
그 외 금융거래정보	국내/국외 위탁	금감원 사후보고(10일 이내)
예외적 반기보고: 금융거래정보 위탁하는 경우로서 (i) 해당 금융회사 또는 동일 업종의 다른 금융회사가 금감원장에 보고한 내용과 동일한 경우로서 수탁자 업종이 동일한 경우, (ii) 이미 보고한 내용의 경미한 변경인 경우 또는 (iii) 금융거래정보 이외의 정보처리 위탁[20]		

절차의 난이도를 구분하면, 사전보고와 사후보고 시 제출해야 하는 서류는 동일하나 사전보고 시 좀 더 면밀한 검토절차를 거치는 것이 일반적이다. 금융회사 입장에서 가장 선호되는 절차는 반기별 사후보고인데, 이는 업무보고서에 현황을 포함하여 제출하기만 하면 보고절차가 종료된다.

따라서 회사에서 정보처리 업무를 위탁하고자 하는 경우에는 반기보고 대상으로 해석할 사유가 없을지 찾아보는 것이 1순위로 해야 하는 일이다. 금융감독원 홈페이지에 위탁보고 현황이 excel 파일로 업로드되어 있으므로 위탁보고하고자 하는 업무가 기존 보고내역에 있는지를 확인하는 방식으로 진행하면 된다.

위탁보고는 법무법인을 통해서 수행하는 경우가 많은데, 준비해야 하는 서류가 많아서 노력 및 시간 소요가 많은 것에 비해 그 난이도가 어렵지는 않다. 따라서 마음만 먹는다면 회사 자체적으로도 충분히 수행이 가능하다. 물론 그 준비과정이 쉽지 않고 보고과정에서 담당자가 감당해야 할 고충이 클 가능성이 있다.

이외 정보처리위탁규정에서 개인고객의 고유식별정보를 국외로 이전하는 것을 금지하고 있다(규정 제5조). 따라서 고유식별정보의 처리가 포함된 업무를 위탁하는 경우에는 국외 이전이 발생하지 않도록 하여야 한다는 점도 기억해 두도록 하자.

20) 전자금융업자가 금융거래정보 이외의 정보처리를 위탁하는 경우에는 반기보고 의무도 면제된다.

금융회사의 업무위탁과 관련하여서는 자본시장법에 별도의 위탁 규정(자본시장법 제42조)이 있고 "금융기관의 업무위탁 등에 관한 규정(이하 "업무위탁규정")"이라는 별도의 규정도 존재한다. 따라서 이 세 규정의 관계를 정리하는 것도 필요하다[21].

① 금융투자업에 대해서는 자본시장법이 1순위로 적용되므로 금융회사의 금융투자업에 관한 업무위탁에 대해서는 자본시장법의 위탁 규정(법 제42조)이 우선적으로 적용된다.

② 금융회사가 정보처리업무를 위탁하는 경우는 정보처리위탁규정, 정보처리를 수반하지 않는 업무만을 위탁하는 경우에는 업무위탁규정이 적용될 터인데, 최근 금융회사의 업무 중에는 정보처리를 수반하지 않는 업무를 찾아보기 어려우므로 최근에는 업무위탁규정에 크게 의미를 두지 않는 편이다.

③ 그럼에도 불구하고 업무위탁규정에서, 업무위탁에 해당하지 아니하여 위탁보고가 아예 필요하지 아니한 "후선업무와 관련한 단순 집행업무"의 범위(규정 별표 1), 금융회사에서 위탁이 금지되는 "본질적 요소를 포함하는 업무"의 범위에 관한 구체적인 내용(규정 별표 2)을 정하고 있으므로 이러한 내용은 확인해 볼 필요가 있다.

④ 위탁계약서에 포함되어야 하는 내용이 정보처리위탁규정과 업무위탁규정 간에 다소 상이한 부분이 있는데, 어느 규정이 적용되는지를 구분하지 않고 안전하게 두 규정에서 요구하고 있는 항목을 모두 포함시키는 것이 일반적이다. 위탁계약서 작성요령에 대해서는 제2부 클라우드 서비스 부분에서 구체적으로 설명한다.

21) 금융지주회사 및 자회사 간에 업무를 위탁하는 경우에는 금융지주회사법의 위탁규정(제47조)이 우선 적용된다. 이 경우는 흔치 않으므로 본 서에서는 다루지 않을 예정이다.

3. 개인정보의 국외이전

개인정보 보호법에서는 개인정보를 국외로 이전하는 경우 동의를 받도록 하는 별도의 규정을 두고 있다(개인정보 보호법 제28조의8). 금융회사의 경우 신용정보법이 개인정보 보호법에 우선하여 적용되나 신용정보법에 국외이전과 관련된 규정이 없으므로 동일하게 기본 법인 개인정보 보호법의 국외이전 규정이 적용된다고 보아야 한다.

이 규정과 제3자 제공 동의 규정과의 관계를 묻는 질문을 종종 받곤 하는데, 국외 이전 동의 규정은 우리나라와는 개인정보 보호에 대한 법적 체계가 다른 해외 국가로 개인정보가 이전됨으로 인해 개인정보의 침해 위험성이 증가한다고 보아 추가적으로 동의를 받도록 한 것이므로 제3자 제공 동의와는 다른 새로운 유형의 동의이다. 따라서 두 개의 동의는 별개로 받아야 한다.

즉, 회사에서 국외로 고객의 개인정보를 제3자 제공하고자 한다면 국외이전 동의와 제3자 제공 동의를 각각 받아야 한다.

동의를 받을 시에는 ① 이전되는 개인정보 항목, ② 개인정보가 이전되는 국가, 시기 및 방법, ③ 개인정보를 이전받는 자의 성명(법인인 경우에는 그 명칭과 연락처), ④ 개인정보를 이전받는 자의 개인정보 이용목적 및 보유·이용 기간, ⑤ 개인정보의 이전을 거부하는 방법, 절차 및 거부의 효과를 알리고 동의를 받아야 하는데, 이 또한 제3자 제공 동의를 받을 시 알려야 하는 항목과 차이가 있다는 점도 놓치지 말아야 한다.

개인정보 보호법에서 동의없이 국외이전할 수 있는 일부 예외사유를 두고 있는데, 이 중 정보주체와의 계약의 체결 및 이행을 위하여 개인정보의 처리위탁·보관이 필요한 경우(이하 "국외 처리위탁")[22]가 주로 활용된다.

22) 이외에도 개인정보를 이전받는 자가 개인정보보호위원회가 정하여 고시하는 인증을 받은 경우, 개인정보가 이전되는 국가가 개인정보 보호법에 따른 개인정보 보호 수준과 실질적으로 동등한 수준을 갖추었다고 개인정보보호위원회가 인정하는 경우 등의 사유가 있다.

이때 주의할 점은, 모든 국외 처리위탁의 경우가 아니라 “정보주체와의 계약의 체결 및 이행을 위한” 경우에만 동의없이 국외이전이 가능하다는 점이다.

이에 대해 개인정보보호위원회 안내서[23)]에서는 “체결한 계약을 이행하거나 계약을 체결하는 과정에서 정보주체의 요청에 따른 조치를 이행하기 위하여 필요한 경우”를 의미한다고 설명하면서, 특정 업무가 정보주체의 요청에 따른 조치를 이행하기 위하여 필요한 경우인지 여부는 해당 사업자가 종합적으로 판단해야 한다고 부연설명하고 있다. 따라서 회사별로 스스로 판단하여 해당여부를 정하여야 할 터인데, 다행히 규제기관에서 비교적 유연하게 이를 해석해주고 있는 편이다. 그래도 정보주체와는 전혀 관련이 없는 목적으로 국외 처리위탁을 한다면 이에 해당하지 않음이 명백하므로 그 때에는 처리위탁이라고 하더라도 국외이전 동의를 받아야 할 것이다.

23) 개인정보 보호법 및 시행령 개정사항 안내

정리

- 고객정보를 제3자에게 이전하는 경우에는 제3자 제공인지 업무위탁인지 여부를 판단하여야 한다.
- 제3자 제공인 경우에는 정보주체의 동의를 받아야만 정보이전이 가능하다.
- 다른 법률에 특별한 규정이 있어서 동의 없이 고객정보를 제3자 제공하려고 하는 경우에는 근거가 된 규정의 내용을 꼼꼼히 살펴보아야 한다.
- 업무위탁 시에는 동의 없이 고객정보의 이전이 가능하나 위탁계약서 작성, 위탁 내용 공개, 수탁자 교육 및 관리 등의 의무를 준수하여야 한다.
- 금융회사가 업무를 위탁하는 경우에는 단순한 업무위탁이냐 정보처리 업무의 위탁이냐를 구분한 후 위탁보고를 하여야 하는데, 정보처리 업무 위탁에 해당하는 경우가 대부분이다. 이때는 이전되는 정보 및 수탁자의 소재지에 따라 정보처리위탁규정에서 정한 절차에 따른 위탁보고를 수행하여야 한다.
- 고객정보를 국외의 제3자에게 이전하는 경우에는 국외이전 동의가 필요한지 여부도 판단하여야 한다.

제6절 민감정보와 고유식별정보

개인정보 보호법상 개인정보는 일반 개인정보와 민감정보, 고유식별정보로 나뉜다.

민감정보는 사상·신념, 노동조합·정당의 가입·탈퇴, 정치적 견해, 건강, 성생활 등에 관한 정보, 그 밖에 정보주체의 사생활을 현저히 침해할 우려가 있는 개인정보를 의미한다(동법 제23조). 말 그대로 개인정보 중 민감한 정보를 의미하는 것이다. 또한, 2020년 개정된 개인정보 보호법에서 개인의 신체적, 생리적, 행동적 특징에 관한 정보로서 특정 개인을 알아볼 목적으로 일정한 기술적 수단을 통해 생성한 정보도 민감정보에 포함되었다. 따라서 지문정보, 얼굴정보 등 생체인식정보도 민감정보에 해당한다.

고유식별정보는 주민등록번호, 운전면허번호, 여권번호, 외국인등록번호를 의미하는데 이들은 법에서 개인 1명당 1개만 부여되도록 정한 정보라는 데 의미가 있다(동법 제24조).

개인정보 보호법 및 신용정보법에 따르면 민감정보 및 고유식별정보의 처리에 대해서는 별도의 동의를 받아야 한다. 즉 회사에서 일반 개인정보, 민감정보, 고유식별정보를 모두 처리하고자 하는 경우에는 각각 별도의 동의를 받아야 할 것이다(주민등록번호의 경우에는 달리 정하고 있는데, 이는 별도 목차로 설명한다).

참고

개인정보 보호법에서 일반 개인정보의 경우에는 제15조에서 수집·이용 동의, 제17조에서 제3자 제공 동의를 별도로 정하고 있는 데 반해, 민감정보 및 고유식별정보는 수집·이용 및 제3자 제공을 구분하지 아니하고 처리 동의 규정(제23조 및 제24조)만을 두고 있다. 따라서 수집·이용과 제3자 제공의 구분 없이 "처리 동의" 하나만 받아도 되는 것이 아닌지에 대한 견해의 대립이 있다. 아직까지 명확히 확정된 규제기관의 입장은 없는 것으로 보이나, 동의는 정보주체가 자신의 정보를 타인이 처리하는 것을 허락하는 행위인데 수집·이용과 제3자 제공은 정보를 처리하는 자 및 처리 목적이 다르다는 점, 민감정보와 고유식별정보는 일반 개인정보보다 더 엄격하게 보호해야 하는 점 등을 고려하였을 때 각 행위별로 구별하여 동의를 받아야 한다고 해석하는 것이 더 합리적이다.

참고

개인식별번호

신용정보법에서는 개인식별번호라는 용어가 사용되는데, 이는 "고유식별정보 + 국내거소 신고번호"로서 고유식별정보를 포함하는 개념이다. 신용정보법에서 별도로 고유식별정보나 민감정보를 정의하고 있지는 아니하나 개인정보 보호법이 일반법이므로 개인정보 보호법에서 정하고 있는 내용을 그대로 따른다고 생각하면 된다.

정리

- 민감정보와 고유식별정보(주민등록번호 제외)를 처리하는 경우에는 각각 일반 개인정보의 처리와는 별도의 동의를 받아야 한다.
- 개인의 신체적, 생리적, 행동적 특징에 관한 정보로서 특정 개인을 알아볼 목적으로 일정한 기술적 수단을 통해 생성한 정보도 민감정보에 포함되므로 생체정보를 수집·이용하는 경우에는 "민감정보 수집·이용 동의"를 받아야 한다.

제7절 주민등록번호 •••

앞서 설명한 바와 같이 개인정보 보호법 및 신용정보법은 동의라는 정보주체의 허락 행위가 있는 경우 개인정보의 처리가 가능하다. 다만, 주민등록번호의 처리를 정하고 있는 개인정보 보호법 제24조의2는 이와 다른 구조를 취하고 있으므로 따로 숙지할 필요가 있다.

> ▸ **개인정보 보호법**
>
> 제24조의2(주민등록번호 처리의 제한) ① 제24조 제1항에도 불구하고 개인정보처리자는 다음 각 호의 어느 하나에 해당하는 경우를 제외하고는 주민등록번호를 처리할 수 없다.
>
> 1. 법률·대통령령·국회규칙·대법원규칙·헌법재판소규칙·중앙선거관리위원회규칙 및 감사원규칙에서 구체적으로 주민등록번호의 처리를 요구하거나 허용한 경우
> 2. 정보주체 또는 제3자의 급박한 생명, 신체, 재산의 이익을 위하여 명백히 필요하다고 인정되는 경우
> 3. 제1호 및 제2호에 준하여 주민등록번호 처리가 불가피한 경우로서 보호위원회가 고시로 정하는 경우

제24조의2를 보면 "동의"라는 단어가 전혀 나오지 않는데, 이 규정이 신설된 때의 개정 취지를 살펴보면 이를 이해할 수 있다.

> ▸ **개인정보 보호법 [시행 2014. 8. 7.] [법률 제11990호, 2013. 8. 6., 일부개정] 개정이유**
>
> … 현행법 제정 이후에도 대량의 주민등록번호 유출 및 악용이 빈번하게 발생하고 있으며, 이러한 유출 사고가 발생한 대기업 등에 대해서 민형사상 책임이 제대로 부과되지 않고 있어, 국민들의 불안 가중 및 유출로 인한 2차 피해의 확산이 우려되고 있는 바, 모든 개인정보처리자에 대하여 원칙적으로 주민등록번호의 처리를 금지하고, 주민등록번호가 분실·도난·유출·변조·훼손된 경우 5억 원 이하의 과징금을 부과·징수할 수 있도록 하며…

실제 카드3사 유출사건에서 카드사가 회원 key값으로 주민등록번호를 사용하고 있어서 FDS시스템 업그레이드 작업을 수행하고 있던 협력업체 직원에게 주민등록번호를 제공하게 되었고 이는 유출사태까지 이어졌다. 또한 당시 유독 한국인의 개인정보의 해킹이 잦은 이유가 주민등록번호로 모든 정보가 연결되기 때문이라는 분석자료가 발표되기도 하였다.

이러한 분위기에 따라 주민등록번호는 꼭 필요한 경우에만 이용이 가능하도록 해야 한다는 의견이 많이 있었고 실제 이를 반영하는 방향으로 법이 개정되었다. 법 제24조의2에 따르면, 주민등록번호는 법률, 대통령령, 국회규칙 등에서 구체적으로 주민등록번호의 처리를 요구하거나 허용한 경우에만 처리가 가능하다[24].

이해를 돕기 위하여 "법률에서 주민등록번호의 처리를 허용한 경우"를 예로 들어보면, 부가가치세법에서 다음과 같은 규정을 두고 있는데, 이는 사업자가 세금계산서를 발급하기 위해서 공급받는 자의 주민등록번호를 처리할 수 있다는 해석이 가능하다.

> **▸ 부가가치세법**
>
> 제32조(세금계산서 등) ① 사업자가 재화 또는 용역을 공급(부가가치세가 면제되는 재화 또는 용역의 공급은 제외한다)하는 경우에는 다음 각 호의 사항을 적은 계산서(이하 '세금계산서'라 한다)를 그 공급을 받는 자에게 발급하여야 한다.
>
> 1. 공급하는 사업자의 등록번호와 성명 또는 명칭
> 2. 공급받는 자의 등록번호. 다만, 공급받는 자가 사업자가 아니거나 등록한 사업자가 아닌 경우에는 대통령령으로 정하는 고유번호 또는 공급받는 자의 주민등록번호

또한 다음의 양식은 법정서식으로, 소득세법 시행규칙 별지에 있는 서식인데, 양식 내의 기재사항에 "⑦ 주민등록번호"가 포함되어 있다. 이는 사업자가 근로소득 원천징수영수증을 발급하기 위해서 근로자의 주민등록번호를 처리할 수 있다는 해석이 가능하다.

24) 아직까지 제24조의2 제1항 제2호에 해당한다고 판단된 사례가 없으며, 보호위원회가 고시로 정하고 있는 바도 없다(동법 동조 동항 제3호).

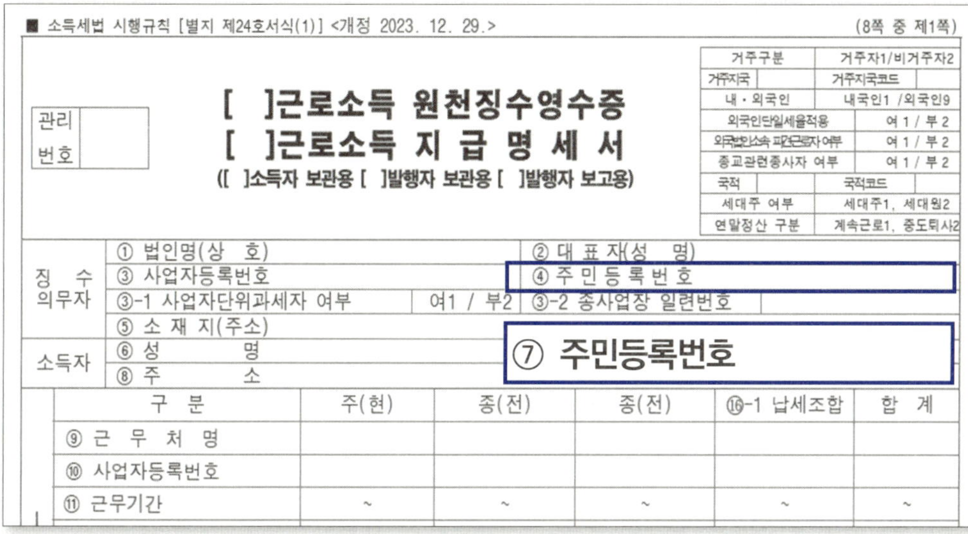

■ 소득세법 시행규칙 [별지 제24호서식(1)] <개정 2023. 12. 29.> (8쪽 중 제1쪽)

관리번호

[ ]근로소득 원천징수영수증
[ ]근로소득 지 급 명 세 서
([ ]소득자 보관용 [ ]발행자 보관용 [ ]발행자 보고용)

거주구분		거주자1/비거주자2	
거주지국		거주지국코드	
내・외국인		내국인1 /외국인9	
외국인단일세율적용		여 1 / 부 2	
외국법인소속 파견근로자 여부		여 1 / 부 2	
종교관련종사자 여부		여 1 / 부 2	
국적		국적코드	
세대주 여부		세대주1, 세대원2	
연말정산 구분		계속근로1, 중도퇴사2	

징 수 의무자	① 법인명(상 호)	② 대 표 자(성 명)	
	③ 사업자등록번호	④ 주 민 등 록 번 호	
	③-1 사업자단위과세자 여부 여1 / 부2	③-2 종사업장 일련번호	
	⑤ 소 재 지(주소)		
소득자	⑥ 성 명	⑦ 주민등록번호	
	⑧ 주 소		

구 분	주(현)	종(전)	종(전)	⑯-1 납세조합	합 계
⑨ 근 무 처 명					
⑩ 사업자등록번호					
⑪ 근무기간	~	~	~	~	~

금융회사에서도 동일하게 개인정보 보호법 제24조의2가 적용되는데, 금융권에서 주민등록번호 처리 근거 규정으로 자주 언급되는 규정을 몇 개 나열하면 다음과 같다.

1) 금융실명법 제3조 - 금융자산 거래자의 실지명의 확인 목적
2) 특정 금융거래정보의 보고 및 이용 등에 관한 법률(특정금융정보법) 제5조의2 - 신규계좌 개설 또는 1천만 원 이상 일회성 금융거래 시 고객의 신원 확인 목적
3) 신용정보법 시행령 제37조의2 - 금융거래를 위하여 신용정보를 이용하는 사무를 수행하기 위하여 불가피한 경우로서 개인식별번호[25]를 처리하는 경우(다만, 개인식별번호를 개인으로부터 직접 수집할 경우에는 그 개인의 동의가 필요)

물론 이외에도 주민등록번호 처리 근거가 되는 많은 규정들이 있다. 금융위원회에서 발간한 "금융분야 주민등록번호 수집·이용 가이드라인"에서 관련 내용을 상세히 정리하고 있으므로 자신이 하는 업무가 주민등록번호를 처리할 수 있는 업무인지 확인이 필요한 경우 꼭 본 가이드라인을 확인해보기 바란다.

25) 주민등록번호, 여권번호, 운전면허번호, 외국인등록번호, 국내거소신고번호

정리

- 주민등록번호는 동의 여부와 상관없이 법률·대통령령·국회규칙 등에서 구체적으로 처리를 허용한 경우에만 처리가 가능하다.
- 따라서, 업무상 주민등록번호의 처리가 필요한 경우에는 근거규정을 확인한 후 처리 여부를 결정하여야 한다.

제8절 개인정보의 보관[26] 및 파기

개인정보의 보관 및 파기와 관련하여서는 고객의 개인정보를 언제까지 보관할 수 있는지와 파기 시 어떠한 조치를 취하여야 하는지에 대해 알아 둘 필요가 있다.

1. 개인정보 보관기간

1) 개인정보 보호법에 따른 보관기간

개인정보 보호법에서의 보관기간은 "보유기간의 경과, 개인정보의 처리 목적 달성 등 그 개인정보가 불필요하게 되었을 때" 지체 없이[27] 파기하면 된다. 동의받을 시 고지하였던 보유기간이 경과하거나 그 전에 회원탈퇴, 동의철회 등으로 보관근거가 소멸한 경우 파기한다고 생각하면 된다.

물론 다른 법령에서 계속 보존하라고 의무화하는 경우에는 보유기간이 경과한 이후에도 해당 법령에서 정한 기간까지는 계속 보관하여야 한다. B2C 서비스에서 주로 인용하는 법령은 다음과 같다.

26) 금융회사에서 개인정보를 보관하는 경우에는 개인정보가 분실·도난·유출·위조·변조 또는 훼손되지 아니하도록 안전성 확보에 필요한 조치들을 하여야 하는데, 이는 신용정보업감독규정 별표 3『기술적·물리적·관리적 보안대책 마련 기준』, 개인정보 보호법 하위고시인『개인정보의 안전성 확보조치 기준』에 자세히 설명되어 있다. 기술적인 내용들이 많이 포함되어 있고 하나하나 많은 설명이 필요한 내용들이므로 법률 상식을 다루는 본 서에서는 설명하지 않는다.

27) "지체 없이"는 근무일 기준 5일이다.

보존항목	근거법령	보존기간
계약 또는 청약철회 등에 관한 기록	전자상거래 등에서의 소비자 보호에 관한 법률	5년
대금결제 및 재화 등의 공급에 관한 기록		5년
소비자의 불만 또는 분쟁처리에 관한 기록		3년
표시/광고에 관한 기록		6개월
세법이 규정하는 모든 거래에 관한 장부 및 증빙서류	국세기본법	5년
전자금융거래에 관한 기록	전자금융거래법	5년
서비스 방문 기록	통신비밀보호법	3개월

2) 신용정보법에 따른 최장 보관기간

신용정보법에서의 보관기간은 좀 복잡하다. 고객의 개인"신용"정보는 일반 개인정보보다 더 보호가치가 있는 정보이므로 이용이 끝나면 가능한 짧게 가지고 있도록 하려는 것이 입법자의 의도이다.

따라서, 신용정보법에서는 금융회사가 개인신용정보를 보관할 수 있는 최장기간을 법으로 정하고 있는데, 선택적인 개인신용정보의 경우에는 상거래관계 종료일로부터 3개월, 필수적인 개인신용정보의 경우에는 상거래관계 종료일로부터 5년이다. 필수적인 개인신용정보에 해당하여 계속 보관하는 경우에도 상거래관계 종료일로부터 3개월 이내에 상거래관계가 종료되지 아니한 다른 정보주체의 정보와 별도로 분리·보관하여야 한다.

예를 들어, 회사가 고객에게 "상거래관계 종료일로부터 7년까지" 보관하는 것으로 동의를 받았다고 하더라도 법에서 최장 5년까지 가능하다고 정하고 있으므로 상거래관계 종료일로부터 5년까지만 보관이 가능하다.

신용정보법에서 최장 보유기간과 관련하여 일부 예외사유를 두고 있는데, 이 중 "다른 법률에 따른 의무를 이행하기 위하여 불가피한 경우"가 가장 많이 활용된다.

"다른 법률에 따른 의무를 이행하기 위하여 불가피한 경우"는 주로 상법 제33조가 인용되는데, 상법 제33조에 따르면 영업에 관한 중요서류는 10년간 보존하여야 한다.

영업에 관한 중요서류의 범위에 대해 상법에서 구체적으로 정하고 있는 바는 없으나,

"주석 상법"에서 거래의 관행에 따라 정하되, 후일에 있을 분쟁의 해결을 위하여 필요한 증거자료로서의 중요성을 기준으로 판단하고 계약서, 영수증, 주문서, 청구서 기타 통신문 등이 이에 해당한다고 설명하고 있다.

따라서 "영업에 관한 중요서류"인지의 판단은 어느 정도 회사의 재량이 인정될 수 있을 것으로 보이는데, 그 보관기간이 10년으로 길 뿐만 아니라 "하여야 한다"라고 하여 보관을 의무화하고 있는 규정이므로 이 규정을 통해 장기보관의 적법성을 확보할 수 있는 경우가 종종 있다. 물론 이러한 경우에도 상법상 의무 이행을 위하여 회사가 보관하고 있는 상황에 대해서만 적법성이 인정되는 것이므로 보관정보를 다른 목적으로 이용하였다면 이는 또 다른 문제이다.

참고

가끔 상거래 종료일로부터 5년이 경과하였음에도 불구하고 자료를 계속 보관하여 문제가 되는 사안에서, 상법 규정을 근거로 보관의 적법성을 주장하는 경우가 있다. 이때 주의하여야 할 점은 상법상 보관일의 기산점, 즉 10년을 카운팅하는 시작일이 "상거래관계 종료일"이 아닌 "그 서류의 작성, 발신 또는 수령한 날 또는 수령증을 교부받은 때"라는 점이다. 따라서 상거래관계 종료일로부터 5년이 되기 전에 상법상 중요서류 보관시작일로부터는 10년을 넘는 경우가 생길 수 있다는 점을 고려하여야 한다.

〈예시〉

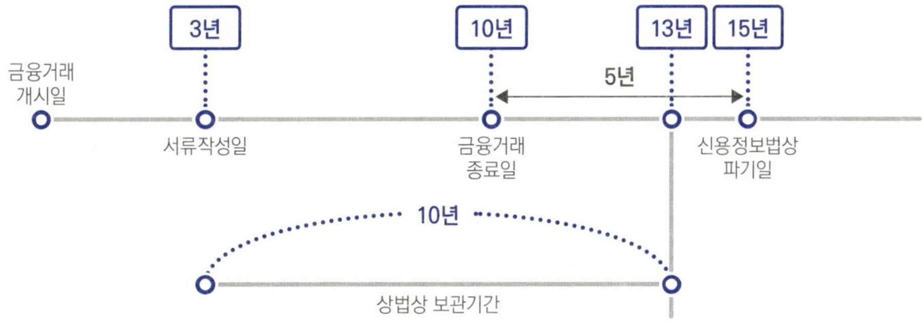

※ 이와 같은 경우에는 금융거래종료일로부터 5년이 경과하기 전에 상법상 보관기간인 10년이 도래하여 예외 규정이 의미가 없음

필자가 업무를 하면서 받은 보관기간 관련 질의는 대부분 오래 보유할 수 있는 근거를 묻는 경우이다. 가끔은 신용정보법상의 보관기간이 경과하였으나 파기하지 아니한 문서가 발견되어 곤란한 상황에 놓인 상태에서 하는 질의인 경우도 있다. 이러한 경우에는 상기 예외사유를 검토하여 답변을 드리곤 한다.

가끔은 이와는 반대로 필수적인 개인신용정보를 상거래관계 종료일 후 5년 이전에 파기해도 되느냐고 묻는 경우가 있다. 더 이상 필요가 없는 정보임이 확실한 경우 빨리 파기하고 마음이 편해지고 싶다는 의도이다. 정답은 법에서 상거래관계가 종료된 날부터 최장 5년 이내에 삭제하여야 한다고 하여 최대한 보관할 수 있는 기간을 정해놓은 것이므로 그 이전에 삭제하는 것은 회사의 재량이다. 따라서 회사에서 더 필요하지 않을 뿐만 아니라 삭제하는 것이 다른 법률상으로도 문제될 바가 없다고 판단한다면 상거래관계 종료일로부터 5년 이내에 삭제하는 것도 가능하다.

참고

"상거래관계 종료일"의 정의도 법에서 정하고 있는데, "신용정보제공·이용자와 신용정보주체 간의 상거래관계가 관계 법령, 약관 또는 합의 등에 따라 계약기간의 만료, 해지권·해제권·취소권의 행사, 소멸시효의 완성, 변제 등으로 인한 채권의 소멸, 그 밖의 사유로 종료된 날"을 의미한다.

상거래관계 종료일 판단 시 꼭 기억해야 하는 것의 하나는 건별 기준이 아니라 인별 기준이 원칙이라는 점이다. 예를 들어, 고객이 A, B, C의 금융상품에 가입되어 있는데, B, C는 해지하였으나 A가 여전히 유지되고 있는 경우라면 파기 관점에서는 A, B, C 모두 상거래관계가 유지되고 있는 것이다. 따라서 B, C 금융상품과 관련된 개인신용정보도 계속 보관이 가능하며, 최종적으로 A가 해지된 경우에서야 A, B, C 모두 상거래관계가 종료되는 것으로서 A 해지일부터 함께 파기기간 5년이 카운팅된다.

2. 개인정보의 파기

개인정보를 파기할 때에는 복구·재생이 불가능하도록 다음과 같이 파기하여야 한다.

① 전자적 파일 형태인 경우: 복원이 불가능한 방법으로 영구 삭제

② 기록물, 인쇄물, 서면, 그 밖의 기록매체인 경우: 파쇄 또는 소각

다음은 금융분야 가이드라인을 참고하여 작성한 Q&A 사항이다. 파기 관련한 내용을 이해하는 데 도움이 될 것이다.

1) 대출이 거절된 고객의 개인신용정보를 거절 후 5년간 보관이 가능한지 여부

대출이 거절된 고객은 해당 금융회사의 고객으로 볼 수 없으므로 동 고객의 개인신용정보를 신용정보법에 근거하여 보관할 수는 없다. 따라서, 신용정보법이 아닌 개인정보 보호법을 적용하여 제21조에 따라 목적 달성 시, 즉 대출 거절 후 지체 없이 파기하여야 한다.

2) 선택적 개인신용정보의 수집 시 보유 기간에 대해 정보주체의 명시적인 동의를 받은 경우, 동의받은 보유 기간 중 상거래관계 종료 후 3개월이 경과하여도 계속 보관하는 것이 가능한지 여부

신용정보법이 개인정보 보호법에 우선하므로 신용정보법 제20조의2에 따라 선택적인 개인신용정보의 경우 상거래관계 종료된 날로부터 3개월 이내에 삭제하여야 한다. 따라서 기간을 명시하고 동의를 받았다고 하더라도 상거래관계 종료일로부터 3개월이 지났다면 무조건 삭제하여야 한다.

정리

- 신용정보법상 개인신용정보를 보유할 수 있는 최장기간은 선택적인 개인신용정보의 경우 상거래관계 종료일로부터 3개월, 필수적인 개인신용정보의 경우 상거래관계 종료일로부터 5년이다. 따라서 정해진 최장기간을 초과하여 보유기간을 설정하고 동의를 받았다고 하더라도 이 기간 내에서만 보관이 가능하다.
- 영업에 관한 중요서류는 상법에 따라 10년간 보관하여야 한다. 따라서 해당 서류는 신용정보법에서 정한 최장 보관기간이 경과한 이후에도 상법에 따라 계속 보관하는 것이 가능할 터인데, 2개의 법률에서 정한 보관 시작일이 다르므로 이를 주의하여 계산하여야 한다.

제9절 동의서 관련 법적 의무 •••

디지털금융 서비스를 제공하기 위해서는 필수적으로 고객으로부터 개인정보 처리 동의를 받는 과정이 필요하다. 본 절에서는 개인정보 보호법 및 신용정보법에 있는 동의서 작성 시 유의해야 할 사항들에 대해 설명하려고 한다.

1. 서식 관련 의무

지난 2014년 홈플러스에서 경품행사를 통해 모은 고객 개인정보 2,400만여 건을 보험사에 판매한 사건이 있었다. 응모권 뒷면에 고객의 개인정보가 제3자인 보험사에 제공된다는 내용과 개인정보 보호법상 알려야 하는 사항이 모두 기재되어 있었으며, 이에 동의한 고객의 정보만 보험사에 제공하여 일응 적법한 행위로 생각되었으나, 해당 내용의 글씨 크기가 1mm 사이즈로 되어 있던 것이 문제였다.

〈그림 1-3-3〉 당시 피해자들이 법원에 제출한 항의 서한

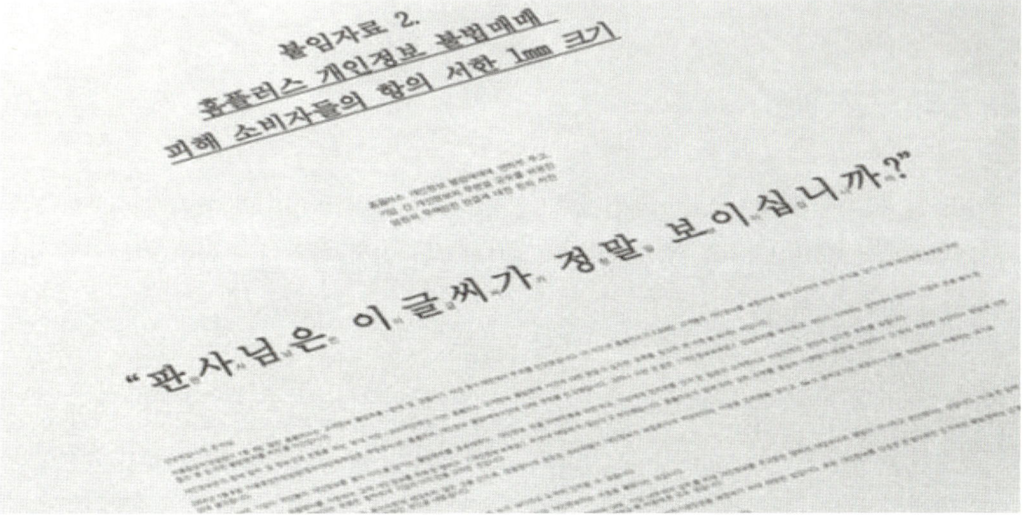

출처: 저자 재구성

이 사건을 계기로 개인정보 보호법에 새로운 규정이 하나 추가되었는데 동의서의 글자 크기나 표시 등을 제한하는 규정이다(개인정보 보호법 제22조 제2항, 개인정보 처리 방법에 관한 고시 제4조).

이 규정에 따르면 1) 마케팅 목적의 개인정보 처리, 2) 민감정보 및 고유식별정보의 처리, 3) 보유 및 이용 기간, 4) 제3자 제공 시 제공받는 자 및 이용 목적의 경우에는 글씨의 크기, 색깔, 굵기 또는 밑줄 등을 통하여 그 내용을 명확히 표시하여야 한다.

따라서 동의서 작성 시 작성 내용에 따라 글자크기, 색깔, 굵기가 달라질 수 있는 점을 유념하도록 하자. 여담이지만 동의서 최종본이 깔끔하게 정리되어 있는 느낌이라면 잘못된 동의서일 가능성이 크고 서식정리도 안한 것처럼 크기가 들쑥날쑥하다면 제대로 된 동의서일 가능성이 크다.

참고

2023. 9. 15. 시행된 개인정보 보호법에서 "글씨의 크기는 최소한 9포인트 이상으로서 다른 내용보다 20퍼센트 이상 크게 하여야 한다"는 규정을 삭제하고 "글씨의 크기, 색깔, 굵기 또는 밑줄 등을 통하여 그 내용이 명확히 표시되도록 할 것"이라는 규정에 "크기"라는 단어를 추가하였다.
따라서, 현재는 반드시 글씨 크기를 다른 내용보다 20퍼센트 이상 크게 할 필요는 없으며, 크기, 색깔, 굵기 또는 밑줄 등 하나의 방법으로 그 내용만 명확히 표시하면 된다.

2. 동의 구분 관련

이미 설명한 바와 같이 일반 개인정보, 민감정보, 고유식별정보의 처리에 대한 동의는 각각 구분하여 받아야 하며, 다들 잘 알고 있는 바와 같이 필수적 동의와 선택적 동의도 구분하여 받아야 한다.

또한, 마케팅 목적으로 개인정보를 이용하는 경우에는 별도의 동의를 받아야 한다. 간혹 마케팅 목적의 개인정보 수집·이용 동의와 스팸(영리목적의 광고성 정보) 수신 동의를 하나로 합쳐서 받는 경우(예를 들어, "마케팅 이용 및 광고성 정보전송 동의"라고 기재하고 하나의 동의를 받는 경우)가 있는데, 이는 법 위반에 해당한다. 마케팅 목적의 동의는 마케팅 목적으로 개인정보를 수집·이용하겠다는 점에 대한 동의이고, 스팸 동의는 나에게 광고성 정보가 전송되는 것을 허락한다는 것에 대한 동의이므로 그 의미가 다르다.

마지막으로 개인정보를 국외로 이전하는 경우에는 국외이전 동의를 받아야 한다(개인정보 보호법 제28조의8).

3. 동의등급제도

신용정보법에는 동의받는 절차를 구체적으로 정하고 있는 규정이 있다(신용정보법 제34조의2 및 제34조의3). 이는 금융소비자가 "알고하는 동의"를 할 수 있도록 정보활용 동의서를 단순 화·시각화한 것인데, 금융회사 입장에서 유리한 부분도 있고 소비자 입장에서 유리한 부분도 있다.

① 금융회사가 고지사항 중 그 일부를 생략하거나 중요한 사항만을 발췌하여 정보주체에게 알리고 동의를 받는 것이 가능해졌다. 다만, 이와 같이 하는 경우, 동의서 내에 고지사항 전부를 별도로 요청할 수 있다는 사실을 표시하여야 하며 고객이 요청한 경우에는 지체 없이 고지사항 전부를 알려주어야 한다. 실무에서는 필수적 동의 부분에 대해서는 요약하여 표시하고 선택적 동의 부분에 대해서는 기존과 동일하게 모든 항목을 다 기재하는 경우가 가장 많은 것으로 보인다.

② 선택적 동의 사항의 경우 '정보를 제공받는 회사'나 '정보활용의 목적'별로 동의 사항을 구분하여 정보주체가 개별적으로 동의를 할 수 있도록 하여야 한다. 즉 제공받는 자와 이용 목적을 일일이 나눠서 동의를 받아야 하는데, 실무에서는 이용 목적은 개별적으로 나눠서 동의를 받으나 하나의 목적으로 제공받는 자가 다수인 경우에는 이를 한꺼번에 묶어서 동의를 받는 경우가 많은 것으로 보인다.

③ 가장 중요한 것은 동의등급제도인데, 금융회사는 정보활용 동의 사항에 대하여 금융위원회가 평가한 등급("정보활용 동의등급")을 동의서에 기재하고 동의를 받아야 한다. 현재 동의서 등급을 부여하는 절차는 신용정보원에서 수행하고 있다.

동의등급 부여 시에는 수집된 정보의 민감도 및 사생활 침해위험, 정보활용 영향도, 소비자 친화도를 고려하여 등급을 산정하며 안심, 다소안심, 보통, 신중, 주의 5단계의 등급이 부여된다.

선택적 동의 사항에 대해 부여된 정보활용 동의등급은 ①에서 생략할 수 없는 부분이므로 반드시 동의서에 표시하여야 한다.

〈그림 1-3-4〉 동의등급을 반영한 동의서 예시

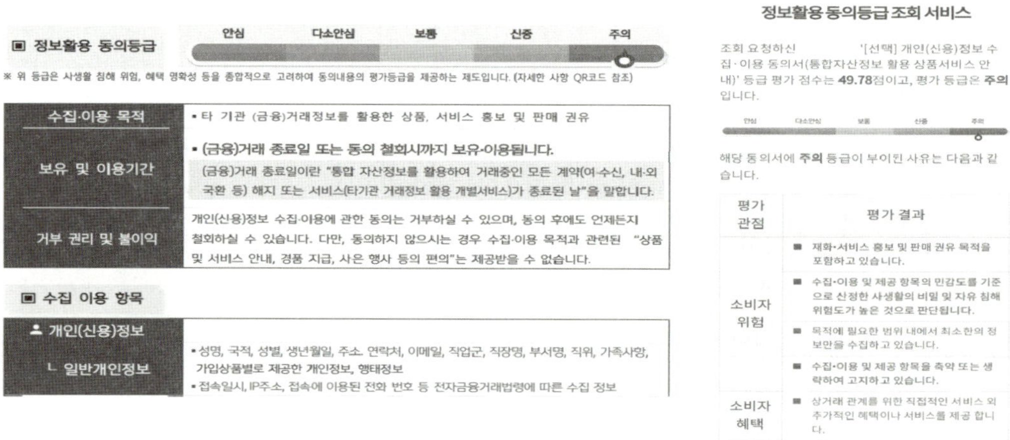

▣ 정보활용 동의등급

안심 다소안심 보통 신중 주의

※ 위 등급은 사생활 침해 위험, 혜택 명확성 등을 종합적으로 고려하여 동의내용의 평가등급을 제공하는 제도입니다. (자세한 사항 QR코드 참조)

수집·이용 목적	▪ 타 기관 (금융)거래정보를 활용한 상품, 서비스 홍보 및 판매 권유
보유 및 이용기간	▪ (금융)거래 종료일 또는 동의 철회시까지 보유·이용됩니다. (금융)거래 종료일이란 "통합 자산정보를 활용하여 거래중인 모든 계약(여·수신, 내·외국환 등) 해지 또는 서비스(타기관 거래정보 활용 개별서비스)가 종료된 날"을 말합니다.
거부 권리 및 불이익	개인(신용)정보 수집·이용에 관한 동의는 거부하실 수 있으며, 동의 후에도 언제든지 철회하실 수 있습니다. 다만, 동의하지 않으시는 경우 수집·이용 목적과 관련된 "상품 및 서비스 안내, 경품 지급, 사은 행사 등의 편의"는 제공받을 수 없습니다.

▣ 수집 이용 항목

개인(신용)정보 ㄴ 일반개인정보	▪ 성명, 국적, 성별, 생년월일, 주소, 연락처, 이메일, 직업군, 직장명, 부서명, 직위, 가족사항, 가입상품별로 제공한 개인정보, 행태정보 ▪ 접속일시, IP주소, 접속에 이용된 전화 번호 등 전자금융거래법령에 따른 수집 정보

정보활용 동의등급 조회 서비스

조회 요청하신 '[선택] 개인(신용)정보 수집·이용 동의서(통합자산정보 활용 상품서비스 안내)' 등급 평가 점수는 **49.78**점이고, 평가 등급은 **주의**입니다.

안심 다소안심 보통 신중 주의

해당 동의서에 **주의** 등급이 부여된 사유는 다음과 같습니다.

평가 관점	평가 결과
소비자 위험	■ 재화·서비스 홍보 및 판매 권유 목적을 포함하고 있습니다. ■ 수집·이용 및 제공 항목의 민감도를 기준으로 산정한 사생활의 비밀 및 자유 침해 위험도가 높은 것으로 판단됩니다. ■ 목적에 필요한 범위 내에서 최소한의 정보만을 수집하고 있습니다. ■ 수집·이용 및 제공 항목을 축약 또는 생략하여 고지하고 있습니다.
소비자 혜택	■ 상거래 관계를 위한 직접적인 서비스 외 추가적인 혜택이나 서비스를 제공 합니다.

출처: 저자 재구성

여기까지 다 이해한 독자들이라면 다음의 문제를 하나 풀어보자.

회사가 디지털금융 서비스를 제공하면서 고객의 모든 개인정보를 걱정 없이 사용하고자 한다면 과연 몇 개의 동의를 받아야 할까?

〈표 1-3-2〉에서 정리된 바와 같이 총 15개의 동의를 받아야 한다[28]. 실제로는 서비스 약관 동의도 받아야 할 것이므로 회사에서 만들어야 하는 "동의란"은 위의 동의란에 +1을 해야 할 것이다. 물론 약관이 여러 개라면 그 숫자는 더욱 늘어날 것이다.

28) "민감정보와 고유식별정보(제6절)"부분에서 설명한 것처럼 두 종류의 정보에 대해서는 "수집·이용 동의"와 "제3자 제공 동의"를 "처리 동의" 하나로 묶을 수 있다는 입장이라면 총 동의 개수는 줄어들 것이다. 필자는 나눠서 받아야 한다는 입장이기 때문에 현재 개수를 고수하도록 하겠다.

동의 항목이 지나치게 많다고 생각할 수도 있는데, 이는 서비스 제공 시 꼭 필요한 정보만을 수집하여 이용하라는 의미라고 생각하면 된다. 실제로 서비스 제공 시 민감정보와 고유식별정보가 필요한 경우는 거의 없으므로 이것만 제외한다고 하더라도 8개의 동의란이 사라지게 된다.

왜 8개지?라고 생각하는 분은 없을 거라고 기대하지만 … 혹여라도 계산이 되지 않는다면 동의에는 선택과 필수가 있고 동의를 받아야 하는 처리에는 수집·이용과 제3자 제공이 있다는 정도의 힌트만 제공하겠다.

〈표 1-3-2〉 개인정보 처리 시 필요한 동의 정리

항목	구분
☑ 개인정보/민감정보/고유식별정보의 수집 및 이용	필수/선택
☑ 개인정보/민감정보/고유식별정보의 제3자 제공	필수/선택
☑ 재화·서비스를 홍보하거나 판매를 권유하기 위한 개인정보의 처리	
☑ 개인정보 국외이전	
☑ 영리목적의 광고성 정보 전송	

제1부

디지털금융과 기본 법률

제4장

디지털금융 주요 법률 이해하기 (전자금융거래법)

KOREA BANKING INSTITUTE

제4장

디지털금융 주요 법률 이해하기 (전자금융거래법)

제1절 전자금융거래법 개론

전자금융거래법은 법률 및 시행령, 고시인 전자금융감독규정(이하 "감독규정") 및 감독규정 시행세칙으로 구성되어 있다. 전자금융거래법의 독특한 점은 감독규정에 상당히 많은 내용들이 담겨져 있다는 점인데, 전자금융거래법을 읽다 보면 마치 "법률과 시행령", "감독규정과 감독규정 시행세칙"이 각각 분리된 하나의 묶음처럼 구성되어 있다는 생각이 들게 된다.

총칙, 거래당사자의 권리와 의무, 접근매체, 전자금융업의 허가·등록 및 업무 등 전자금융거래와 관련된 일반적인 내용은 전자금융거래법 및 시행령에서 규정하고 있고, 정보기술부문의 안전성 확보와 관련된 내용은 감독규정 및 감독규정 시행세칙에서 규정하고 있다. 전산실에 관한 사항, 전산자료 보호대책, 망분리 등 보안과 관련된 주요 내용들 모두 감독규정에서 정하고 있으므로 감독규정이 특히 중요하다.

따라서 전자금융거래법을 공부할 때에는 감독규정이 법에서 정한 내용을 구체적으로 설명하는 수준을 넘어서 마치 새로운 의무를 부여하는 수준의 내용이라는 생각을 가지고 접근한다면 이해에 도움이 될 것이다.

전자금융거래법을 처음 접했을 때, '이게 뭐지?', '이 법을 어떻게 이해해서 자문을 하지?'라는 생각에 크게 당황했던 기억이 있다.

왜 그렇게 당황을 했을까 생각해보면, 우선 전자금융거래법은 너무 많은 내용을 담고 있을 뿐만 아니라 상당히 두서없는 구조를 가지고 있어서 체계를 세워서 이해하는 것이 쉽지 않았기 때문이다. 특히 다른 법령과 달리 감독규정의 내용이 방대하고 감독규정에서 갑자기 새롭게 등장하는 것 같은 의무들이 상당한데, 법만 보고 '딱히 제한이 없나 보네'라고 생각했다가 감독규정에 갑자기 관련 의무가 등장하여 잘못된 자문을 할 뻔한 적도 여러 번 있었다. 또한 (입법자들에게는 죄송하지만) 전자금융감독규정의 법문들은 마치 암호문처럼 쓰여 있는 경우가 많아서 공학을 전공한 필자로서도 여러 번 읽어야지만 어떤 의도로 쓴 내용인지 이해할 수 있는 조항들이 많이 있었다. 짧게 말해서 개별 조항이 그다지 친절하게 기재되어 있지 않다.

따라서 회사에서 디지털금융 관련 업무를 맡게 되어 전자금융거래법을 처음 접하게 되는 (특히 비전공자인) 직원들은 이를 이해하는 것이 쉽지 않을 것이다[29].

그간의 경험에 비추어 전자금융거래법 공부 시 주의할 점을 설명해보면,

첫째, 법에 관련 내용이 없다고 하여 쉽게 의무가 없다고 판단해서는 안 되며 반드시 감독규정의 개별 조항도 일일이 확인해보아야 한다.

둘째, 조항을 읽고 이해한 내용과 실제 입법자가 의도한 내용이 다를 수 있으므로 금융감독원에서 발간한 "전자금융감독규정 해설"이라는 도서를 함께 보면서 법령을 이해해야 한다.

29) 시중에 전자금융거래법을 설명하고 있는 책을 찾아보기 어려우며, 필자를 비롯한 몇몇의 법조인들이 전자금융거래법 강의를 하고 있긴 하나 다른 법률에 비해 관련 강의가 턱없이 부족하다는 점도 전자금융거래법을 이해하기 어렵게 하는 요소일 것이다.

마지막으로는 전자금융거래법 및 하위규정이 이해하기 어렵게 쓰여 있어서, 그만큼 금융위원회의 유권해석이나 비조치의견이 많은 편이다. 예를 들어, 망분리 의무규정과 관련하여, 금융회사에서 적법한 망분리 구조인지에 대해 질의하고 금융위원회나 금융감독원에서 이에 답변한 사례가 매우 많다. 따라서 내가 공부하고 있는 부분에 대한 규제기관의 해석도 꼭 확인하여, 나의 사례와 비교해보아야 한다.

정리하면, 전자금융거래법은 쉽게 이해되는 법률이 아니므로 해당 조항의 내용이 머리 속에서 명확히 그려질 때까지 법을 꼼꼼히 읽어야 하며, 반드시 규제기관의 해설서나 해석사례 등을 함께 공부하여야 한다[30].

본 장에서는 디지털금융을 이해하기 위하여 반드시 알아야 하는 전자금융거래법의 주요 내용을 다룰 것이다. 전자금융거래의 개념, 접근매체, 전자금융업, 해킹 등 방지대책이 이에 해당한다. 이는 전자금융거래법의 일부 내용이기 때문에 전자금융거래법의 고수가 되기 위해서는 훨씬 더 많은 내용을 알아야 한다는 점을 기우(杞憂)에서 다시 한번 강조한다.

30) 물론 이 책을 통해, 전자금융거래법의 기초적인 법률 상식은 얻을 수 있을 것이라고 생각한다. 그리고 이 정도의 상식만으로도 나름 전자금융거래법 전문가라는 평가를 받을 수 있을 것이다. 그만큼 전자금융거래법은 정복하기 쉽지 않은 법률이기 때문이다.

제2절 전자금융거래의 개념

전자금융거래법은 말 그대로 "전자금융거래"를 규율하는 법이므로 먼저 전자금융거래의 개념을 정확히 알아야 한다. 만약 회사에서 제공하고자 하는 서비스가 전자금융거래에 해당하지 않는다면 전자금융거래법 적용대상에도 해당하지 않기 때문이다.

▸ 주의

전자금융거래법 제3조에 따르면 대통령령으로 정하는 금융회사 중 전자금융업무를 하지 아니하는 금융회사의 경우 전자금융거래법의 대부분의 의무규정들이 적용되지 아니한다. 이를 두고 흔히 전자금융업무를 하지 않는 금융회사는 전자금융거래법이 적용되지 않는다고 말하곤 한다. 그러나 반대해석상 "대통령령으로 정하는 금융회사"에 포함되지 않는 금융회사는 전자금융업무를 하지 아니한다고 하더라도 전자금융거래법 및 감독규정이 적용될 수 있다는 해석이 된다. 예를 들어 금융지주회사가 이에 해당한다.

▸ 전자금융거래법

제3조(적용범위) ③ 금융회사 중 전자금융거래의 빈도, 회사의 규모 등을 고려하여 대통령령으로 정하는 금융회사에 대하여는 다음 각 호를 적용하지 아니한다.

▸ 전자금융거래법 시행령

제5조(적용범위의 예외) ② 법 제3조 제3항 각 호 외의 부분에서 "대통령령으로 정하는 금융회사"란 다음 각 호의 어느 하나에 해당하는 금융회사로서 법 제2조 제1호에 따른 전자금융업무를 하지 아니하는 금융회사를 말한다.

따라서 "전자금융업무를 하지 아니하는 경우에는 전자금융거래법 적용대상이 아니다"라는 말은 엄격히 따지면 틀린 말이 될 수 있다. 그러나 상기 대통령령으로 정하는 금융회사에 대부분 업종의 금융회사가 다 포함되므로 기초 법률 상식을 쌓는 단계에서는 전자금융거래를 하지 않는 금융회사는 전자금융거래법이 적용되지 아니한다고 해석하여도 무방하다.

"전자금융거래"란 금융회사 또는 전자금융업자가 전자적 장치를 통하여 금융상품 및 서비스를 제공하고, 이용자가 금융회사 또는 전자금융업자의 종사자와 직접 대면하거나 의사소통을 하지 아니하고 자동화된 방식으로 이를 이용하는 거래를 의미한다(전자금융거래법 제2조 제2호).

"전자금융거래"에 해당하기 위한 요건을 분석해보면 ① 전자적 장치를 통하여 금융상품 및 서비스를 제공하여야 하고 ② 종사자와 직접 대면하거나 의사소통을 하지 아니하며 자동화된 방식으로 서비스를 제공하여야 한다. 따라서 회사에서 제공하는 디지털금융서비스가 ①, ②에 모두 해당한다면 전자금융거래에 해당하고 그 서비스의 적법성을 확인하기 위해 전자금융거래법을 검토하여야 한다.

①, ②의 요건을 좀 더 자세히 분석하면 다음과 같다.

① 전자적 장치를 통한 금융상품 및 서비스 제공

단지 전자적 장치를 금융업무에 활용하는 것만으로는 이에 해당하지 아니하고 이용자가 비대면으로 전자적 장치를 통해 금융상품 및 서비스에 직접 접근할 수 있는 정도가 되어야 한다.

"금융상품 및 서비스"는 광의로 해석하며 금융회사가 제공하는 일반적인 금융 관련 상품 및 서비스라면 여기에 해당된다. 따라서 자금송금, 이체, 출금 등에 이르지 않더라도 단순히 거래내역이나 신용정보를 조회하는 서비스도 이에 포함한다.

② 이용자가 금융회사와 직접 대면하거나 의사소통을 하지 아니하고 자동화된 방식으로 제공

금융회사가 금융상품 및 서비스를 제공할 시 비대면 자동화 방식으로 제공하여야 한다. 간혹 이용자가 서비스를 이용하는 과정에서 잠깐 금융회사 직원과 전화 또는 채팅을 하는 과정이 포함되어 있는 경우에도 이는 "대면"이 아니므로 전자금융거래에 해당하는 것이 아닌지 질의하는 경우가 있다. 그러나 "전화 또는 채팅"의 경우에도 "의사소통"에 해당하므로 "의사소통을 하지 아니하고"라는 요건을 만족하지 못하여 전자금융거래에 해당하지 아니한다.

금융당국은 거래의 완결과정에서 인위적인 판단이 개입하는 경우에는 자동화된 방식으로 보기 어렵다고 설명하고 있으므로 "인위적인 판단 개입 여부"를 keyword로 숙지하는 것도 좋은 방법이다.

다음은 금융위원회의 법률해석을 기반으로 만들어본 Q&A인데, 전자금융거래의 개념을 이해하는 데 도움될 것이다.

1) 신용조회, 신용조사, 채권추심업무가 전자금융거래법상 "전자금융업무"에 해당하는지 여부

A 금융회사가 제공하는 상품 및 서비스가 전자금융거래법상의 금융상품 및 서비스에 해당하는지는 일일이 판단하는 것이 아니라, 원칙적으로 그 금융회사가 소관 금융법에 따라 제공하고 있는 상품 및 서비스는 모두 전자금융거래법상의 금융상품 및 서비스에 해당한다고 볼 수 있다.
따라서 신용정보회사가 제공하는 신용조회, 신용조사 등의 서비스는 「전자금융거래법」 제2조 제1호의 서비스에 해당하며 이를 전자적 장치를 통해 제공하는 경우 「전자금융거래법」 제2조 제1호의 전자금융업무에 해당한다고 볼 수 있다.

2) 고객이 유선으로 콜 센터에 전화하여 계좌이체 처리가 이루어지는 경우 전자자금 이체에 해당하는지?

A 고객이 유선으로 콜센터에 전화하여 계좌이체하는 것은 금융회사 종사자와 의사소통을 하는 것이고 자동화된 방식에 해당하지도 아니하므로 전자금융거래(전자자금이체)에 해당하지 아니한다.

3) 대면 채널을 통한 보험계약 체결 과정에서 보험계약자가 모바일 화면에 접속하여 본인의 심사서류를 보험회사에 직접 제출하고, 이후 보험회사의 인수 심사를 거쳐 보험계약이 체결되는 경우, 보험계약자가 심사서류를 전자적인 방법으로 제출하는 과정이 전자금융거래에 해당하는지?

A 「전자금융거래법」 제2조 제1호에 따른 "전자금융거래"에서 "자동화된 방식"은 거래의 완결과정에서 인위적인 판단이 개입하는 경우에는 자동화된 방식으로 보기 어렵다.
고객과의 보험계약을 체결하는 과정에서 보험심사자가 고객이 제출한 심사서류를 심사하여 인수 여부를 결정하는 인위적인 판단이 개입되는 경우라면 '자동화된 방식'으로 이를 이용하는 거래에 해당하지 않으므로, 이는 "전자금융거래"에 해당하지 않는다.

정리

- 회사에서 디지털금융 서비스를 도입할 시 먼저 그 서비스가 "전자금융거래"에 해당하는지 여부를 판단하여야 한다. 전자금융거래에 해당하지 않는다면 복잡한 전자금융거래법을 볼 필요가 없으므로 매우 중요한 확인 사항이다.

- 이를 판단하는 과정에서는 고객이 해당 서비스를 이용하는 과정에서 금융회사의 직원과 커뮤니케이션하는 바가 있는지가 중요한 기준이며, 전자적 장치를 사용한다고 하더라도 전체 서비스 이용과정에서 직원과 의사소통을 하는 바가 있다면 전자금융거래에 해당하지 않는다.

제3절 접근매체

접근매체와 관련하여서는 접근매체의 개념, 발급방법, 사용 및 관리 시의 의무에 대해서 알아둘 필요가 있다.

1. 접근매체란

전자금융거래법에서는 접근매체를 다음과 같이 정의하고 있다.

> ▸ **전자금융거래법**
>
> 제2조(정의)
>
> 10. "접근매체"라 함은 전자금융거래에 있어서 거래지시를 하거나 이용자 및 거래내용의 진실성과 정확성을 확보하기 위하여 사용되는 다음 각 목의 어느 하나에 해당하는 수단 또는 정보를 말한다.
>
> 가. 전자식 카드 및 이에 준하는 전자적 정보
> 나. 「전자서명법」 제2조 제3호에 따른 전자서명생성정보 및 같은 조 제6호에 따른 인증서
> 다. 금융회사 또는 전자금융업자에 등록된 이용자번호
> 라. 이용자의 생체정보
> 마. 가목 또는 나목의 수단이나 정보를 사용하는 데 필요한 비밀번호

처음 이 조항을 접했을 때 여러 번 읽어봐도 무슨 의미인지 전혀 감이 오지 않았다. 전자금융감독규정 해설서에서는 "자동화기기, 전화기 및 컴퓨터 등의 전자적 장치를 이용하기 위한 수단"이라고 하여 좀 더 쉽게 설명하고 있기는 하나 여전히 그 의미가 확 와 닿지는 않는다.

그냥 간단하게 접근매체란 "디지털 환경에서 금융거래를 하게 해주는 열쇠(key) 또는 출입문"이라고 생각한다면 그 의미가 더 쉽게 다가온다. 각 호의 실제 예시를 하나씩 매칭

시켜보면 "전자식 카드 및 이에 준하는 전자적 정보 = 신용카드(실물카드)", "「전자서명법」 제2조 제3호에 따른 전자서명생성정보 및 같은 조 제6호에 따른 인증서 = (지금은 없어졌지만 예전의) 공인인증서", "금융회사 또는 전자금융업자에 등록된 이용자번호 = 고객 ID", "이용자의 생체정보 = 지문정보", "가목 또는 나목의 수단이나 정보를 사용하는 데 필요한 비밀번호 = password" 정도가 될 터인데 이렇게 매칭하다 보면 그 의미를 짐작할 수 있다. 결국 디지털 환경에서 금융거래를 시작하기 위해서는 적법한 권한이 있는 자(者)라는 점을 알리는 도구가 필요한데 그 도구가 접근매체라고 생각하면 된다.

접근매체를 이해할 때 놓치지 말아야 하는 한 가지는 법에서 접근매체를 열거식으로 나열하고 있다는 점이다. 즉 접근매체를 가~마.까지로 한정하고 있으므로 디지털 환경에서 금융거래를 하게 해주는 열쇠 같은 역할을 하는 수단이나 정보가 있다고 하더라도 가~마.에 해당하지 않는다면 이는 접근매체라고 할 수 없다.

2. 접근매체 발급하기

접근매체는 비대면 환경에서 금융거래를 시작하는 key이므로 고객은 접근매체를 금융회사에 제공함으로써 거래를 시도하고, 금융회사는 접근매체를 통해 적법한 권한이 있는 고객인지 여부를 확인한다.

이를 위해 전자금융거래법에서는 금융회사가 접근매체를 선정하여 사용 및 관리하고 이용자의 신원, 권한 및 거래지시의 내용 등을 확인하여야 하며, 접근매체는 이용자의 신청이 있는 경우에 한하여 발급하고 본인임을 확인한 후에 발급하도록 하고 있다(법 제6조). 즉 "접근매체"를 통해 디지털금융이 실행되므로 처음 이를 발급할 시 적법한 사람인지를 확인하라는 의미이다.

접근매체 자체가 디지털 환경에서 쓰이는 것이기 때문에 발급도 비대면으로 진행할 수 있어야 효율적인데, 이 과정에서 본인을 어떻게 확인할 것인지가 문제가 된다. 전자금융감독규정에서 본인확인을 위해 "실명확인"을 하라고 요구하고 있으므로 접근매체 발급시 실명확인을 하여야 하는데 법에서 비대면으로 실명확인하는 방법까지 정하고 있지는 아니하다.

> **▸ 전자금융거래법**
>
> 제6조(접근매체의 선정과 사용 및 관리) ② 금융회사 또는 전자금융업자가 접근매체를 발급할 때에는 이용자의 신청이 있는 경우에 한하여 본인임을 확인한 후에 발급하여야 한다.
>
> **▸ 전자금융감독규정**
>
> 제34조(전자금융거래 시 준수사항) 금융회사 또는 전자금융업자는 전자금융거래와 관련하여 다음 각 호의 사항을 준수하여야 한다.
>
> 3. 전자금융거래에 사용되는 접근매체를 발급받기 위해서는 반드시 실명확인 후 교부할 것

따라서, 금융위원회가 기존에 제시했던 금융실명법상의 실지명의 확인 시의 비대면 실명확인 방법인 "5가지 중에 2가지 이상은 반드시 하고(필수), 추가적인 수단은 재량(권고)"에 맡기는 방식을 접근매체 발급 시에도 그대로 따르고 있는데, 구체적으로 살펴보면 ① 신분증 사본 제출, ② 영상통화, ③ 접근매체 전달 시 확인, ④ 기존계좌 활용, ⑤ 기타 이에 준하는 새로운 방식(생체인증 등) 중 2가지는 필수로 적용하고 ⑥ 타 기관 확인결과 활용, ⑦ 다수의 개인정보 검증은 재량적으로 추가 적용하는 것이 가능하다.

〈그림 1-4-1〉 비대면 실명확인 방법 요약

비대면 실명확인

❶ 신분증 사본 제출 ❷ 영상통화 ❸ 접근매체 전달 시 확인 ❹ 기존계좌 활용 ❺ 기타 이에 준하는 새로운 방식(생체인증 등) 중 2가지 필수 적용	+	❻ 타 기관 확인결과 활용 ❼ 다수의 개인정보 검증 보충 적용

> ① 실명확인증표 사본 제출: 고객이 주민등록증, 운전면허증 등을 사진촬영 또는 스캔 후 모바일 기기를 통해 업로드하는 등의 방식으로 제출하는 것을 의미한다.

② 영상통화: 금융회사 직원이 영상통화 등을 통해 주민등록증 등의 사진과 고객의 얼굴을 대조하는 것을 의미한다.
③ 접근매체 전달 과정에서 확인: 고객에게 신용카드 등 접근매체를 전달할 시 주민등록증 등을 확인하는 것을 의미한다.
④ 기존계좌 활용: 타 금융회사에 이미 개설되어 있는 고객의 기존계좌에 금융회사가 소액이체하는 방식을 통해 고객이 동 계좌에 대해 사용 권한이 있는지 확인하는 것을 의미한다.
⑤ 기타 이에 준하는 방법(생체인증 등): 금융회사에 바이오정보를 등록한 고객에 대해 사전에 대면·비대면 등으로 등록한 바이오정보와 비교를 통해 확인하는 것을 의미한다.
⑥ 타 기관 확인결과 활용: 공인인증서, 아이핀(I-PIN), 휴대전화와 같이 인증기관 등에서 신분확인 후 발급한 아이디, 비밀번호, 전화번호 등을 활용하여 본인을 확인하는 것을 의미한다.
⑦ 다수의 고객정보 검증: 고객이 제공하는 정보(예: 전화번호, 주소, 이메일, 직장정보 등)와 신용정보회사 등이 보유한 정보를 대조하여 본인을 확인하는 것을 의미한다.

정리하면 접근매체 발급 시 ①~⑤ 중 2가지 이상을 반드시 진행하여야 적법한 발급과정이 된다.

예를 들어, 고객이 비대면으로 신용카드를 발급할 시 1) 신분증을 스캔하는 방식으로 사본을 제출받고, 2) 고객의 통장에 1원을 송금한 후 앱에 송금인의 정보를 입력하도록 하고 3) 휴대전화 본인확인을 거치도록 하였다면 ① 실명확인증표 사본 제출, ④ 기존계좌 활용, ⑥ 타 기관 확인결과 활용의 절차를 거친 것이므로 필수 2가지, 권고 1가지를 수행한 것으로서 매우 바람직한 접근매체 발급에 해당한다[31].

강의를 하다보면 필수 5가지 중 1가지와 자체적으로 개발한 실명확인 방법 1가지를 융합하여 실명확인을 할 수 있는지에 대한 질의가 많은데, 금융위원회의 입장은 필수 5가지 중 2가지가 반드시 포함되어야 한다는 것이므로 이는 부적합한 실명확인 방법에 해당하여 적법하게 접근매체를 발급하지 아니한 경우에 속하게 된다.

최근에는 이를 해결하기 위하여 혁신금융서비스 지정을 받고 새로운 비대면 실명확인

31) 휴대전화 본인확인을 생략하였다고 하더라도 필수 2가지를 적용한 것이므로 적법한 실명확인에 해당한다.

방식을 도입하는 금융회사들이 늘고 있다. 여기서 중요한 점은 혁신금융서비스 지정을 받아야 이러한 방식이 가능하다는 점이므로 지정을 받기 전이라면 무조건 금융위원회가 제시한 방식을 따라야 한다.

▸ 관련 혁신금융서비스 예시

영상통화 방식 대신 실명확인증표의 사진과 얼굴촬영화면을 대조하는 안면인식기술을 비대면 실명확인 방법으로 활용하는 서비스

3. 접근매체의 사용 및 관리

접근매체는 전자금융거래에 있어서 거래지시가 가능하도록 하는 것이므로 적법한 절차에 따라 발급한 접근매체라면 이 접근매체를 확인하는 것 이외의 추가적인 절차 없이 전자금융거래를 발생시켜도 무방하다.

예를 들어 ID·PW로 모바일뱅킹 로그인 후 계좌조회 또는 이체거래 등을 하고자 하는 경우 ID·PW가 접근매체로서 실명확인 후 발급된 것이라면, 로그인 후 추가적인 절차 없이 계좌조회 또는 이체거래 등을 실행하는 것이 가능하다[32].

전자금융거래법에서는 접근매체의 이용뿐만 아니라 접근매체의 관리도 강조하고 있는데 접근매체의 양도 및 양수를 금지하고 이를 위반하는 경우 5년 이하의 징역 또는 3천만 원 이하의 벌금에 처할 수 있다고 정하고 있다(법 제6조 제3항). 이는 접근매체가 있다면 누구나 디지털금융거래를 할 수 있으므로 관리의 중요성을 고려한 것이라고 생각된다.

32) 다만, 전자금융거래법상 전자금융거래의 종류·성격·위험수준 등을 고려하여 안전한 인증방법을 사용할 의무(감독규정 제37조)가 있으므로, 본인계좌 이체와 타인계좌 이체 간에 인증방법에 차이를 두거나 이체한도 등 보안대책을 중첩적으로 적용하는 것이 보다 안전한 인증방법을 사용한 것으로 인정될 가능성이 높을 것이며 실제로 다수의 금융회사들이 이러한 방법을 따르는 것으로 보인다.

이쯤에서, 다양한 디지털금융 서비스를 이용하고 있는 독자라면 스크래핑을 위해 핀테크 업체에 ID/PW나 공동인증서를 제공하는 경우가 있는데 이 경우 "접근매체의 양도 및 양수"에 해당하여 법 위반이 되지 않을까 하는 의문이 생길 수 있다.

금융위원회의 해석에서는, 접근매체를 제3자에게 위탁·저장하는 행위와 양도·양수하는 행위를 구분하고 있다. 즉, 제3자가 접근매체를 저장하고 있으나 접근매체의 소유권, 처분권 등 배타적 사용 권한이 확정적으로 이전되는 것이 아니라 여전히 이용자의 권한 아래 있는 경우라면 단순히 제3자에게 접근매체를 위탁·저장하는 경우로 보아 양도·양수하는 행위에는 해당하지 않는다고 해석하고 있다. 이러한 해석에 따라 핀테크 업체의 서버에 ID/PW를 저장하고 스크래핑에 이용하는 서버 스크래핑은 접근매체를 위탁·저장하는 행위에 불과하므로 (전자금융거래법상으로는) 가능하다고 볼 수 있다. 물론, 서버 스크래핑 과정에서 신용정보법에 따른 적법한 동의를 받았는지 여부는 별개의 논의이다.

우리가 흔히 "대포통장"이라고 부르는 사건은 주로 피고인이 자신의 명의로 통장을 발급한 후 일정한 대가를 받고 제3자에게 제공하고 제3자가 보이스피싱 등에 이용하는 사건인데, 이러한 사건들의 판결을 보면 전자금융거래법에 위반된다고 판시되어 있는 것을 확인할 수 있다. 이는 통장이 "전자식 카드 및 이에 준하는 전자적 정보"로서 접근매체에 해당하고 이를 제3자에게 제공한 것은 접근매체의 양도에 해당하므로 대포통장을 주고받는 것이 "접근매체 양도·양수금지" 규정에 위반되기 때문이다[33].

▸ 판결 내용 일부

현재 사회적으로 널리 문제가 되고 있는 불법스포츠토토 도박 범죄 및 보이스피싱 범죄의 수단으로 타인 명의의 접근매체가 이용되고 있으므로 접근매체를 양도·양수하는 범행을 엄중하게 처벌할 필요성이 높다. 이 사건의 경우, 피고인 A은 접근매체를 양도하는 대가로 금원을 교부받았고…

---

33) 예전에 강의를 듣던 금융회사 직원으로부터 "아내가 제 명의의 신용카드를 사용하는데, 이건 어떻게 되는 거죠?"라는 질문을 받은 적이 있다. 책을 잘 읽어온 분이면 이미 답을 아시겠지만... 이런 경우는 접근매체에 대한 지배권이 여전히 남편한테 있는 것이므로 양도·양수가 아닌 위탁·저장이라고 보아 법적으로는 전혀 문제가 되지 않는 상황이다.

다음은 금융위원회의 법률해석을 기반으로 만들어본 Q&A인데, 접근매체를 이해하는 데 도움이 될 것이다.

1) 일정 금액 이하는 통장 비밀번호만으로 이체가 가능한 간편이체 서비스를 운영할 시 통장 비밀번호가 거래지시에 필요한 실명확인된 접근매체로 볼 수 있는지

A 「전자금융거래법」에서 접근매체에 해당하는 수단 또는 정보에는 '전자식 카드 및 이에 준하는 전자적 정보를 사용하는 데 필요한 비밀번호' 등이 있다.
따라서 금융회사에서 해당 통장의 전자적 정보를 사용하는 전자금융거래에 있어서 거래지시(자금이체 등)가 가능하도록 필요한 통장 비밀번호를 이용자에게 발급하는 것이라면, 이는 「전자금융거래법」상 '접근매체'에 해당할 것이다.

2) 전자금융거래 시 금융회사에 등록된 SNS 계정이 접근매체로 열거된 항목 중 하나인 "이용자번호"에 해당할 수 있는지

A 「전자금융거래법」에서 접근매체에 해당하는 수단 또는 정보로서 "금융회사 또는 전자금융업자에 등록된 이용자번호"를 포함하고 있으며, 이의 형식을 특정하고 있지는 아니하다. 따라서 SNS 계정이 이용자 및 거래내용의 진실성과 정확성을 확보할 수 있다면 이용자번호로 사용할 수 있다.

3) 오프라인에서 기 발급된 카드(결제 은행계좌)를 스마트폰에 등록하여 ATM 출금 및 오프라인 결제 등이 가능하도록 하는 금융서비스를 제공할 경우, 「전자금융거래법」 제6조 제2항에 따라 "접근매체 발급"에 적용되는 본인확인 절차를 준수해야 하는지

A 기 발급된 카드가 접근매체에 해당하고 이를 스마트폰에 등록하는 것은 단순히 접근매체를 저장하는 전자지급수단 등을 변경하는 행위에 불과하다. 따라서 이는 접근매체의 발급으로 보기 어려우므로 「전자금융거래법」상 접근매체 발급에 따르는 본인확인 절차 등을 준수해야 할 의무가 없을 것이다.

정리

- 접근매체는 디지털 환경에서 금융거래를 하게 해주는 매체로서 법에서 열거한 수단 중 하나를 이용하여야 한다.
- 접근매체 발급을 위한 비대면 실명확인 방법은 필수 5가지 중 2가지를 포함하여야 한다.
- 접근매체를 제3자가 위탁·저장하는 행위는 가능하나 양도·양수하는 행위는 금지된다.
- 대포통장 사건이 전형적인 불법적 접근매체 양도로 인해 발생하는 사건이다.

제4절 전자금융업

앞서 기본적으로 금융 관련 법률은 업권별로 법을 구성하는 구조를 취해왔다고 설명한 바 있다. 이러한 분석에 따른다면, 전자금융거래법은 "전자금융업"을 규율하고 있어야 한다.

실제 전자금융거래법에서 전자금융업의 허가와 등록 및 업무에 대해서 다루고 있는데, 이 또한 전자금융거래법을 이해하기 위하여 기본적으로 알아야 하는 내용이다.

1. 전자금융업의 종류

전자금융거래법에서는 전자금융업무를 전자자금이체업, 전자화폐업, 직불전자지급수단업, 선불전자지급수단업, 전자지급결제대행업, 결제대금예치업, 전자고지결제업 등 총 7가지의 업종으로 구분하고 있는데, 그 구체적인 설명은 다음과 같다.

유형	내용
전자자금이체업	**지급이체**(지급인의 지시): 계좌이체, 서비스이체, 대량지급거래 **추심이체**(수취인의 지시): 자동계좌이체
전자화폐업	(전자화폐) 이전 가능한 금전적 가치가 전자적 방법으로 저장되어 발행된 증표 또는 그 증표에 관한 정보로서 다음의 요건을 모두 갖춘 것 • 발행인 외의 제3자로부터 재화 또는 용역의 대가 지급에 사용 • 2개 이상 광역지방자치단체, 500개 이상 가맹점 이용
직불전자지급수단업	(직불전자지급수단) 이용자와 가맹점 간에 전자적 방법에 따라 금융회사의 계좌에서 자금을 이체하는 등의 방법으로 재화 또는 용역의 제공과 그 대가의 지급을 동시에 이행할 수 있도록 금융회사 또는 전자금융업자가 발행한 증표 또는 그 증표에 관한 정보
선불전자지급수단업	(선불전자지급수단) 이전 가능한 금전적 가치가 전자적 방법으로 저장되어 발행된 증표(전자적 방법으로 변환되어 저장된 증표를 포함) 또는 그 증표에 관한 정보로서 발행인 외의 제3자로부터 재화 또는 용역을 구입하고 그 대가를 지급하는데 사용되는 것(단, 전자화폐는 제외)

유형	내용
전자지급결제대행업 (PG)	전자적 방법으로 재화의 구입 또는 용역의 이용에 있어 지급결제정보를 송신하거나 수신하는 것 또는 그 대가의 정산을 대행하거나 매개하는 것
결제대금예치업	전자상거래 등에서의 소비자보호에 관한 법률에 따른 거래 일방의 불이행으로 인한 거래사고 예방을 위해 결제대금을 예치받는 업무
전자고지결제업	수취인을 대행하여 지급인이 수취인에게 지급하여야 할 자금의 내역을 전자적인 방법으로 지급인에게 고지하고, 자금을 직접 수수하여 그 정산을 대행

이 중 전자화폐업은 금융위원회의 허가, 이외의 업종은 금융위원회에 등록하면 영업이 가능한데, 실제 국내에서 통용되고 있는 전자화폐가 없으므로 전자금융업을 하기 위해서는 금융위원회에 등록하는 절차를 거쳐야 한다고 생각하여도 무방하다. 다만, 은행, 신용카드사업자 등의 경우에는 법에서 허가 또는 등록을 면제해주고 있으므로 이러한 금융회사의 경우에는 별도의 등록절차 없이 전자금융업 수행이 가능하다[34].

2. 전자금융업 등록요건

전자금융업 등록요건은 최소자본금 요건, 인적·물적 요건, 재무건전성 기준, 사업계획의 타당성 등이 있는데, 이 중 최소자본금 요건과 재무건전성 기준이 주로 이슈가 되곤 한다.

1) 최소자본금 요건

최소자본금 요건은 아래 표와 같다. 규모 있는 금융회사의 경우에는 그다지 문제가 되지 않는 금액이지만 핀테크 초기 기업들에게는 상당히 부담스러운 금액이다. 한국에서 핀테크 스타트업의 출현이 활발하지 않은 이유가 라이선스의 최소자본금 요건이 너무 크기 때문이라는 이야기도 있다. 자본금과 관련하여 알아두면 좋을 상식 중 하나는 두 가지의 전자금융업을 하고자 하는 회사는 최소자본금이 얼마나 되어야 하는지이다. 예를 들

34) 은행, 신용카드사업자 이외에도 전자금융업 등록이 면제되는 금융업종이 더 있으므로 이 부분에 대한 구체적인 검토가 필요한 경우에는 꼭 관련 내용(전자금융거래법 시행령 제15조)을 확인해보기 바란다.

어, 회사가 선불전자지급수단업과 PG업을 동시에 하고자 한다면 최소자본금이 얼마가 되어야 할까?

① 더 큰 금액인 20억 원이라는 답변과 ② 두 업종의 최소자본금을 합친 30억 원(20억 원 + 10억 원)이라는 답변이 가능할 것인데 정답은 ②번 30억 원이다. 즉, 하고자 하는 전자금융업의 최소자본금을 모두 더한 금액의 최소자본금이 있어야 하며, 이는 초기기업에게는 큰 허들이 된다.

〈표 1-4-1〉 최소자본금 요건

전자금융업 구분	최소자본금	비고
전자화폐 발행 및 관리업	50억 원	허가대상
전자자금이체업	30억 원	
직불전자지급수단 발행 및 관리업	20억 원	
선불전자지급수단 발행 및 관리업	20억 원	
전자지급결제대행업(PG)	10억 원(3억 원)	괄호 안은 소규모 업자 등록요건
결제대금예치업(ESCROW)	10억 원(3억 원)	
전자고지결제업(EBPP)	5억 원(3억 원)	

2) 재무건전성 요건

재무건전성 요건은 등록하는 회사의 부채비율이 200% 이내여야 하는데, 이와 관련하여서는 주로 2가지의 문제 사례가 발생한다.

◈ 산식 = {[부채총액 – (미상환발행잔액 + 고객예수금)] / 자기자본} × 100

① 부채비율을 판단할 시 신청인의 대주주가 「독점규제 및 공정거래에 관한 법률」에 따른 기업집단(법 제2조 제2호)에 속하는 경우에는 해당 기업집단에서 금융업 및

보험업을 영위하는 회사를 제외한 기업집단의 부채비율도 신청인(기업)의 부채비율과 같이 재무건전성 요건에 부합되어야 한다. 쉽게 설명하면, 신청회사뿐만 아니라 신청회사의 모회사, 그 모회사의 모회사 등(이하 "모회사집단")도 부채비율 200% 이내를 충족하여야 한다.

따라서 등록신청 시 이를 입증할 수 있는 자료를 제출해야 하는데, 모회사집단에 국내회사들만 있는 경우에는 자료제출이 어렵지 아니하나 대주주로 외국기업이 포함되어 있는 경우에는 그 기업을 설득해야 하는 문제가 발생한다[35].

실제 업무를 진행하면서, 모회사인 외국기업이 유독 한국에서만 그러한 자료를 제출해야 한다는 것에 대해 부담을 느껴 한국에서는 해당 사업을 포기하기로 결정하는 것을 본 적이 있다.

② 신청인 자체가 부채비율을 맞추기 어려운 경우도 종종 발생한다. 최근 들어 플랫폼업체나 전자상거래업체들도 선불전자지급수단을 발행하거나 PG업을 하기 위해서 전자금융업 등록을 하고자 하는 경우가 종종 있는데, 이와 같은 업체들의 재무건전성이 좋지 않은 경우가 빈번하다. 재무건전성이라는 숫자로만 등록 가능 여부를 판단할 것이 아니라 종합적인 사회적 신용도를 가지고 판단하여야 한다는 주장도 매우 타당하지만 법에서 요구하는 요건 자체에 "부채비율 200% 이내"로 특정하고 있으므로 이를 반드시 충족해야만 한다.

따라서 규모 있는 금융사가 아닌 핀테크 회사나 테크핀 회사라면 등록 신청에 앞서 부채비율을 확인하고 이 요건을 충족하도록 만든 후에 등록 신청을 하여야 한다.

35) 대주주가 외국인 또는 외국기업인 경우에 대한 예외규정은 존재하지 아니하다.

3. 주요 전자금융업

전자금융거래법에서 규정하고 있는 전자금융업 중 선불전자지급수단업과 전자지급결제대행업이 가장 주목을 받고 있다. 따라서 이 두 업종에 대해서는 좀 더 구체적으로 그 내용을 알 필요가 있다.

1) 선불전자지급수단업

(1) 선불전자지급수단이란?

최근 앱이나 웹을 통해 서비스를 제공하는 회사들은 대부분 자체 포인트를 발행하여 고객이 이를 이용할 수 있도록 하고 있다. 이러한 포인트가 다음 요건에 해당하는 경우 전자금융거래법상의 선불전자지급수단이 된다.

1) 이전 가능한 금전적 가치가 전자적 방법으로 저장되어 발행된 증표(전자적 방법으로 변환되어 저장된 증표를 포함) 또는 그 증표에 관한 정보에 해당할 것
2) 발행인 외의 제3자로부터 재화 또는 용역을 구입하고 그 대가를 지급하는데 사용될 것

회사에서 새로운 서비스를 도입할 때 포인트 제도를 활용하는 경우가 빈번하므로 사업 구상단계에서 포인트가 “선불전자지급수단”에 해당하는지 여부를 반드시 검토하여야 한다. 다음의 예시들을 참고하면 이를 쉽게 판단할 수 있을 것이다.

1) 게임아이템 쿠폰(발행 당시 지정된 게임아이템 구입용으로만 이용 가능한 종이 쿠폰)이 ‘선불전자지급수단’에 해당하는지 여부

⇨ 종이 쿠폰의 경우에는 이전 가능한 금전적 가치가 전자적 방법으로 저장되어 발행되는 형태가 아니므로 선불전자지급수단에 해당하지 않는다.

2) 회사에서 발행한 포인트를 이용하여 회사 및 계열사의 상품만을 구매할 수 있는 경우

⇨ 발행한 회사의 상품만 구매할 수 있는 경우에는 "발행인 외의 제3자로부터 재화 또는 용역을 구입하고 그 대가를 지급하는데 사용되는 것"이 아니므로 선불전자지급수단에 해당하지 않는다.
그러나 계열사의 상품을 구매하는 데에도 사용할 수 있다면 발행인 외의 제3자로부터 재화를 구입하고 그 대가를 지급하는데 사용되는 것이므로 선불전자지급수단에 해당한다.

3) 소비자가 일정금액을 정기적으로 제공할 경우, 특정 제휴사가 제공하는 할인권, 서비스 이용권 등을 이용할 수 있는 일종의 "구독서비스 이용권"이 선불전자지급수단에 해당하는지 여부

⇨ "이전 가능한 금전적 가치가 전자적 방법으로 저장되어 발행된 증표 또는 그 증표에 관한 정보"라는 요건에서 "가치의 저장"은 막연하게 가치가 존재하는 것으로는 부족하고 저장된 가치가 얼마인지가 표시되어야 하는데, "구독 서비스 이용권"은 구독권이 얼마의 가치를 지니는지 표시되지 않아 금전적 가치의 저장으로 보기 어렵다. 따라서 선불전자지급수단에 해당하지 아니한다.

정리하면 회사가 전자적인 방식의 포인트, 쿠폰, 코인, 마일리지 등을 발행하는 경우에는 선불전자지급수단에 해당할 가능성이 크다. 다만, 판매자의 범위가 제한되는 경우에는 선불전자지급수단에 해당하지 아니할 가능성도 있다.

2024. 9. 15. 시행된 개정 전자금융거래법에서 선불전자지급수단의 정의가 대폭 확대되었다. 따라서 회사가 전자적인 방식으로 포인트를 발행한다면 선불전자지급수단 발행업자에 해당하지 않을 가능성이 매우 낮아졌다. 실제 최근 선불전자지급수단 관련 등록 업무를 요청하는 회사가 급격히 증가하였다. 구체적으로 다음 세 가지가 변경되었으니 잘 기억해둘 필요가 있다.

첫째 업종 기준이 폐지되었다.

개정 전에는 구입할 수 있는 재화 또는 용역의 범위가 1개 업종인 경우에는 선불전자지급수단이 아니라고 보았으나 현재는 업종의 개수를 따지지 않고 모두 선불전자지급수단에 해당한다.

예를 들어, 도서 만을 구입할 수 있는 포인트가 있다면, 기존에는 소매업이라는 1개의 업종에만 사용할 수 있는 포인트이므로 선불전자지급수단에 해당하지 아니하였으나 현재는 선불전자지급수단에 해당한다.

둘째, 특수관계인에 대한 예외가 삭제되었다.

개정 전에는 발행인 뿐만 아니라 특수관계인의 재화 또는 용역을 구입하는 데에만 사용하는 포인트는 선불전자지급수단에 해당하지 않는다고 보았으나 현재는 이러한 예외 사유가 삭제되었다. 따라서, 발행한 회사 외 상품을 구입하는데 사용할 수 있다면 설령 계열사의 상품만을 구입하는데 사용한다고 하더라도 선불전자지급수단에 해당한다.

참고

전자금융거래법의 관련 규정을 살펴보면, 여전히 "대통령령이 정하는 특수관계인 포함"이라는 문구가 남아있어서 이 부분은 그대로 유지되는 것으로 착각하기 쉽다.

> 제2조(정의) 14. "선불전자지급수단"이라 함은 이전 가능한 금전적 가치가 전자적 방법으로 저장되어 발행된 증표(전자적 방법으로 변환되어 저장된 증표를 포함한다) 또는 그 증표에 관한 정보로서 발행인(<u>대통령령으로 정하는 특수관계인을 포함한다</u>) 외의 제3자로부터 재화 또는 용역을 구입하고 그 대가를 지급하는데 사용되는 것을 말한다. 다만, 전자화폐를 제외한다.

그러나 관련 대통령령인 전자금융거래법 시행령 제3조가 아래와 같이 개정되어 내용이 삭제된 것을 확인할 수 있다. 이를 종합하여 해석하면 "특수관계인 포함"이라는 내용이 폐지된 것이다.

(2024년 9월 15일 이전) 시행령 제3조	(2024년 9월 15일 이후) 시행령 제3조
제3조(선불전자지급수단의 요건) 법 제2조제14호가목에서 "대통령령이 정하는 특수관계인"이라 함은 발행인과 다음 각 호의 어느 하나에 해당하는 관계에 있는 자를 말한다. (생략)	제3조 <u>삭제</u> 〈2024. 9. 10.〉

셋째, 전자식으로 변환되어 저장된 증표도 선불전자지급수단의 범위에 포함되었다. 따라서, 현재에는 이용자가 구입시 지류식 상품권 형태로 구입하였다고 하더라도 전자적인 포인트로 전환되어 사용될 수 있다면 해당 포인트는 선불전자지급수단에 해당한다. 예를 들어, 종이 상품권을 발행한 회사가 운영하는 앱 내에서 전자적 포인트로 변환하여 사용하는 기능을 제공한다면 이 상품권도 선불전자지급수단에 해당한다.

(2) 등록면제사유

회사가 제공하고자 하는 포인트 등의 서비스가 선불전자지급수단에 해당하는 경우에는 기본적으로 전자금융업 등록을 하여야 한다. 다만, 법에서 일부 사유에 대해서는 등록을 면제해주고 있다(전자금융거래법 제28조 제3항).

선불전자지급수단의 요건에 모두 해당하는 경우라고 하더라도 ① 총발행잔액이 30억 원 이하이고 연간 총발행액이 500억 원 이하인 경우(동법 제28조 제3항 제1호 나목), ② 이용자가 미리 직접 대가를 지불하지 아니한 선불전자지급수단으로서 이용자에게 저장된 금전적 가치에 대한 책임을 이행하기 위하여 미상환잔액 전부에 대하여 금융회사로부터 지급보증을 받거나 상환보증보험 등에 가입한 경우(동법 제28조 제3항 제1호 다목) 등[36]에는 등록이 면제된다.

예를 들어, 회사에서 포인트 발행 규모가 크지 아니하여 연간 총발행액을 500억 원 이하로 유지하고 총발행잔액을 30억 원 이하로 유지할 수 있는 경우에는 ①에 해당하여 등록이 면제된다.

항공사 마일리지 같은 경우에는 항공편을 이용할 때 무상으로 적립되는 것이므로 이용자가 대가를 지불하지 아니한 선불전자지급수단에 해당한다. 따라서 항공사가 미상환잔액 전부에 대하여 지급보증을 받거나 상환보증보험 등에 가입한 경우라면 ②에 해당하여 등록이 면제된다.

36) 하나의 가맹점(가맹점의 사업주가 동일한 경우로 한정)에서만 사용되는 선불전자지급수단을 발행하는 경우에도 등록면제사유에 해당한다.

(3) 선불전자지급수단의 한도

선불전자지급수단은 기명식과 무기명식 두 가지로 발행할 수 있다. 기명식은 실지 명의가 확인되거나 예금계좌와 연결되어 발행된 경우를 의미하는데, 쉽게 설명하면 발행 시 소유자가 누구인지 확인하는 선불전자지급수단을 의미한다. 흔히 통장과 포인트가 연결되어 자동충전 등이 가능한 경우가 이에 해당한다고 볼 수 있다. 반면 무기명식은 누구인지 확인하지 않고 발행되는 경우를 의미하는데 다양한 기프트카드가 이에 해당한다고 볼 수 있다.

기명식은 누군지 확인하고 발행하는 것이고 무기명식은 누가 사용하는지 알 수 없는 상태에서 발행하는 것이므로 당연히 그 발행한도에 차이를 두고 있는데 기명식은 최대 200만 원, 무기명식은 최대 50만 원이다.

〈표 1-4-2〉 전자화폐 및 선불전자지급수단 발행권면 최고한도

(단위: 만 원)

구분	발행권면 한도	
	무기명식	기명식
전자화폐	5	200
선불전자지급수단	50	200

여기서 주의해야 할 사항은 법에서 제한을 두고 있는 부분이 "충전한도"가 아니라 "최고한도"라는 것이다. 따라서 200만 원씩 충전하고 사용하는 것을 단시간에 수회 반복하여도 이는 적법한 활용에 해당한다.

참고

한도 제한 방식에 대해 두 가지 상반된 입장이 있는데, 발행 최고한도만을 제한할 시에는 충전 및 사용을 반복하는 방식으로 사실상 무제한의 금액이 통용될 수 있으므로 한도 제한 방식을 변경하여 최고한도가 아닌 1일 충전한도를 제한하여야 한다는 견해와 이미 비대면 환경에서 선불전자지급수단이 일상적인 거래수단으로 통용되고 있으므로 한도 제한 방식을 변경할 것이 아니라 현재의 발행 최고한도 자체를 더 늘려야 한다는 견해가 있다.

금융위원회는 이러한 의견을 반영하여 디지털금융 종합혁신방안에서 1회 충전한도를 2백만 원에서 최대 5백만 원으로 상향하여 전자제품, 여행상품 등 결제 가능범위를 확대하고,

이와 함께 1일 총 이용한도(1천만 원)를 신설하여 건전한 거래질서 유지를 위한 보호장치도 마련(분실·도난 시 피해 최소화 등)하겠다고 발표한 바 있다. 그러나 이러한 내용이 반영된 전자금융거래법 개정안이 국회를 통과하지 못하고 폐기되었다. 하지만 이후에도 선불전자지급수단의 한도를 조정하여야 한다는 의견이 지속적으로 제기되고 있으므로 향후 진행 추이를 계속 확인할 필요가 있다.

한편, 금융위원회의 법령해석에 따르면, 선불전자지급수단의 발행 및 관리업을 등록한 사업자가 복수의 선불전자지급수단을 발행하는 것이 가능하다. 예를 들어 한 회사가 A포인트와 B포인트를 운영하면서 각각의 최고한도를 200만 원으로 적용할 수 있는데, 이러한 방법을 통해 200만 원을 초과하는 상품을 포인트로 구매하는 것이 가능하다. 다만 각각의 포인트별로 나눠서 결제해야 하므로 200만 원을 초과하는 상품이라면 포인트별로 200만 원씩 충전하고 결제버튼도 여러 번 눌러야 하는 불편을 감수해야 할 것이다.

(4) 선불충전금의 보호

선불충전금이란 이용자가 충전한 선불전자지급수단 중 사용하지 아니하고 남은 잔액을 의미한다. 예를 들어, “1원=1포인트”인 선불전자지급수단에 대해 10,000포인트를 충전하고 6,000포인트를 사용하여 4,000포인트가 남아있다면 선불충전금은 4,000원이 된다.

선불충전금은 발행업자가 보관하고 있는 금액이지만 실상은 고객이 충전해놓은 금액이므로 고객에게 언제든지 지급할 수 있는 상태에 놓여있어야 한다.

따라서 전자금융거래법은 선불충전금을 안전하게 별도로 보관할 의무를 부여하고 있는데, 선불업자는 선불충전금의 100분의 100 이상에 해당하는 금액을 신탁, 예치, 지급보증보험 등의 방법으로 안전하게 관리하여야 한다. 또한, 선불업자가 등록이 취소되거나 파산 등으로 영업을 할 수 없게 되는 경우 이용자에게 선불충전금을 우선하여 지급하여야 한다(전자금융거래법 제25조의2).

참고

선불충전금 보호 규정을 자세히 살펴보면, "선불업자"에게만 적용되는 규정이다. 그런데, 선불업자란 금융위원회에 등록한 전자금융업자를 의미하고 전자금융업자에는 금융회사가 제외된다.

따라서, 금융회사가 발행하는 선불전자지급수단에 대해서는 선불충전금 보호 의무 규정이 적용되지 아니한다. 다만, 금융위원회는 법령해석을 통해 금융회사가 발행한 선불전자지급수단의 경우에도 은행 등 금융회사에 예치하는 등 동일한 수준의 이용자 보호장치를 마련할 필요가 있다고 해석한 바 있다.

정리하면, 금융회사에 대해서는 법에서 명시적으로 의무를 부여하고 있지는 아니하므로 법상 강제되지는 아니하나 실무상 동일한 수준의 보호장치를 마련하는 것이 바람직하다.

> 제25조의2(선불충전금의 보호) ① 제28조제2항제3호의 업무를 행하기 위하여 같은 조에 따라 금융위원회에 등록한 전자금융업자(이하 "선불업자"라 한다)는 선불충전금(이용자가 선불전자지급수단 발행의 대가로 선불업자에게 지급한 금액으로서 대금결제, 양도, 환급 등에 사용한 금액을 차감한 잔액을 말한다. 이하 같다)의 100분의 50 이상에 해당하는 금액으로서 대통령령으로 정하는 금액을 은행 등 대통령령으로 정하는 금융회사(이하 "선불충전금관리기관"이라 한다)를 통하여 다음 각 호의 어느 하나에 해당하는 방법으로 관리(이하 "별도관리"라 한다)하여야 한다.
>
> 제2조(정의) 이 법에서 사용하는 용어의 정의는 다음과 같다.
> 4. "전자금융업자"라 함은 제28조의 규정에 따라 허가를 받거나 등록을 한 자(금융회사는 제외한다)를 말한다.

(5) 선불전자지급수단의 이자지급

고객의 입장에서는 선불전자지급수단인 포인트도 돈과 다르지 않다고 생각할 것이므로 충전된 상태로 일정기간 유지하였을 경우 이자가 지급된다면 상당히 매력적인 상품이 될 수 있다.

이와 관련하여 금융위원회는 충전한 유상 포인트에 대하여 보유기간에 따라 이자를 지급하는 것이 가능한지에 대해, 「전자금융거래법」은 선불전자지급수단을 발행 및 관리하는 전자금융업자가 이용자가 유상으로 충전한 선불전자지급수단의 보유기간에 따라 이자를 지급하는 것을 금지하고 있지 않으며, 이를 위하여 별도의 전자금융업 등록 등이 필요하지 않다고 해석한 바 있다.

따라서 회사가 유상충전 포인트에 대해 고객에게 동일한 포인트로 이자를 지급하는 것도 가능할 것이다.

(6) 간편송금[37)]

간편송금이란 보안카드, 공동인증서 없이 모바일 기기를 통해 계좌이체 등의 방법으로 충전한 포인트를 전화번호, SNS 등을 활용하여 수취인에게 송금하는 서비스를 말한다. 최근 공동으로 식사를 하거나 물건을 구매한 후 토스, 네이버페이, 카카오페이 등을 통해 비용을 정산하는데, 이러한 방식이 간편송금 서비스에 해당한다.

필자의 경험을 이야기하자면 더치페이에 익숙하지 않은 세대인지라 간편송금 서비스의 필요성을 전혀 체감하지 못하고 살았는데, 다시 대학원 등에서 공부를 하다 보니 젊은 친구들 사이에서는 1/n하여 "머니"를 쏘는 것이 일상화되어 있는 것을 알 수 있었다. 모임에서 아무 생각없이 커피값을 결제하고 헤어졌는데, 저녁에 1/n된 "머니"가 입금됐다는 문자를 받았을 때 당황함이란…. 그것도 한 명이 아닌 여러 명에게서…

한국은행에서 발표한 2024년 상반기 중 전자지급서비스 이용 현황에 따르면 간편송금 서비스 이용실적(일평균)이 8,987억 원, 708만 건에 달하고, 이는 전기 대비 각각 16.1%, 20.5% 증가한 것이라고 하니 다수의 사람들, 특히 젊은 세대에서는 간편송금이 일상화되어 있는 것 같다.

37) 간편송금은 제2부에서 별도 목차로 설명하려고 하다가 이 부분에서 함께 설명하는 것이 더 쉽게 이해될 것으로 생각되어 여기에 기재하였다. 이후 설명할 "간편결제"의 경우도 동일하다.

〈그림 1-4-2〉 간편송금 이용실적(일평균)

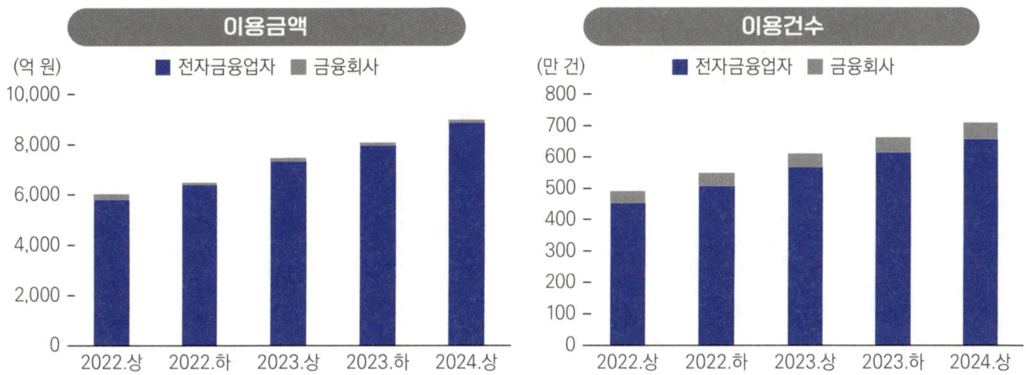

출처: 한국은행(2024)

가끔 “간편송금은 무슨 법에 있는 건가요?”라는 질문을 받곤 한다. 금융은 맞는 거 같은데 신용카드나 계좌이체도 아니고 국가법령정보센터 사이트[38]에서 “간편송금”이라고 쳐도 검색되는 법이 없으니 “무법지대인가?”라는 생각에서 하는 질문인 경우가 대부분이다.

이에 대한 해답은 “선불전자지급수단”이다. 토스머니, 카카오페이머니 등과 같은 포인트는 이전 가능한 금전적 가치가 전자적 방법으로 저장되어 있는 것이고 다양한 브랜드의 상품이나 서비스를 구입할 수 있으므로 선불전자지급수단의 정의에 딱 맞아 떨어진다.

따라서 앞으로는 “간편송금 서비스”의 법적 의무에 대한 이야기가 나온다면 전자금융거래법의 “선불전자지급수단” 부분을 확인해야 한다고 이야기하도록 하자.

38) www.law.go.kr

2) 전자지급결제대행업

(1) 전자지급결제대행업이란?

전자지급결제대행업은 흔히 PG(Payment Gateway)라고 부르는데, 쇼핑몰에서 물건을 구입하고 결제를 진행할 시 쇼핑몰을 대신하여 결제 절차를 수행하는 토스페이먼츠, KG이니시스, NHN KCP 등의 회사가 이에 해당한다.

전자금융거래법에서는 전자지급결제대행업을 "전자적 방법으로 재화의 구입 또는 용역의 이용에 있어서 지급결제정보를 송신하거나 수신하는 것 또는 그 대가의 정산을 대행하거나 매개하는 것"이라고 정의하고 있는데(법 제2조 제19호), 대행, 매개 등 실생활에서 흔히 사용하지 않는 용어로 정의하고 있어서 그 의미가 선뜻 와 닿지 않는다.

오히려 온라인 쇼핑몰에서 실제 물건을 구입할 시 PG의 역할을 생각해보면 그 의미를 쉽게 이해할 수 있다.

고객이 쇼핑몰에서 물건을 구입할 때 일반적으로 카드결제를 하는데, 고객마다 사용하는 카드가 다르므로 쇼핑몰 입장에서는 모든 종류의 신용카드의 결제가 가능하도록 하여야 한다(고객이 굳이 특정 카드만 결제되는 쇼핑몰을 이용할 필요가 없기 때문이다).

이를 위해서는 개별 쇼핑몰마다 모든 신용카드사와 가맹점 계약을 체결하여야 하는데 모든 중소 쇼핑몰들이 전체 신용카드사와 가맹점 계약을 체결하는 것은 쇼핑몰 입장에서나 카드사 입장에서나 불가능한 일이다. 이를 해결한 방법이 PG 개념인데, 모든 신용카드사와의 가맹점 계약은 PG사만 체결하고 쇼핑몰은 PG사와 서비스 이용 계약만을 체결하는 방식이다. 이러한 방식에 따르면, 쇼핑몰은 PG사와만 커뮤니케이션하고 PG사가 신용카드사의 가맹점으로서 신용카드의 결제 및 지불을 대신 수행한 뒤 쇼핑몰로부터 수수료를 받는 구조이다.

결국 쇼핑몰에서 상품이 이동하는 프로세스와 자금이 이동하는 프로세스를 구분하여 상품이 이동하는 프로세스는 쇼핑몰이 담당하고 자금이 이동하는 프로세스는 PG사가 담당하는 구조라고 할 수 있다.

참고

간혹 VAN과 PG의 차이점에 대해 질문을 받는다. 간단히 설명하면 VAN은 오프라인에서 신용카드 결제를 대행해주는 사업자이고 PG는 온라인에서 신용카드 결제를 대행해주는 사업자라고 이해하면 된다[39].

고객이 쇼핑몰에서 물건을 구입할 때 PG사를 통해 결제가 발생하므로 쇼핑몰은 PG사에 수수료를 지급하게 된다. 이는 쇼핑몰 입장에서 보면 자사의 노력으로 고객을 유치하여 물건을 판매하는 것임에도 불구하고 고객 유치에 아무런 기여가 없는 PG사가 일부 수익을 가져가는 것으로 생각될 수 있다. 따라서 최근에는 전자상거래업체들이 직접 PG라이선스를 받아서 결제 프로세스도 스스로 컨트롤하고자 하는 경향이 두드러지고 있다. 실제 전자금융업 등록 및 말소 현황(2024. 4. 29 기준)을 보면 우아한형제들(배달의민족), 11번가, 위대한상상(요기요), 티몬 등의 업체들이 PG업 등록을 한 것을 확인할 수 있다.

(2) 2차 PG 이슈

PG와 관련하여 최근에 많이 언급되는 이슈 중 하나는 "2차 PG 이슈"이다. 처음에는 오픈마켓 업체와 관련하여 제기된 이슈인데, 플랫폼을 통해 B2C사업을 하는 대부분의 업체에 동일한 이슈가 발생할 수 있다.

초기의 쇼핑몰들은 스스로 물건을 사들여 판매하는 방식을 취하였으나 최근의 오픈마켓 업체들은 위탁판매형태, 즉 자신의 플랫폼에 개별파트너사를 입점시키고 물건은 개별파트너사가 판매하는 방식을 취하고 있다. 따라서 자금의 흐름도 기존에는 물건을 구입한 이용자가 PG사를 통해 결제를 하고 PG사가 결제금액 중 일부를 수수료로 제한 뒤 쇼핑몰에 정산하는 방식을 취하였으나 현재에는 오픈마켓 업체가 PG사로부터 정산받은 결제금액에서 일부 수수료를 제한 뒤 이를 개별 파트너사에 재정산하는 과정

39) 온라인 쇼핑몰에서 PG를 통해 결제를 하는 경우에도 결국 VAN사의 오프라인 설비를 이용하게 되므로 (엄격히 말하면) 온라인 결제 과정에서는 PG사와 VAN사가 모두 역할을 하나 오프라인에서는 VAN사만 역할을 한다고 말하는 것이 더 정확하다.

이 더해지게 된다. 여기에서 기존에는 없었던 새로운 문제가 발생하게 되는데, 오픈마켓 업체가 PG사로부터 받은 금전에서 대가(수수료)를 제하고 개별 파트너사에 분배한다는 면에서 오픈마켓 업체도 "대가의 정산을 대행하거나 매개하는" 업무를 수행하게 된다는 점이다. 이 또한 전자금융거래법의 "전자지급결제대행"의 정의에 해당하는 업무를 수행하는 것이므로 오픈마켓 업체 역시 PG 등록이 필요하다는 이슈가 발생한다.

이와 같은 구조에서 오픈마켓 업체는 PG사를 거친 이후에 다시 PG 업무를 수행하는 것이므로 전체 프로세스에서 PG 업무가 두 번 발생하게 되는데, 이런 경우 원래 PG사를 1차 PG, 오픈마켓 업체를 2차 PG라고 부르고 있다[40]. 어쨌든 오픈마켓 업체도 전자지급결제대행 업무를 수행하는 것이므로 PG업 등록이 필요하다는 결론에 이르게 되었고 실제로 전자금융업 등록 및 말소 현황(2024. 4. 29 기준)을 보면 티몬, 위메프, 쿠팡페이(쿠팡), 이베이코리아, SSG닷컴 등이 PG업 등록이 되어 있는 것을 확인할 수 있다[41].

〈그림 1-4-3〉 2차 PG 매매거래 흐름도

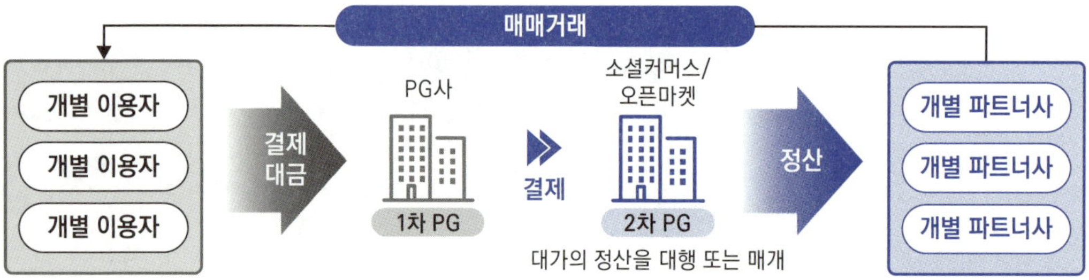

(3) 간편결제

간편결제란 지급카드 정보 등을 모바일 기기에 미리 저장해두고 거래 시 신용카드 또는 은행계좌의 입력 없이 비밀번호 입력, 단말기 접촉만으로 신용거래와 지불결제가 가능한 서비스를 의미한다. 온라인 쇼핑몰에서 상품을 구매하고 결제를 진행할 때 카

40) 2차 PG라는 용어를 아는 것만으로도 이미 준전문가가 된 것이다.
41) 참고로 소셜커머스 업체들의 재무구조가 좋지 아니하였으므로 PG 등록 과정에서 재무건전성 요건(부채비율 200% 이내)이 큰 허들이 되었으며 이를 해결하는 데 많은 노력이 투입되었다.

카오페이나 네이버페이를 고른 후 연결되어 있는 신용카드를 선택하여 결제하는 경우가 종종 있는데 이러한 결제방식이 간편결제의 한 종류에 해당한다.

한국은행에서 발표한 "2024년 상반기 중 전자지급서비스 이용 현황"에 따르면 간편결제 서비스 이용실적(일평균)이 9,392억 원, 2,971만 건에 달하고 이는 전기 대비 각각 13.0%, 11.0% 증가한 것이라고 한다. 현재 대부분의 사람들이 거부감 없이 간편결제를 사용하고 있으니 이제는 누구나 쉽게 이용하는 결제수단 중 하나인 것은 틀림없다.

〈그림 1-4-4〉 간편결제 이용실적(일평균)

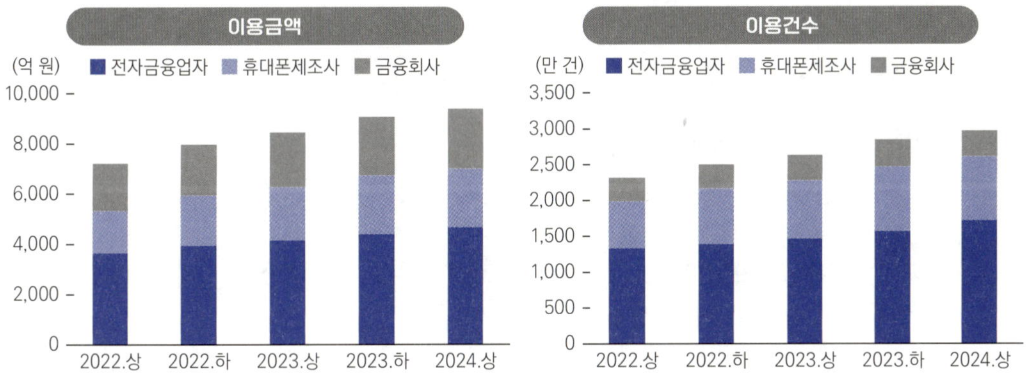

출처: 한국은행(2024)

가끔 간편결제는 무슨 법에 있는 건가요?라는 질문도 받곤 한다. 카드결제인 것 같긴 한데, 직접 카드로 결제하는 것은 아니고 계좌이체 같기도 한데 직접 수신인의 계좌번호를 입력하고 송금하지는 않기 때문에 간편송금의 경우와 비슷하게 "무법지대인가?"라는 생각에서 하는 질문인 경우가 대부분이다.

이에 대한 해답은 "전자지급결제대행(PG)"이다. 위에서 언급한 지급카드정보를 미리 등록하고 카카오페이나 네이버페이 등을 통해 결제를 진행하는 방식은 "전자적 방법으로 재화의 구입 또는 용역의 이용에 있어서 지급결제정보를 송신하거나 수신하는 것"에 해당하므로 전자지급결제대행(PG)의 정의에 포함된다.

따라서 앞으로는 "간편결제"와 관련된 법률 이야기가 나올 때면 전자금융거래법의 "전자지급결제대행" 부분을 확인해야 한다고 이야기하도록 하자.

참고

최근 전자지급결제대행업(PG)과 관련된 규제 정비 움직임이 활발하다.
규제가 강화되는 부분도 있고 완화되는 부분도 있으므로 구분하여 알아둘 필요가 있다.

① 전자지급결제대행업 정의 명확화

현재 전자금융거래법은 전자지급결제대행업을 "전자적 방법으로 재화 구입 또는 용역 이용에 있어 그 대가의 정산을 대행하거나 매개하는 것"이라고 정의하여 사실상 내부정산을 포함한 모든 정산업무가 PG업에 해당되도록 포괄적으로 규정되어 있다.
이로 인해 자기사업의 일부로서 대금을 수취하여 내부정산을 해주는 경우에도 모두 PG업에 해당되어 라이선스를 받은 자만이 가능하다는 문제가 발생한다. 예를 들어, E커머스, 백화점, 프랜차이즈 업체 등이 영업을 하면서 입점업체나 가맹점에 자금정산을 해주는 경우에도 PG업(2차 PG)을 수행하는 것으로 해석된다.
자기사업을 위한 내부정산까지 금융규제를 강제하는 것은 과잉 규제라는 의견에 따라 향후에는 정의 규정을 명확히 하여 이러한 경우에는 PG업에 해당되지 않도록 할 예정이다.

② 정산자금 보호장치 마련

2024년 발생했던 티메프 사태는 티몬 및 위메프가 PG업체로부터 받은 정산대금을 임의로 사용함으로써 판매자에게 대금을 정산하지 못해 발생한 사태이다.
여기에서 티몬·위메프의 역할은 무엇이었을까? 앞의 내용을 잘 따라온 독자라면 2차 PG가 정답이라는 것을 쉽게 알 수 있을 것이다.
결국 PG업체가 자신이 받은 결제금액을 다른 용도로 사용하여도 아무런 법적 제한이 없었기 때문에 돈을 다 써버렸고 판매자에게 돈을 정산해줄 수 없는 사태가 발생한 것이다.
따라서, 지급결제 안정성 확보 및 이용자·판매자 보호를 위해 미정산자금 전액(100%)에 대한 별도관리(예치·신탁·지급보증보험) 의무를 부과해야 한다는 의견이 늘고 있다.
즉, PG업체가 판매자에게 정산금액을 전달하기 전까지는 앞서 선불충전금에 부여된 별도관리의무와 동일한 의무를 부여하겠다는 의미라고 보면 된다.

⇒ 금융위원회가 전자지급결제대행업(PG) 제도개선안을 발표하면서 ①, ②를 모두 언급하였지만 아직 구체적인 개정안이 나온 상황은 아니다. 따라서 향후 입법절차에서 내용이 변경될 수 있으므로 지속적으로 관련 입법의 진행추이를 확인할 필요가 있다.

정리

- 전자금융업 등록요건 중 최소자본금 요건과 재무건전성 요건이 주로 문제가 된다.
- 선불전자지급수단업과 전자지급결제대행업(PG)이 가장 활발하므로 두 전자금융업에 대해서는 잘 알아 둘 필요가 있다.
- 간편송금 서비스는 선불전자지급수단업, 간편결제 서비스는 전자지급결제대행업에 해당한다.
- 선불전자지급수단업과 전자지급결제대행업(PG) 관련 규제에 대한 개정 움직임이 활발하므로 지속적으로 관련 내용을 확인할 필요가 있다.

제5절 해킹 등 방지대책 •••

전자금융거래법(특히 전자금융감독규정)에서는 단말기 보호대책, 전산자료 보호대책, 공개용웹서버 관리대책, IP 관리대책, 인력·조직 및 예산 부문 규제, 시설 관련 규제 등 전자금융거래의 안전성을 확보하기 위한 다양한 의무들을 규정하고 있다. 이 중 주로 이슈가 되는 것은 전산자료 보호대책 중 "이용자 정보 사용금지" 부분, "전산실 등에 관한 규제", "해킹 등 방지대책"인데 본 절에서는 그에 대한 개론적인 내용들을 설명하고자 한다.

1. 이용자 정보 사용금지(전자금융감독규정 제13조 제1항 제8호)

전자금융거래를 하는 금융회사는 원칙적으로 테스트 시 이용자 정보의 사용이 금지된다. 여기에는 두 가지 예외가 있는데, 1) 개인이 아닌 법인인 이용자 정보는 테스트 목적 및 기간, 필요한 이용자 정보의 항목 등을 사전에 고지하고 법인의 동의를 얻은 경우 사용이 가능하며 2) 개인인 이용자 정보의 경우에도 부하 테스트 등 이용자 정보의 사용이 불가피한 경우 이용자 정보를 변환하여 사용하고 테스트 종료 즉시 삭제한다면 사용이 가능하다.

금융회사가 업무를 수행하는 과정에서 시스템 오류 복구, 정합성 검증 등을 위해 테스트 데이터를 사용하여야 하는 경우가 종종 발생하며, 이러한 경우 개인고객의 데이터가 필요한 경우도 종종 생긴다.

이때의 데이터 사용이 적법하기 위해서는 두 가지를 명심하여야 하는데, 첫 번째, 원데이터(raw data)의 사용은 기본적으로 금지된다는 점이다. 실제 카드3사 유출사건에서도 협력업체 직원에게 테스트 목적으로 원데이터를 제공한 것이 유출까지 이어지게 되었는데, 테스트 시 원데이터를 이용하는 것은 어떠한 경우라도 예외를 인정받기가 쉽지 않다.

두 번째, 변환한 데이터의 사용인데, 데이터를 변환한 경우에도 모든 테스트에 사용이 가능한 것이 아니라 '부하 테스트 등 불가피한 경우"에만 사용이 가능하고 테스트 후 바로 삭제하여야 한다. 테스트에 사용한 후 재사용 등의 의도로 테스트 시스템 DB에 변환데이터를 그대로 남겨두는 경우가 있는데 이는 법 위반이므로 사용한 데이터는 종료 즉시 삭제하고 추가 테스트가 있을 경우에는 다시 변환데이터를 생성하여야 한다.

가끔 금융위원회의 비조치의견서에서 "불가피한 경우"로 보아 원데이터 사용을 허용한 경우가 있다. 주로 사전 정합성 검증을 위하여 데이터를 사용하는 경우인데, 정합성 검증은 실제 발생한 거래지시를 전환시스템으로 재처리하고 그 결과를 실거래 데이터와 비교하는 절차이므로 이용자 정보·실거래 데이터 없이 효율적인 검증이 곤란하기 때문이다. 그러나 이는 극히 예외적인 경우일 뿐만 아니라 이러한 경우에도 외부주문에 대한 보안관리방안 및 실제 운영시스템과 동일한 수준의 보안 대책 적용 등 정보 유출을 방지하기 위한 적절한 내부통제기준을 마련한 경우에 한하여 이용자 정보를 사용한 정합성 검증이 가능하다고 설명하고 있다. 또한, 운영시스템의 오류 복구 시 테스트 시스템을 통해 일부 이용자 정보를 변환하지 않고 사용하는 것에 대해서는 "이용자 정보 사용 금지" 규정을 위반한다고 해석한 바 있다.

따라서, 테스트 시 원데이터의 사용에 있어서는 기본적으로 불가하다는 생각으로 접근하는 것이 안전하며, 만약 불가피하게 사용해야 하는 경우가 발생한다면 사용 전 규제기관에 가능 여부를 확인할 필요가 있다.

2. 전산실 등에 관한 사항(전자금융감독규정 제11조)

전자금융거래법에서 "전산실"이란 전산장비, 통신 및 보안장비, 전산자료 보관 및 출력장비가 설치된 장소를 의미하는데, 금융회사의 경우 전산센터가 이에 해당한다고 생각하여도 크게 무리가 되지 않는다. 전자금융감독규정에는 전산실에서 준수하여야 하는 의무들을 정하고 있는데, 국내에 본점을 둔 금융회사의 전산실 및 재해복구센터는 국내에 설치할 것, 전산실 내 무선통신망을 설치하지 아니할 것 이 두 가지 의무는 꼭 알고 있어야 한다. 특히 금융권 클라우드 이용과 관련하여 이 두 개의 의무가 큰 허들이 되고 있는데, 이는 제2부에서 상세히 설명할 예정이다.

3. 해킹 등 방지대책(전자금융감독규정 제15조 제1항)

누구나 한 번쯤 망분리가 혁신적인 금융서비스의 개발을 불가능하게 한다거나 개발자들의 금융회사 기피현상을 부추긴다는 이야기를 들어봤을 것이다. 네이버나 구글 등에서 "망분리"라는 키워드로 기사검색만 해보아도 금융권 망분리 규제가 비현실적이라거나 금융혁신의 걸림돌이 된다는 내용의 기사를 쉽게 찾아볼 수 있다.

해킹 등 방지대책의 주요 내용은 전자금융감독규정 제15조 제1항에서 다루고 있는데, 이 중 가장 핵심적인 내용은 그 유명한 "망분리" 규정(제3호 및 제5호)이다.

> **▸ 전자금융감독규정**
>
> 제15조(해킹 등 방지대책) ① 금융회사 또는 전자금융업자는 정보처리시스템 및 정보통신망을 해킹 등 전자적 침해행위로부터 방지하기 위하여 다음 각 호의 대책을 수립·운용하여야 한다.
>
> 3. 내부통신망과 연결된 내부 업무용시스템은 인터넷(무선통신망 포함) 등 외부통신망과 분리·차단 및 접속 금지. 다만, 다음 각 목의 경우에는 그러하지 아니하다.
>   가. 이용자의 고유식별정보 또는 개인신용정보(「신용정보의 이용 및 보호에 관한 법률」 제40조의2에 따른 가명처리에 관한 행위규칙을 준수한 가명정보는 제외)를 처리하지 않는 연구·개발 목적의 경우(단, 금융회사 또는 전자금융업자가 자체 위험성 평가를 실시한 후 금융감독원장이 정한 망분리 대체 정보보호통제를 적용한 경우에 한한다)
>   나. 업무상 불가피한 경우로서 금융감독원장의 확인을 받은 경우
> 5. 전산실 내에 위치한 정보처리시스템과 해당 정보처리시스템의 운영, 개발, 보안 목적으로 직접 접속하는 단말기에 대해서는 인터넷 등 외부통신망으로부터 물리적으로 분리할 것. 다만, 다음 각 목의 경우에는 그러하지 아니하다.
>   가. 이용자의 고유식별정보 또는 개인신용정보(「신용정보의 이용 및 보호에 관한 법률」제40조의2에 따른 가명처리에 관한 행위규칙을 준수한 가명정보는 제외)를 처리하지 않는 연구·개발 목적의 경우(단, 금융회사 또는 전자금융업자가 자체 위험성 평가를 실시한 후 금융감독원장이 정한 망분리 대체 정보보호통제를 적용한 경우에 한한다)
>   나. 업무상 불가피한 경우로서 금융감독원장이 인정하는 경우

1) 망분리 방법의 종류

망분리를 간단히 설명하면 금융회사의 내부망과 외부망을 분리하여, 해킹 등 외부로부터의 침해를 원천적으로 차단하겠다는 개념이다.

망을 분리하는 방법은 논리적인 방법과 물리적인 방법으로 나눌 수 있는데, 논리적 망분리란 하나의 단말기에서 가상환경을 구현하여 "로컬영역은 업무용/가상영역은 인터넷용(순서가 바뀌어도 상관없음)"으로 사용하게끔 논리적으로 분리를 해서 사용하는 방식을 의미하고 물리적 망분리란 외부통신망을 물리적으로 완전히 분리하고 별도의 단말기를 사용하여야만 접속이 가능하도록 하는 방식을 의미한다.

〈그림 1-4-5〉 물리적 망분리 예시

전산센터 단말기는 물리적 망분리된 것으로서 외부통신망과 완전 차단되어 있고 인터넷 PC라는 별도 PC를 통해서만 외부통신망과의 연결이 가능하다.

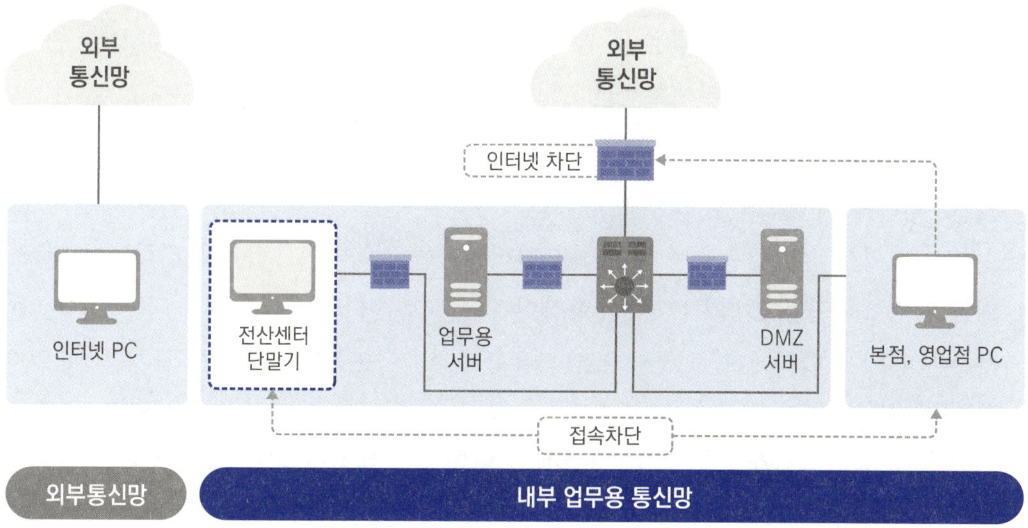

출처: 전자금융감독규정 해설서(금융감독원)

2) 금융회사의 망분리

전자금융거래법에서는 두 가지 시스템에 대한 망분리를 정하고 있는데, 우선 이 두 가지 망분리의 의미를 명확히 구분하여 알 필요가 있다.

(1) 단말기 망분리

감독규정 제15조 제1항 제3호에서는 내부통신망과 연결된 내부 업무용시스템은 인터넷(무선통신망 포함) 등 외부통신망과 분리·차단 및 접속을 금지하도록 하고 있다.

이는 사무실/영업점 등에 있는 내부통신망과 연결된 내부업무용 단말기(PC 등)의 망분리를 의미하는 것으로서, 여기에서는 “분리·차단”할 의무만을 부여하고 있을 뿐 방법을 강제하고 있지는 아니하므로 논리적/물리적 방법이 모두 가능하다. 따라서 단말기 망분리는 하나의 PC에서 가상솔루션을 이용하여 내부망과 외부망의 연결을 분리하는 방법으로 구현이 가능하므로 불편하기는 하나 감내할 수 있는 수준의 제약조건으로 인식되고 있다.

(2) 전산센터 망분리

감독규정 제15조 제1항 제5호에서는 전산실 내에 위치한 정보처리시스템과 해당 정보처리시스템의 운영, 개발, 보안 목적으로 직접 접속하는 단말기에 대해서는 인터넷 등 외부통신망으로부터 물리적으로 분리하도록 하고 있다.

이는 전산실에 위치한 서버와 서버에 직접 접속하는 단말기의 망분리를 의미하는 것이며, 물리적 방법으로만 가능하다[42].

물리적 망분리의 경우에는 내부망과 인터넷망을 접속하는 PC를 분리하여야 하므로 최악의 경우 1인당 2대의 PC를 사용해야 하는 상황이 되어 금융회사, 특히 자본력이 부족한 핀테크 업체에겐 큰 부담으로 작용하게 된다. 또한 인터넷 PC와 개발 PC의 분리로 인해 개발자들이 이용하는 데이터와 분석·개발 도구가 물리적으로 분리되므로 소스코드 하나를 가져오는 것조차도 반입·반출 절차를 거쳐야 하는 등 업무 생산성이 매우 떨어지게 된다.

---

42) 간혹 제3호를 “논리적 망분리”, 제5호를 “물리적 망분리”라고 설명하는 경우가 있는데, 이는 잘못된 설명이다. 제3호의 경우 방법을 제한하고 있지 아니하므로 논리적/물리적인 방법이 모두 가능하고 제5호의 경우에는 물리적인 방법만 가능한 것일 뿐 망분리 자체는 그 대상에 초점을 맞춰서 제3호는 “단말기 망분리”, 제5호는 “전산센터 망분리”라고 칭하는 것이 정확한 설명이다.

단말기 망분리(감독규정 제15조 제1항 제3호)		전산센터 망분리(감독규정 제15조 제1항 제5호)
• 내부통신망과 연결된 내부 업무용 시스템 예: 사무실/영업점 PC	대상	• 전산실 내에 위치한 정보처리시스템 및 해당 정보처리 시스템의 운영, 개발, 보안 목적상 직접 접속하는 단말기 예: 전산실에 위치한 서버와 서버를 관리하는 IT인력의 PC
• 인터넷 등 외부통신망과 분리·차단 및 접속 금지 예: 내부 사내망에 연결된 PC에서 인터넷 등 외부망에 연결할 경우 가상 터미널 등을 통하여 연결	방법	인터넷 등 외부통신망으로부터 물리적 분리

3) 망분리 관련 주요 이슈

업무를 하다보면 망분리 관련된 질문을 많이 받는다. 가장 많은 질문이 있는 분야 중 하나라고 해도 과언이 아닐 것이다. 대부분 회사의 사정으로 인해 불가피하게 '이러이러한 구조를 가져갈 수밖에 없는데 예외가 인정될 수 있을지'에 대한 질의이다.

실상 망분리는 금융회사에 많은 부담이 되는 의무일 뿐만 아니라 업무를 수행하는 과정에서 이를 준수하는 것이 매우 힘든 경우가 많다.

법에서 이러한 점을 고려하여 몇 가지 예외사유를 인정하고 있는데, 실제로 그 사유에 포함된다고 해석되는 경우는 그다지 많지 않다. 또한 금융위원회가 예외사유 중 어느 사유와도 연관되지 않는 경우에 대해, 종합적인 사정을 고려하여 예외를 인정한 경우도 없는 것으로 알고 있다.

따라서 법에서 허용한 예외사유에 어떤 것이 있는지 정확히 이해하고 업무 수행 시 이를 적용할 수 있는 경우에 대해서는 최대한 예외적용을 받는 것이 가장 현명한 방법일 것이다.

망분리 예외에 해당하는 경우라도 금융회사가 자체 위험성 평가를 실시한 후 법에서 정하고 있는 망분리 대체 정보보호통제를 적용하고 정보보호위원회의 승인을 받은 경우에만 예외 적용이 가능하다(전자금융감독규정 시행세칙 제2조의2 제3항). 따라서 예외에 해당하는 경우에도 망분리 관련 모든 의무가 면제된다고 속단하지 말고 예외절차를 꼭 준수하여야 한다는 점도 잊지 말아야 한다.

(1) 단말기 망분리 예외

전자금융감독규정에서 정하고 있는 단말기 망분리 예외사유는 다음과 같다.

> **▸ 전자금융감독규정 제15조 제1항 제3호 각목**
>
> 가. 이용자의 고유식별정보 또는 개인신용정보(가명정보는 제외)를 처리하지 않는 연구·개발 목적의 경우
>
> 나. 업무상 불가피한 경우로서 금융감독원장의 확인을 받은 경우
>
> **▸ 전자금융감독규정시행세칙**
>
> 제2조의2 (망분리 적용 예외) ① 규정 제15조제1항제3호나목에서 금융감독원장의 확인을 받은 경우란 다음 각 호와 같다.
>
> 1. 내부 통신망에 연결된 단말기가 업무상 필수적으로 외부기관과 연결해야 하는 경우(다만, 이 경우 필요한 서비스번호(port)에 한하여 특정 외부기관과 연결할 수 있다)
> 2. 규정 제12조의 보안대책을 적용한 단말기에서 전용회선과 동등한 보안수준을 갖춘 통신망을 이용하여 외부망으로부터 내부 업무용시스템으로 원격접속 하는 경우

① 이용자의 고유식별정보 또는 개인신용정보(가명정보는 제외)를 처리하지 않는 연구·개발 목적의 경우

본 사유는 2023. 1. 1. 시행된 개정 전자금융감독규정에서 새롭게 신설된 내용이다. 프로그램 개발 등을 위해 오픈소스 등을 활용할 필요가 있는 연구·개발 분야에도 망분리 규제가 일률적으로 적용되는 것은 문제가 있다는 점을 고려하여 이용자의 고유식별정보 또는 개인신용정보를 처리하지 않는 연구·개발 분야에 대해서는 망분리의 예외를 인정하였다. 이후, 동 규정이 한번 더 개정되어 2024. 12. 24.부터 시행되었는데, 개인신용정보 중 가명처리된 개인신용정보만을 활용하는 연구·개발 목적에 대해서도 망분리의 예외를 인정하였다.

다만, 이러한 경우에도 자체 위험성 평가를 실시한 후 망분리 대체 정보보호통제를 적용하여야 한다.

② 내부 통신망에 연결된 단말기가 업무상 필수적으로 특정 외부기관과 연결해야 하는 경우

감독규정 해설서에서는 연결이 허용되는 특정 외부기관으로 행정안전부, 금융협회, 금융결제원, 예탁결제원, 코스콤, 금융보안원, 공인인증기관 등의 정부 또는 금융유관기관과 그 외 업무상 연결이 필요한 전자금융보조업자를 언급하고 있다. 또한 업무의 비효율을 완화하고자 일부 필수적인 외부기관과의 연결을 허용하는 것이 목적이므로, 불특정 다수가 접속하는 인터넷 포탈 등은 해당되지 아니하며, 망분리 환경에서 업무 수행이 불가능하거나 현저히 곤란한 경우에는 이에 해당할 수 있으나 업무 편의를 위한 것이라면 해당하지 않는다.

정리하면, i) 우선 내부시스템과 직접 연결하려는 목적이 불가피한 것인지 아니면 업무 편의를 위한 것인지를 분석하여야 하며, ii) 불가피한 경우라고 하더라도 정부 또는 금융유관기관과의 연결은 허용될 가능성이 크나 일반 사기업과의 연결은 허용될 가능성이 적다.
금융회사의 망분리 실태진단을 하다 보면 구글 또는 네이버 번역기와 연결하거나 타 계열사와 연결하는 경우를 종종 볼 수 있는데 이는 망분리 예외사유에 해당하지 아니한다.

③ 감독규정 제12조의 보안대책을 적용한 단말기에서 전용회선과 동등한 보안수준을 갖춘 통신망을 이용하여 외부망으로부터 내부 업무용시스템으로 원격접속하는 경우

본 예외사유는 2021. 1. 1. 신설된 내용인데, 기존에는 망분리 규제로 인해 금융회사 외부에서 내부 업무시스템으로 접속이 불가능하여 금융권의 재택근무가 사실상 불가능하였다.
그러나 코로나19로 인해 금융회사 임직원의 재택근무가 불가피한 상황이 되었고 금융위원회는 비조치의견을 통해 이를 한시적으로 허용하다가 법에 관련 내용을 신설하였다.

(2) 전산센터 망분리 예외

전자금융감독규정에서 정하고 있는 전산센터 망분리 예외규정은 다음과 같은데, 각 예외사유 중 주요 사유에 대해서는 좀 더 구체적인 설명을 하려고 한다.

> **▸ 전자금융감독규정 제15조 제1항 제5호 각목**
>
> 가. 이용자의 고유식별정보 또는 개인신용정보(가명정보는 제외)를 처리하지 않는 연구·개발 목적의 경우
>
> 나. 업무상 불가피한 경우로서 금융감독원장이 인정하는 경우
>
> **▸ 전자금융감독규정시행세칙**
>
> 제2조의2(망분리 적용 예외) ② 규정 제15조 제1항 제5호에서 금융감독원장이 인정하는 경우란 다음 각 호와 같다.
>
> 1. 「금융회사의 정보처리 업무 위탁에 관한 규정」에 따라 정보처리 업무를 국외 소재 전산센터에 위탁하여 처리하는 경우(다만, 해당 국외 소재 전산센터에 대해서는 물리적 방식 외의 방법으로 망을 분리하여야 하며, 이 경우에도 국내 소재 전산센터 및 정보처리시스템 등은 물리적으로 망을 분리하여야 한다)
> 2. 업무상 외부통신망과 연결이 불가피한 다음의 정보처리시스템(다만, 필요한 서비스번호(port)에 한하여 연결할 수 있다)
>   가. 전자금융업무의 처리를 위하여 특정 외부기관과 데이터를 송수신하는 정보처리시스템
>   나. DMZ구간 내 정보처리시스템과 실시간으로 데이터를 송수신하는 내부통신망의 정보처리시스템
>   다. 다른 계열사(「금융회사의 정보처리 업무 위탁에 관한 규정」 제2조 제3항의 "계열사"를 말한다)와 공동으로 사용하는 정보처리시스템
> 3. 규정 제23조의 비상대책에 따라 원격 접속이 필요한 경우
> 4. 전산실 내에 위치한 정보처리시스템의 운영, 개발, 보안 목적으로 직접 접속하는 단말기와 외부통신망과의 연결 구간, 규정 제15조 제1항 제3호의 내부 업무용 시스템과의 연결 구간을 각각 차단한 경우

① 이용자의 고유식별정보 또는 개인신용정보(가명정보는 제외)를 처리하지 않는 연구·개발 목적의 경우

"단말기 망분리 예외"부분의 내용과 동일한 사유이다(113쪽 (1) ① 참고)

② 「금융회사의 정보처리 업무 위탁에 관한 규정」에 따라 정보처리 업무를 국외 소재 전산센터에 위탁하여 처리하는 경우

전산실이란 전산장비, 통신 및 보안장비, 전산자료 보관 및 출력장비가 설치된 장소를 의미하므로 회사에서 정보처리 업무를 제3자에게 위탁하여 제3자의 설비에서 정보처리를 하게 되는 경우에는 그 정보처리가 행해지는 설비까지 전산실이 확대되는 효과가 생긴다. 따라서 해석상 해당 설비에 대해서도 금융회사의 망분리 의무가 적용되어야 한다.

이러한 상황에서 위탁받은 업무를 처리하는 전산센터가 국외에 소재하게 된다면 국외의 전산센터에서 본 업무를 수행하는 전산설비에 한해서는 위탁한 회사의 전산실 내의 설비로 해석되어 물리적으로 망분리를 하여야 한다는 해석에 이르게 되는데 이는 현실적으로 이행 자체가 불가능한 의무가 된다.

따라서 정보처리 업무를 국외 소재 전산센터에 위탁하여 처리하는 경우에는 물리적 망분리의 예외가 인정되며, 이러한 경우에도 물리적 망분리에서는 제외되나 논리적 망분리 방법으로는 망을 분리하여야 한다.

③ 업무상 외부통신망과 연결이 불가피한 다음의 정보처리시스템

㉮ 전자금융업무의 처리를 위하여 특정 외부기관과 데이터를 송수신하는 정보처리시스템

업무상 연결이 불가피한 특정 외부기관의 범위는 단말기 망분리 예외의 경우와 동일하게 해석하고 있으므로 이 부분을 참고하면 된다. (113쪽 (1) ② 참고)

㉯ DMZ 구간 내 정보처리시스템과 실시간으로 데이터를 송수신하는 내부통신망의 정보처리시스템

DMZ 구간이란 비무장 지대(DMZ)에서 유래한 개념으로서 내부통신망과 외부통신망 사이의 독립된 네트워크 구간을 의미한다. 일반적으로 웹 서버나 메일 서버 등이 여기에 위치한다.

이러한 DMZ 구간 내에 위치한 정보처리시스템과 내부 서버 간의 연결은 물리적

망분리 예외에 해당한다. 다만 모든 연결이 다 예외가 인정되는 것은 아니고 "실시간성"을 갖추고 있어야 한다. 따라서 가끔씩 연결을 하는 것이 아니라 실시간으로 계속 데이터를 송수신할 필요가 있는 경우에만 예외가 인정된다.

> **참고**
> 전자금융감독규정에서 DMZ 구간 내에 이용자 정보 등 주요 정보를 저장하는 것을 금지하고 있으므로 DMZ 구간에 웹서버를 위치시킬 때에는 이 점도 꼭 기억하여야 한다. 감독기관의 검사 시 자주 지적되는 부분이다.

〈그림 1-4-6〉 DMZ 구간 예시

DMZ 구간은 인터넷과 내부망 사이에 위치한 중간 지점 또는 인터넷 구간 사이에 위치한 중간 지점으로서 인터넷 구간에서 직접 접근이 가능한 영역을 의미한다.

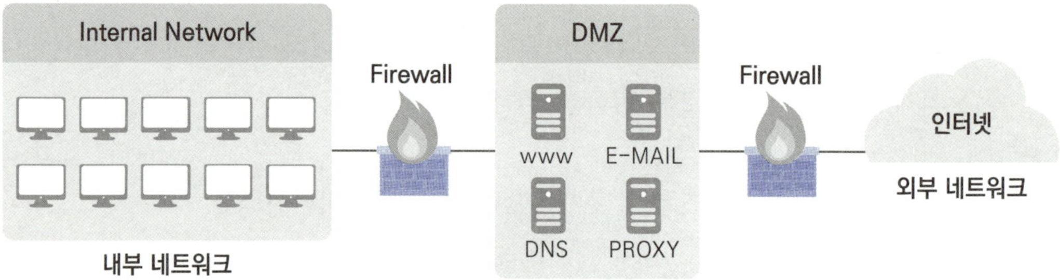

출처: 개인정보의 안전성 확보조치 기준 해설서

㉰ 다른 계열사와 공동으로 사용하는 정보처리시스템

회사의 규모가 큰 경우 자주 적용하는 예외사유이다.

다른 계열사와 공동으로 사용하는 인트라넷, 이메일 시스템, 전자문서 시스템, 회계 시스템 등의 경우 이에 해당할 수 있다. 실제 망분리 문제를 해결하는 업무를 수행할 시 자주 적용되는 예외사유이다.

참고

망분리와 관련하여서는 수많은 법령해석과 비조치의견이 공개되어 있다. 따라서 현재 우리 회사의 상황(네트워크 구조)과 비슷한 사례가 있는지 꼭 찾아보기를 권장한다. 만약 유사 사례를 찾을 수 없고 예외에 해당하는지 확신이 없는 경우에는 직접 법령해석이나 비조치의견을 신청해 보는 것도 꼭 고려하기 바란다.

▸ 관련 금융위원회 해석

망분리 관련하여 다양한 경우에 대한 금융위원회 해석들이 있는데, 요약하면 소프트웨어 방식으로 망분리를 수행한 경우에는 얼마나 보안성이 뛰어난 방식인지와 무관하게 물리적 망분리 의무를 준수한 것으로는 해석되지 않는다. 또한 방화벽과 같은 보안장비를 이용하여 잘 통제한다고 하더라도 외부망에서 내부업무망으로 접속할 수 있는 방법이 열려 있는 경우에는 외부망과 내부망이 분리·차단된 것으로 해석되지 않는다. 마지막으로 회사 입장에서는 나름 합리적인 사유라고 하더라도 법에서 열거한 사유의 하나에 속하지 않는다면 예외가 인정되기 어렵다. 일례로 전산센터 내 서버 및 스토리지 등의 장비에 대해 펌웨어 업그레이드 등 유지보수 작업을 위해 해외 벤더사로부터 인터넷을 통한 원격 지원 서비스를 받는 것에 대해서도 일상적인 상황에서의 정보처리시스템 유지·보수 업무는 예외사유에 해당되지 않는다고 해석하였다.

참고

▸ 망분리 규제 완화

2023. 1. 1.부터 시행된 전자금융감독규정에서 망분리 규제가 일부 완화되었다.
개발·테스트 분야에 대한 규제를 완화하여, "이용자의 고유식별정보 또는 개인신용정보를 처리하지 않는 연구·개발 목적의 경우로서 금융회사 등이 자체 위험성 평가를 실시한 후 금융감독원장이 정한 망분리 대체 정보보호통제를 적용한 경우"에는 망분리 규제가 적용되지 않는다는 규정이 신설되었다.
그러나 "고유식별정보 또는 개인신용정보를 처리하지 않는 시스템"이라는 제약 조건으로 인해 실무에서 체감하는 완화 정도는 크지 않았다.
이러한 분위기를 반영하여 2024. 12. 24.부터 시행된 전자금융감독규정에서 연구·개발 목적으로 가명정보를 처리하는 시스템의 경우에도 망분리 예외를 인정하였다.
여전히 연구·개발 목적으로 개인신용정보를 처리하는 시스템은 망분리 예외가 인정되지 않지만 가명정보를 처리하는 시스템의 경우에는 예외를 인정하여 규제를 좀 더 완화한 것인데, 이러한 정도의 완화가 실무에서 얼마나 의미가 있을지는 좀 더 지켜봐야 할 것이다.

정리

- 전산자료 보호대책으로 테스트 시 이용자의 원데이터 사용이 금지되며, 변환데이터도 불가피한 경우에만 사용이 가능하다.
- 망분리 규정이 가장 어려운 부분인데, 논리적 망분리만으로 가능한 경우와 물리적 망분리를 해야 하는 경우를 구분하여 숙지하여야 한다.
- 망분리 예외사유를 꼼꼼히 숙지하여야 한다. 법에서 명시한 사유에 해당하는 경우에만 예외처리가 가능하며, 예외처리를 하는 경우에도 "망분리 대체 정보보호통제" 조치를 하여야 한다는 점을 잊지 말아야 한다.
- 망분리 예외에 해당하는지 여부가 명확하지 아니한 경우에는 그러한 구조를 적용하기 전에 법령해석, 비조치의견 등을 통해 감독당국의 입장을 확인하는 것이 바람직하다.

디지털금융
기초 법률 상식

디지털금융
기초 법률 상식

KOREA BANKING INSTITUTE

제2부
디지털금융 서비스와 법률

제2부에서는 빅데이터, 마이데이터, 금융AI, 클라우드, 혁신금융서비스 등 개별 디지털금융 서비스에서 이슈가 되는 법률적인 사항에 대해서 설명하고자 한다. 제1부에서 설명했듯이 디지털금융의 주요 법률은 전자금융거래법과 데이터법이므로 주로 두 법에 대한 내용들을 설명하겠지만 전자서명법, 금융혁신지원법, 금융지주회사법 등도 함께 설명할 것이다.
정리하면 제1부에서 배운 내용들을 상기시켜며 읽으면 더욱 효과적인 학습이 될 것이다.

제2부
디지털금융 서비스와 법률

제1장

전자문서/전자서명 서비스와 법률

KOREA BANKING INSTITUTE

제1장

전자문서/전자서명 서비스와 법률

디지털금융의 기본 전제는 아날로그 방식으로 행하던 금융을 전자적인 방식으로 전환한 것이다. 따라서 기존에 종이문서로 행해지던 행위를 전자적으로 행한다고 하더라도 그 효력이 동일하다는 점이 인정되어야 디지털금융 자체의 시작이 가능하다.

이러한 전제에 기반한다면 디지털금융을 위해 가장 먼저 검토해야 할 법률은 전자문서법과 전자서명법이다. 일반 종이문서와 전자문서의 효력이 동일하고 자필서명 또는 인감과 전자서명의 효력이 동일하다고 인정되어야만 디지털 세상에서 금융을 하는 것이 유효해지기 때문이다.

따라서 디지털금융 서비스 중 가장 먼저 "전자문서/전자서명" 서비스와 관련된 법률 이슈에 대해서 설명하고자 한다.

제1절 개론

지금은 많이 줄어든 것 같으나 코로나19가 시작되면서 전자서명과 관련된 질문이 많이 있었다.

지금 생각해보면 코로나19로 인해 갑작스레 대면활동이 불가능해짐에 따라 불가피하게 전자적인 방식으로 계약을 체결하여야 하는 상황에 처하게 되었는데, 이러한 방식이 법적으로 문제가 없는지에 대한 우려였던 것으로 생각된다. 매번 급하게 답을 달라고 해서 당황했던 기억도 함께 떠오른다.

그때 받았던 질문들을 정리해보면 주로 다음과 같은 질문이었다.

Q1 코로나19 상황으로 대면하여 계약을 진행하는 것이 불가능한데 OO전자서명 서비스를 이용해도 괜찮을까요?

Q2 종이에 서명한 것을 이미지파일로 변경하는 것도 전자서명인가요?

Q3 공인전자서명이 아닌 일반 전자서명을 할 때 어떠한 리스크가 있을까요?

Q4 전자서명이 나중에 문제가 되지 않으려면 어떠한 조치를 취하면 될까요?

제1장의 학습을 완료하고 나서는 상기 질문의 답을 알 수 있을 것이다. 다만, 2020년 12월부터 시행된 개정 전자서명법에서 "공인전자서명"제도가 폐지되었으므로 Q3에 관한 내용을 다루지 않도록 하겠다.

그러면 전자문서법과 전자서명법에서 이를 어떻게 정하고 있는지를 확인해보기로 하자. 참! 이 부분에서 유의해야 할 점은 두 법률 모두 2020년 이후에 개정되었으므로 그 내용이 약간 새로울 수 있다는 점이다. 그렇지만 본 서의 목적은 기초 법률 상식을 공유하는 것이므로 어렵지 않게 이해할 수 있을 것으로 기대한다.

제2절 전자문서 및 전자거래 기본법(약칭: 전자문서법) •••

1. 전자문서의 효력

전자문서법에 따르면, "전자문서"란 정보처리시스템에 의하여 전자적 형태로 작성·변환되거나 송신·수신 또는 저장된 정보를 의미한다(동법 제2조 제1호). 따라서 한글 hwp, MS word, PDF 등과 같이 문자 형태로 저장되어 있는 것뿐만 아니라 동영상, 음악 등과 같이 영상, 음성 형태로 저장되어 있는 경우에도 전자문서에 해당한다. 물론 SMS, MMS 등의 문자메시지나 카카오톡도 전자문서에 해당할 것이다.

전자문서의 한 종류인 "전자화문서"라는 용어도 알고 있어야 하는데, 이는 종이문서나 그 밖에 전자적 형태로 작성되지 아니한 문서("전자화대상문서")를 정보처리시스템이 처리할 수 있는 형태로 변환한 전자문서를 의미한다. 예를 들어, 종이문서를 Scan하여 저장하는 경우, "종이문서"가 "전자화대상문서"가 되고 "PDF본"이 "전자화문서"가 된다.

〈표 2-1-1〉 전자문서의 분류

전자문서	애초에 전자적 형태로 작성된 문서	DOC, HWP 파일 전자우편, 문자메시지, 카카오톡 음원, 사진, 동영상 등
	전자화문서	종이문서 스캔본(PDF 등) 종이문서 촬영본(JPG 등)

그럼 본론으로 들어가서, 디지털금융을 위해 우리가 궁금해하는 점은 종이문서와 전자문서의 효력이 동일한지 여부인데, 이는 전자문서법 제4조 및 제4조의2를 통해 확인할 수 있다.

▸ **전자문서법**

제4조(전자문서의 효력) ① 전자문서는 전자적 형태로 되어 있다는 이유만으로 법적 효력이 부인되지 아니한다.

제4조의2(전자문서의 서면요건) 전자문서가 다음 각 호의 요건을 모두 갖춘 경우에는 그 전자문서를 서면으로 본다. 다만, 다른 법령에 특별한 규정이 있거나 성질상 전자적 형태가 허용되지 아니하는 경우에는 서면으로 보지 아니한다.

1. 전자문서의 내용을 열람할 수 있을 것
2. 전자문서가 작성·변환되거나 송신·수신 또는 저장된 때의 형태 또는 그와 같이 재현될 수 있는 형태로 보존되어 있을 것

우선 제4조에서 전자적 형태로 되어 있다는 이유만으로 법적 효력이 부인되지 아니한다고 규정하여 전자문서라는 이유만으로 차별적인 취급을 받지 않는다는 점을 명확히 하고 있다.

중요한 건 제4조의2인데, ① 전자문서에 포함된 내용을 열람할 수 있고(즉, 내용을 읽을 수 있고) ② 전자문서가 작성·변환되거나 송신·수신 또는 저장된 때의 형태 또는 그와 같이 재현될 수 있는 형태로 보존되어 있는 경우(즉, 열람하거나 읽는 것이 가능한 형태로 계속 보존되어 있는 경우)에는 서면성이 인정된다[43][44]. 즉, 디지털금융 서비스에서 ①, ②의 요건을 모두 만족하는 전자문서를 사용한다면 종이문서와 동일한 효력을 가진다는 전제하에 업무를 진행하여도 문제가 없을 것이다.

43) 다만, 다른 법령에서 전자문서의 서면성을 인정하지 않는 규정을 두고 있는 경우에는 ①, ②의 요건을 모두 충족하는 경우에도 서면성이 인정되지 않는다.

44) 이를 ① 열람가능성, ② 재현가능성, ③ 보존성이 있어야 한다고 표현하기도 한다.

2. 전자화문서 보관의 효력

가끔씩 '종이문서를 PDF본으로 바꿔서 저장해도 괜찮을까'라는 질문을 받곤 한다. 법에서 일정기간 동안 문서를 보관하도록 의무화하고 있는 규정들이 많으므로 이를 준수하기 위해서는 기존에 작성된 종이문서를 계속 보관해야 하는데, 장소, 관리 등에서 많은 어려움이 생기기 때문이다. 따라서, 종이문서의 보관과 PDF본의 보관이 법적으로 같은 효력이 인정된다면 PDF본으로 보관하고자 하는 바램에서 하는 질문들이다.

1) 전자화문서 보관 요건

전자문서법 제5조에서 전자문서의 보관에 대해 다음과 같이 정하고 있다.

▸ **전자문서법**

제5조(전자문서의 보관) ① 전자문서가 다음 각 호의 요건을 모두 갖춘 경우에는 그 전자문서를 보관함으로써 관계 법령에서 정하는 문서의 보관을 갈음할 수 있다. 다만, 다른 법령에 특별한 규정이 있는 경우에는 갈음할 수 없다.

1. 제4조의2에 따라 서면으로 보는 전자문서일 것
2. 전자문서의 작성자, 수신자 및 송신·수신 일시에 관한 사항이 포함되어 있는 경우에는 그 부분이 보존되어 있을 것

② 제1항에도 불구하고 종이문서나 그 밖에 전자적 형태로 작성되지 아니한 문서(이하 "전자화대상문서"라 한다)를 정보처리시스템이 처리할 수 있는 형태로 변환한 전자문서(이하 "전자화문서"라 한다)가 다음 각 호의 요건을 모두 갖춘 경우에 그 전자화문서를 보관함으로써 관계 법령에서 정하는 문서의 보관을 갈음할 수 있다. <u>다만, 다른 법령에 특별한 규정이 있는 경우에는 갈음할 수 없다.</u>

<u>1. 전자화문서가 제1항 각 호의 요건을 모두 갖출 것</u>

<u>2. 전자화문서가 전자화대상문서와 그 내용 및 형태가 동일할 것</u>

<u>③ 전자화대상문서와 전자화문서의 내용 및 형태의 동일성에 관한 요건, 전자화문서의 작성 방법 및 절차, 그 밖에 필요한 사항은 과학기술정보통신부장관이 정하여 고시한다.</u>

전자화문서의 보관은 제2항 및 제3항에서 정하고 있는데, 다음 세 가지 요건을 갖춘 전자화문서의 보관이라면 법에서 정한 문서 보관 의무를 준수하는 것으로 인정된다.

첫째, 앞서 설명한 종이문서와 동일성이 인정되는 요건(① 열람가능성, ② 재현가능성, ③ 보존성)을 모두 갖춘 전자화문서이어야 한다. 이는 애초 종이문서와 동일성이 없다고 판단되는 전자화문서라면 그 보관도 별개의 문서를 보관하는 것에 불과하기 때문에 당연한 조건이다.

둘째, 전자화문서가 전자화대상문서와 그 내용 및 형태가 동일하여야 한다. 이는 두 문서의 내용이 동일해야 할 뿐만 아니라 문서의 형식(형태), 즉 양식이나 서식도 동일해야 한다는 것을 의미한다. 따라서 줄 간격, 필체, 폰트 같은 모든 형식적인 면들도 완전히 일치하여야 한다. 문서를 그대로 Scan한 PDF본이라면 이를 준수하는 것은 어렵지 않을 것이다.

셋째, 과학기술정보통신부 고시인 "전자화문서의 작성 절차 및 방법에 관한 규정"에서 정하고 있는 전자화 작업환경, 전자화 인력, 전자화정보시스템, 전자화 절차 등을 준수하여 전자화문서를 작성하여야 한다. 이 부분은 너무 세세한 내용이므로 이 책에서는 다루지 않는다. 실제 회사에서 전자화문서 작성과정을 진행한다면 그때 해당 고시를 읽어보기 바란다.

어쨌든 이 세 가지 요건을 모두 충족시킨다면 종이문서 대신 전자화문서를 보관하는 것이 가능하다. 다만, 다른 법령에서 종이문서의 보관을 강제하고 있는 경우에는 이에 따라야 하는데, 다음 두 가지 법령이 주로 언급된다. 꼭 기억해 두도록 하자.

(1) 상법 제33조

▸ 상법

제33조(상업장부등의 보존) ① 상인은 10년간 상업장부와 영업에 관한 중요서류를 보존하여야 한다. 다만, 전표 또는 이와 유사한 서류는 5년간 이를 보존하여야 한다.

③ 제1항의 장부와 서류는 마이크로필름 기타의 전산정보처리조직에 의하여 이를 보존할 수 있다.

▸ 상법 시행령

제3조(전산정보처리조직에 의한 보존) 법 제33조 제1항에 따른 상업장부와 영업에 관한 중요서류를 같은 조 제3항에 따라 마이크로필름이나 그 밖의 전산정보처리조직에 의하여 보존하는

> 경우에는…(중략). 다만, 법에 따라 작성자가 기명날인 또는 서명하여야 하는 장부와 서류는 그 기명날인 또는 서명이 되어있는 원본을 보존하여야 한다.

개인정보의 보관 및 파기 부분(제1부 제3장 제8절)을 공부할 때 한 번 접했던 내용인데, 상법상 상업장부와 영업에 관한 중요서류는 10년간 보존하여야 한다. 이 서류를 전자적 형태로 보존할 수 있으나(상법 제33조 제3항) 법에 따라 작성자가 기명날인 또는 서명하여야 하는 종이문서로 된 장부와 서류는 그 기명날인 또는 서명이 되어 있는 원본을 보존하여야 한다(상법 시행령 제3조).

상법에서 기명날인 또는 서명하도록 하고 있는 서류는 대차대조표, 주권, 주주총회의사록, 이사회의사록, 감사록, 사채청약서 등이 있는데[45], 이러한 서류들은 원본을 보존하여야 하므로 전자화문서가 아닌 원본 종이문서를 보관하여야 한다.

(2) 국세기본법 제85조의3

> **▸ 국세기본법**
>
> 제85조의3(장부 등의 비치와 보존) ① 납세자는 각 세법에서 규정하는 바에 따라 모든 거래에 관한 장부 및 증거서류를 성실하게 작성하여 갖춰 두어야 한다.
>
> ④ 제1항을 적용하는 경우 「전자문서 및 전자거래 기본법」 제5조 제2항에 따른 전자화문서로 변환하여 같은 법 제31조의2에 따른 공인전자문서센터에 보관한 경우에는 제1항에 따라 장부 및 증거서류를 갖춘 것으로 본다. 다만, 계약서 등 위조·변조하기 쉬운 장부 및 증거서류로서 대통령령으로 정하는 것은 그러하지 아니하다.
>
> **▸ 국세기본법 시행령**
>
> 제65조의7(장부 등의 비치와 보존) ③ 법 제85조의3 제4항 단서에서 "대통령령으로 정하는 것"이란 다음 각 호의 어느 하나에 해당하는 문서를 말한다.
>
> 1. 「상법 시행령」 등 다른 법령에 따라 원본을 보존하여야 하는 문서

45) 이외에도 여러 서류가 이에 해당되므로 여기서 나열되어 있지 않은 서류라고 하더라도 서류 작성의 근거가 되는 법령을 찾아서 "기명날인 또는 서명"이라는 문구가 쓰여 있지 않은지 꼭 확인해보도록 하자.

2. 등기·등록 또는 명의개서가 필요한 자산의 취득 및 양도와 관련하여 기명날인 또는 서명한 계약서
3. 소송과 관련하여 제출·접수한 서류 및 판결문 사본. 다만, 재발급이 가능한 서류는 제외한다.
4. 인가·허가와 관련하여 제출·접수한 서류 및 인·허가증. 다만, 재발급이 가능한 서류는 제외한다.

국세기본법상 납세자는 모든 거래에 관한 장부 및 증거서류를 갖춰 두어야 하는데, 이를 전자화문서로 변환하여 보관하고자 하는 경우에는 공인전자문서센터에 보관하는 방식으로만 가능하다. 그러나 이때에도 "시행령 제65조의7 제3항 제1호 ~ 제4호에 해당하는 서류"는 원본 보관이 의무이므로 전자화하여 보관하는 것은 불가능하다.

예전에 특정 회사로부터 사내에서 보관 중인 문서 중 전자화문서로 보관할 수 있는 경우와 없는 경우를 구분해달라는 요청을 받은 적이 있다. 문서 목록 전체를 일일이 검토하여 구분하였는데, 전자화문서 보관이 불가능한 경우의 대부분은 위의 두 법령에 근거한 것이었다. 이외 해당 회사의 사업분야와 관련된 법에서도 일부 전자화문서 보관을 금지하는 규정들을 찾을 수 있었다.

따라서 회사가 종이문서 보관을 전자화문서 보관으로 변경하는 작업을 하고자 한다면 1) 보관 중인 문서 list를 작성하여, 2) 각 문서별 적용법령을 정리한 후 3) 해당 법령에서 정하고 있는 내용에 따라 보관가능 여부를 나누는 절차를 진행하여야 한다. 물론, 판단에 자신이 없는 경우에는 전문가의 도움을 받는 것도 좋은 방법이다.

2) 공인전자문서센터를 통한 보관

전자문서법에서는 회사가 공인전자문서센터에 문서를 보관하는 경우에 대한 효력을 별도로 규정하고 있다.

▸ **전자문서 및 전자거래 기본법**

제31조의6(공인전자문서센터를 통한 보관의 효력) ① 공인전자문서센터가 전자문서를 보관하는

경우에는 제5조 제1항 또는 제2항에 따른 전자문서의 보관이 행하여진 것으로 본다.
② 공인전자문서센터가 전자화문서를 보관하는 경우 전자화대상문서는 폐기할 수 있다. 다만, 다음 각 호의 어느 하나에 해당하는 경우에는 그러하지 아니하다.
1. 전자화대상문서가 구겨지거나 노후화되어 전자화문서의 가독성을 확보할 수 없는 경우
2. 제5조 제2항 단서에 해당하는 경우

제31조의7(전자문서 내용의 추정 등) ① 공인전자문서센터에 보관된 전자문서는 보관기간에는 그 내용이 변경되지 아니한 것으로 추정한다.

공인전자문서센터[46)]에 전자화문서를 보관하는 경우 ① 원본문서 보관과 동일한 효력이 인정되며(동법 동조 제1항), ② 법에서 명시적으로 원본문서의 파기가 가능하다고 정하고 있고(동법 동조 제2항), 보관된 전자화문서가 보관기간 동안 그 내용이 변경되지 아니하였다는 무결성까지 법률상 추정된다(동법 제31조의7 제1항).

따라서, 회사에서 종이문서를 파기하고 전자화문서만을 보관하고자 한다면 공인전자문서센터에 전자화문서를 보관하는 것이 상당히 유용한 방법이 될 것이다. 물론 이 경우에도 다른 법령에서 원본문서를 보관하라고 한 경우에는 계속 보관하여야 한다는 점은 놓치지 말아야 한다.

무결성에 대한 법률상 추정(동법 제31조의7 제1항)에 대해서도 꼭 기억해야 할 점이 한 가지가 있다. 공인전자문서센터에 보관된 이후의 무결성이 추정되는 것이지 종이문서와 전자화문서의 동일성까지 법적으로 추정되는 것은 아니라는 점이다. 예를 들어, 종이문서가 작성된 후 누군가 이를 변조하고 전자화문서로 변환하여 공인전자문서센터에 저장할 수도 있으므로 최초 작성된 원본문서와 전자화문서가 동일하다고 추정되는 것은 아니다. 따라서 가장 좋은 방법은 원본문서가 작성된 이후 가능한 빨리 공인전자문서센터에 원본문서를 접수하여 전자화문서로 변환하는 방법이다.

46) "공인전자문서센터"란 타인을 위하여 다음의 업무를 하는 자로서 전자문서법에 따라 지정받은 자를 말한다.
1) 전자문서의 보관 또는 증명
2) 그 밖에 전자문서 관련 업무
현재 지정된 공인전자문서센터로는 하나금융티아이, LG CNS, 한국무역정보통신, 더존비즈온 등이 있다.

3) 직접 보관 vs 공인전자문서센터 보관

회사에서 원본 종이문서를 전자문서법 제5조의 요건에 맞추어 전자화문서로 변환하는 경우 전자화문서 보관만으로 원본문서를 보관하고 있는 것으로 인정된다. 그러나, 이러한 경우에는 보관의 효력에 문제가 발생하는 경우 동법 제5조 제2항을 준수하며 변환했다는 점을 회사가 직접 입증해야 하는 어려움이 생긴다.

회사가 공인전자문서센터를 이용하는 경우에는 회사는 종이문서인 원본만 센터에 접수하면 센터에서 전자화문서로 변환한 후 보관하게 된다. 이러한 경우에는 동법 제5조 제2항에 따른 전자문서의 보관이 행하여진 것으로 법률상 추정을 받게 되고 전자화문서가 보관된 이후부터는 원본과 동일하다는 무결성도 법률상으로 추정받게 된다. 다만, 원본 작성 후 센터 보관 사이에 시간적 간격이 발생할 수밖에 없고 이 기간 동안에는 동일성이 추정되지 않게 되므로 (원본 작성과 센터 접수 사이의 시간 간격이 매우 짧다는 전제 하에서) 원본과 전자화문서의 동일성이 인정될 가능성이 매우 높아 사실상 추정된다고 볼 수 있다는 의미이지 법률적으로 동일하다고 인정된다는 의미는 아니다.

결국 정리하여 추천하자면, 종이문서 대신 전자화문서를 보관하고자 하는 경우 문서의 중요도를 나눌 필요가 있다.

① 법에 의해 계속 보관은 필요하나 비교적 중요하지 않은 문서라고 한다면 동법 제5조 제2항의 요건을 준수하는 방향으로 회사에서 직접 변환 및 보관하는 것도 가능할 것으로 보인다. 물론 이 경우에도 공인전자문서센터를 이용한다면 더 바람직할 것이라는 점은 두말할 나위가 없다.

② 중요도가 높은 문서라면 법률상 무결성을 추정받아야 할 것이므로 공인전자문서센터를 이용하는 것이 더 나을 것이다.

③ 위조가 될 가능성을 완전히 배제해야 할 정도의 문서라면 공인전자문서센터에 보관하는 경우에도 보관 이후의 무결성 만을 추정해 주므로 (아쉽지만) 그냥 원본 종이문서를 계속 보관하는 것이 나을 것이다.

제3절 전자서명법

종이문서와 전자문서의 효력이 동일하다는 점을 확인하였으므로 이제는 “자필서명 또는 인장”과 “전자서명”의 효력이 동일하다는 점을 확인하여야 한다. 두 가지가 모두 확인된다면 편하게 디지털금융 서비스를 시작할 수 있다.

2020년 말 시행된 전자서명법에서 공인인증제도가 폐지되었다. 따라서 여러 인증기관의 다양한 사설 인증서를 사용할 수 있게 되었는데, 이 부분도 함께 알아보도록 하겠다.

〈그림 2-1-1〉 전자서명법 개정에 따른 변화

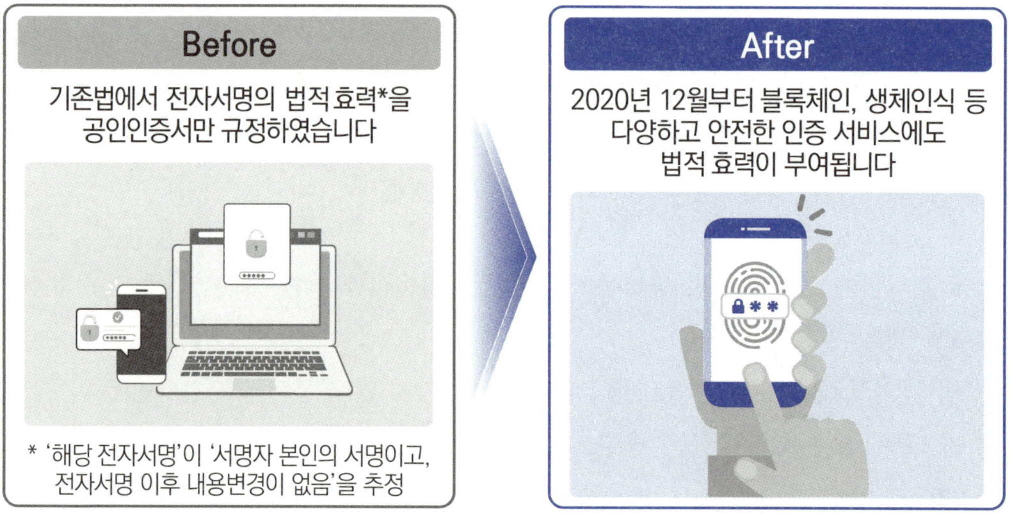

출처: 과학기술정보통신부(2020)

전자서명법에 따르면, 전자서명이란 서명자의 신원 및 서명자가 해당 전자문서에 서명하였다는 사실을 나타내는 데 이용하기 위하여 전자문서에 첨부되거나 논리적으로 결합된 전자적 형태의 정보를 의미한다(법 제2조 제2호).

전자서명법에서 전자서명의 형태가 “서명(사인; signature)”과 같은 모양이어야 한다든지 문자이어야 한다든지 하는 제한이 없으므로 전자서명으로 인정되는 범위는 상당히 넓다.

서명을 이미지 파일화한 것도 전자서명이 될 수 있고 생체인증도 전자서명이 될 수 있다. 서명하였다는 사실을 나타낼 목적으로 전자문서에 "☑"표시를 하기로 한다면 이 표시도 전자서명에 해당할 수 있다. 단지 "전자문서에 첨부되거나 논리적으로 결합된 전자적 형태"라면 어떤 형태든지 전자서명이 될 수 있다.

전자서명법에서는 다음과 같이 전자서명의 효력을 정하고 있다.

▸ **전자서명법**

제3조(전자서명의 효력) ① 전자서명은 전자적 형태라는 이유만으로 서명, 서명날인 또는 기명날인으로서의 효력이 부인되지 아니한다.

② 법령의 규정 또는 당사자 간의 약정에 따라 서명, 서명날인 또는 기명날인의 방식으로 전자서명을 선택한 경우 그 전자서명은 서명, 서명날인 또는 기명날인으로서의 효력을 가진다.

2020년 개정 이전 전자서명법에서는 전자서명을 공인전자서명과 일반 전자서명으로 구분하였고 공인전자서명이 있는 경우에만 서명의 진정성과 문서의 진정성을 법률상 추정해주고 있었다. 즉, 공인전자서명이 있는 문서는 문서와 서명이 위조되지 않았다는 것을 법으로 추정해주고 있어서 중요한 계약에 대해서는 공인전자서명을 함으로써 향후 계약의 효력에 대한 다툼이 발생할 위험을 방지할 수 있었다.

그러나 전자서명법이 개정됨에 따라 공인전자서명이 폐지되었고 모든 전자서명에 "법령의 규정 또는 당사자 간의 약정에 따라 서명, 서명날인 또는 기명날인의 방식으로 전자서명을 선택한 경우 그 전자서명은 서명, 서명날인 또는 기명날인으로서의 효력을 가진다"는 동등한 효력이 부여되었다.

따라서 전자서명의 형태와 상관없이 모든 전자서명이 일반서명(서명, 서명날인 또는 기명날인)과 동등한 효력을 부여받게 되었는데, 한편으로는 어떠한 전자서명이든지 간에 진정성의 다툼이 발생하는 경우 서명의 진정성 즉 서명 명의자가 그 전자서명을 했다는 점을 입증해야 하는 문제가 생기게 되었다.

그렇다면 다툼이 발생할 가능성을 최소화하기 위해서는 어떻게 하여야 할까? 서명 명의자가 서명했다는 것을 입증할 수 있는 다양한 간접증거들을 만들어 놓는 것이 최선의 방법이다.

우선 "당사자 간의 약정"으로 전자서명을 선택한 경우이어야 그 전자서명이 일반서명과 동일한 효력이 발생하는 것이므로 이러한 약정이 있었다는 점을 문서로 남겨둘 필요가 있다.

전자서명을 활용한 계약 시 계약서에 "전자서명에 의해 계약이 진행된다"는 문구를 추가하거나 이메일이나 별도의 서면으로 사전에 전자서명의 활용에 대한 명시적인 의사표시를 수령하여 보관하는 방법을 생각해 볼 수 있다.

전자서명이 본인에 의해 행해졌다는 점에 대한 증거도 필요한데, 이는 서명 시 본인확인을 철저히 하고 서명이 포함된 문서를 주고받을 때 이용한 이메일을 계속 보관하는 방법을 생각해 볼 수 있다. 법인 간의 계약인 경우에는 전자서명이 포함된 문서를 주고받는 자를 회사를 대표할 수 있는 자(예: 대표이사)로 한정하는 것도 하나의 방법이 될 수 있다.

참고

공동인증서? 금융인증서?

기존의 "공인인증서"가 "공동인증서"로 이름만 변경되어 계속 사용되는 것을 볼 수 있다. 이는 법 개정으로 인해 공인인증서의 우월한 효력은 사라졌지만 공인인증서도 전자서명의 한 종류로서의 효력은 유지되므로 "공동인증서"라는 이름을 가진 하나의 인증서가 된 것이다. 따라서 공동인증서는 다른 사설인증서들과 동일한 효력의 인증서로서 계속 사용하는 것이 가능하다.

금융인증서라는 용어도 자주 접할 수 있는데, 이는 금융결제원이 국내 은행들과 함께 전자인증 제도 변화에 대응해 공동인증서의 보안성과 편의성을 높여 신설한 인증서이다. 발급 방법은 공동인증서와 동일하며 금융기관에서 인터넷뱅킹과 본인인증으로 인증 절차를 거친 후 금융결제원의 사용등록을 통해 최종적으로 발급되는 구조이다.
금융인증서도 하나의 전자서명에 불과하므로 공동인증서나 다른 사설인증서와 동일한 효력을 가지게 된다.

이외의 빅테크 기업들도 자체 인증서를 개발하여 사용처를 확대하고 있는데, 이러한 인증서들도 공동인증서 및 금융인증서와 동일한 법적 효력이 부여된다.

정리

- 전자서명법에 따르면 서명자의 신원 및 서명자가 해당 전자문서에 서명하였다는 사실을 나타내는 데 이용하기 위하여 전자문서에 첨부되거나 논리적으로 결합된 전자적 형태의 정보라면 모두 전자서명으로 인정되며, 법령의 규정 또는 당사자 간의 약정에 따라 행해진 전자서명이라면 일반서명과 동일한 효력이 인정된다. 따라서 전자서명과 일반서명의 효력에 차이가 없다는 전제하에서 디지털금융 업무를 수행하여도 무방하다.
- 회사에서 전자서명을 이용하기 위해서는 ① 서명 상대방과의 약정이 있어야 하고 ② 전자서명 요건에 충족하는 방식으로 전자서명이 이루어져야 한다.
- 회사와 고객 간에 자체적으로 정한 방식으로 전자서명을 하는 것도 유효하나 향후 진정성에 대한 분쟁이 발생할 가능성을 고려한다면 전문적으로 사설 전자서명을 제공하는 업체의 전자서명을 활용하는 것이 보다 안전할 것이다.

제2부

디지털금융 서비스와 법률

제2장

빅데이터 서비스와 법률

KOREA BANKING INSTITUTE

제2장

빅데이터 서비스와 법률

제1절 개론

최근에는 국가나 기업이 얼마나 많은 데이터를 보유하고 있으며, 그 데이터를 처리·분석하여 가치를 창출하는 능력이 얼마나 뛰어난 지에 따라 국가와 기업의 경쟁력이 정해진다는 점에 대해서는 누구나 동의하는 것으로 보인다.

실제 2016년 마이크로소프트가 구인구직 서비스인 링크드인을 262억 달러에 인수한 바 있는데, 이는 링크드인이 보유한 1억 명 유저들의 데이터에 가치를 부여한 것으로 알려져 있다. 또한 국내에서도 최근 캐시노트라는 자영업자 경영관리 서비스를 운영하고 있는 회사가 약 1조 3,000억 원의 기업가치를 인정받았는데, 이는 보유 중인 130만 자영업자의 거래 데이터를 이용하여 다양한 자영업 관련 사업 확장이 가능하다는 평가에 따른 것으로 알려져 있다.

빅데이터를 자구 그대로 해석하면 "대용량의 데이터"를 의미하지만 요즘에는 "다양한 종류의 대규모 데이터로부터 가치를 추출하고 데이터의 초고속 수집, 발굴, 분석을 지원하도록 고안된 차세대 기술"까지 포함하는 개념으로 인식되고 있다.

금융업권의 경우 업무의 특성상 고객의 개인신용정보라는 매우 가치 있는 데이터를 저장·보유할 수 있으므로 빅데이터 기술이 발전함에 따라 이를 활용하고자 하는 니즈(Needs)가 매우 크다. 실제 금융그룹들은 은행, 증권 등 계열사별로 흩어져 있는 고객

데이터를 빅데이터로 만들어 경영과 영업활동 전반에 이용하려는 전략을 가지고 있으며, 금융지주 내에 빅데이터 센터나 연구소를 만들어 컨트롤타워의 역할을 수행하고 있다.

정부는 지난 2020. 7. 14. 코로나19 사태로 인한 경제 위기 대응책으로 "한국판 뉴딜 종합계획"을 발표한 바 있다. 한국판 뉴딜은 디지털 뉴딜과 그린 뉴딜이 양 축을 이루고 있는데, 디지털 뉴딜은 코로나 이후 변화하게 될 미래 사회에 대한 디지털 대전환을 이끄는 정책이다.

디지털 뉴딜에는 다양한 디지털 기술을 기반으로 분야별 디지털 전환을 이끈다는 계획을 두고 있는데, 그중에서도 핵심은 '데이터 댐'이라고 할 수 있다.

데이터 댐은 우리 사회에 존재하는 광범위한 데이터를 '댐'에 가두고 필요한 곳에서 사용할 수 있도록 하자는 의미로서 대량의 데이터를 가공해 가치 높은 데이터로 구축하고 수요자가 용도에 맞게 이를 활용하는 플랫폼을 의미한다. 즉 다양한 데이터를 한곳에 모아놓고 빅데이터 분석을 통해 가치를 추출한 후 이를 다양한 수요자가 활용할 수 있도록 하자는 것으로서 "빅데이터" 플랫폼이라고도 할 수 있다.

〈그림 2-2-1〉 데이터 댐의 개념도

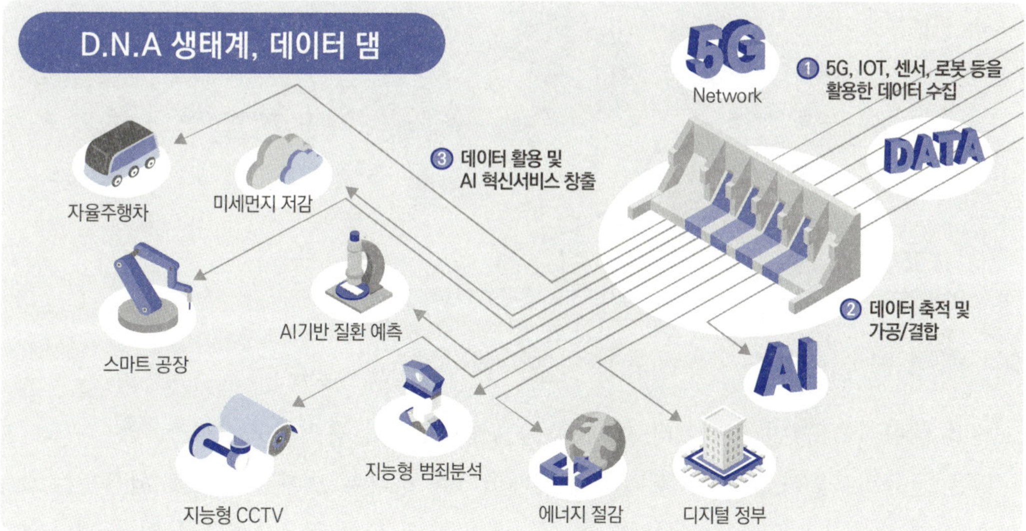

출처: 금융위원회(2020)

금융권은 특히 데이터 댐을 만들려는 움직임이 활발하다.

금융위원회는 2020. 7. 1. 보도자료를 통해 신용정보원 CreDB 구축, 금융데이터거래소 출범, 금융위 및 9개 공공기관이 보유한 금융 공공데이터(4,450만 건) 개방 등을 통해 공공기관 등이 생성·보유한 수많은 데이터를 기업들에게 개방·유통·결합하는 금융분야 빅데이터 인프라 구축을 단계적으로 추진하고 있다고 발표한 바 있다.

실제 금융데이터거래소가 2020년 5월 출범하였으며, 2022년 5월 기준으로 금융권에서 은행, 카드, 증권, 보험업계의 52개 기업과 유통, 정보통신, 포털, 에너지 등 비금융업에서 54개 회사가 회원사로 참여하여 다양한 업종의 데이터가 융합·거래되고 있다.

〈그림 2-2-2〉 금융 빅데이터 5대 인프라 체계도

출처: 금융데이터거래소(https://www.findatamall.or.kr) 이용안내

민간 금융사들도 민간 데이터 댐 구축을 위해 활발히 움직이고 있다.

많은 금융회사들이, 작게는 계열사들의 데이터를 하나로 모아 공동으로 활용하는 소규모 데이터 댐을, 크게는 이종 업체의 데이터까지 한데 모아 공동으로 활용하는 개방형 데이터 댐을 구축하기 위한 분석 및 개발을 진행 중에 있다.

제2절 빅데이터 서비스 관련 주요 법률 이슈 •••

본 장에서는 업무에 빅데이터 기술을 적용하거나 빅데이터를 이용한 서비스를 제공하기 위해서 알아야 하는 법률 이슈에 대해 설명하고자 한다.

Title 자체가 빅 "데이터"이므로 데이터와 관련된 법률이 주요 법률이라는 점은 누구나 쉽게 알 수 있다. 그렇다면 구체적으로 어떤 법률을 찾아보아야 할까? 제1부의 학습을 통해 쉽게 신용정보법과 개인정보 보호법이라고 답할 수 있을 것이다. 제1부에서 공부한 내용을 떠올리며 학습한다면 이해도가 더 상승할 것으로 기대한다.

1. 빅데이터의 개인정보성

빅데이터 서비스를 위해서는 고객들의 대용량 데이터를 분석하여야 한다.

제1부에서 설명했듯이 개인정보란 그 자체로 개인을 특정할 수 있는 정보뿐만 아니라 다른 정보와 쉽게 결합하여 개인을 특정할 수 있는 정보도 이에 해당한다. 따라서 자유롭게 데이터 분석을 하기 위해서는 개인정보성이 없는 데이터만을 사용하는 것이 가장 좋겠지만 "개인정보"의 정의가 넓기 때문에 개인고객의 정보인 이상 개인정보가 아닌 정보만을 이용하기는 매우 어렵다. 앞에서 설명했던 휴대전화번호 뒤 4자리나 IMEI정보 관련 판례를 상기시켜보자.

또한 개인정보성이 없는 정보만을 모아서 분석할 경우 그 데이터의 가치가 매우 떨어지는 문제가 발생할 수 있다. 쉽게 말해 그다지 쓸모없는 재료로 분석을 하니 그 결과도 의미가 없게 되는 것이다. 따라서 개인정보성을 없애는 것과 분석가치를 높이는 것은 사실상 trade-off 관계에 있다고 할 수 있다.

아울러, 비식별기술이 발전할수록 재식별기술도 발전하게 되므로 개인으로부터 나온 정보라면 그 데이터가 개인정보가 아니라고 안심하고 업무를 진행하기가 쉽지 않다.

결국 빅데이터 분석을 위해 이용하는 Raw data는 "개인정보"라고 생각하고 업무를 진행할 필요가 있다.

2. 빅데이터 서비스의 법률 이슈

앞서 설명한 바와 같이 빅데이터에 단 1건의 개인정보만 존재하는 경우라고 하더라도 이를 처리하기 위해서는 해당 개인의 동의가 필요하다. 그런데, 데이터법상의 동의는 목적을 고지하고 그 목적 내에서의 처리에 대해 허락을 받는 것인데, "빅데이터"라는 것은 대규모 데이터에 다양한 통계적·분석적 방법론을 적용하여 유용한 가치를 찾아내는 활동이므로 "빅데이터 이용"이라는 것은 그 자체가 목적이 아니라, 다른 목적을 위한 수단·방법에 불과하다. 따라서 동의를 받을 시 특별한 목적 없이 "빅데이터 이용"이라는 개념만 기재하고 동의를 받는다면 이는 적법한 동의에 해당하지 않는다고 해석될 가능성이 크다. 즉, 빅데이터 분석을 이용하는 목적을 일일이 기재하고 동의를 받아야 한다.

이러한 점에 비추어보면 다음의 두 가지 문제가 발생할 수 있다.

첫째는 빅데이터라는 개념이 생기기 이전에 수집한 정보에 대한 것인데, 그 당시에는 빅데이터 분석을 고려하지 않고 동의를 받았을 것이므로 동의 받은 목적에 빅데이터 분석과 관련된 내용이 포함되어 있지 아니할 가능성이 크다. 따라서 빅데이터를 고려하여 동의를 받은 시기 이전과 이후의 데이터를 나누어 이후의 데이터만 분석해야 하는 문제가 발생한다[47].

둘째는 동의 시 고지하지 않은 목적의 분석이 필요할 가능성이 상당하다는 점이다. 대체로 개인정보 처리 동의는 서비스 가입 시 즉 초기 서비스 제공 시 받기 때문에 그 당시에 생각했던 목적과 이후에 필요한 목적 간의 불일치가 발생할 가능성이 상당하다. 따라서 초기 청사진이 부실하다면 나중에는 데이터는 쌓여 있지만 이용하지는 못하는 경우가 발생할 수 있다.

47) 그런데, 엄청나게 큰 데이터 꾸러미가 있는데, 법적 제약으로 인해 일부분만 분석이 가능하다고 한다면 회사에서 이를 받아들이기가 쉽지 않을 것이다.

빅데이터 분석을 위해서 계열사 등 다른 회사가 보유하고 있는 데이터를 제공받아야 하는 경우가 종종 있다. 빅데이터 분석 기술이 부족하여 다른 회사의 분석 기술을 이용하는 경우라면 "업무위탁"에 불과하므로 동의 이슈가 발생하지 아니한다. 그러나 여러 회사들의 정보를 모아서 통합분석을 진행하는 경우라면 "제3자 제공"에 따른 동의 이슈가 발생하게 된다. 제3자 제공의 경우에도 앞서 언급한 두 가지의 문제가 발생할 수 있다.

참고

공개된 매체에서 개인정보를 수집하는 경우

가끔 SNS 등 인터넷 매체를 통해 입수한 정보에 대해서는 그냥 이용해도 되지 않냐는 질문을 받는다. 그러나 신용정보법 및 개인정보 보호법에 따르면 정보주체가 스스로 사회관계망서비스 등에 직접 또는 제3자를 통하여 공개한 정보는 사회통념상 동의 의사가 있었다고 객관적으로 인정되는 범위 내에서만 동의 없이 이용이 가능하다. 따라서 정보주체가 해당 매체에 공개한 목적과 동일 또는 유사한 목적의 빅데이터 분석이라면 이용이 가능하다고 볼 여지가 있으나 마케팅 목적의 빅데이터 분석이라면 정보주체가 내 정보를 마케팅 목적으로 분석해도 된다는 의도에서 SNS에 올렸을 리가 없으므로 동의 없이는 이용이 불가능하다고 보아야 한다.

개인정보 보호법 해설서에서도 정보주체가 인터넷 중고거래사이트에서 상품을 팔기 위해 판매물품에 대한 설명과 자신의 전화번호를 기재한 경우, 이는 해당 상품의 거래목적으로 전화번호를 이용해도 된다는 동의의 의사표시를 한 것으로 볼 수 있으므로 홈페이지에 게시된 전화번호를 통해 직장인 우대대출, 홍보성 이벤트 안내 등을 해서는 안 된다고 설명하고 있는 점도 동일한 해석이다.

3. 데이터법에 따른 해결방안

우선, 동의를 제대로 받는 것이 법적으로 완전히 자유로운(free) 상태에서 빅데이터 서비스를 제공하는 방법이다. 그러나 이는 현실적인 솔루션이 되지 못하는 경우가 많다.

결국 데이터법에서 동의 없이 빅데이터 분석을 할 수 있는 방법을 찾는다면 유용한 접근법이 될 수 있을텐데 이를 위해 다음의 규정들을 이용할 수 있다.

1) 가명처리

(1) 가명정보의 정의 및 가명정보의 활용

개인정보 보호법에서 개인정보를 다음과 같이 정의하고 있는데, 이 중 다목이 가명정보에 해당한다.

> **▸ 개인정보 보호법**
>
> 제2조(정의)
>
> 1. "개인정보"란 살아 있는 개인에 관한 정보로서 다음 각 목의 어느 하나에 해당하는 정보를 말한다.
>
> 가. 성명, 주민등록번호 및 영상 등을 통하여 개인을 알아볼 수 있는 정보
>
> 나. 해당 정보만으로는 특정 개인을 알아볼 수 없더라도 다른 정보와 쉽게 결합하여 알아볼 수 있는 정보
>
> 다. 가목 또는 나목을 제1호의2에 따라 가명처리함으로써 원래의 상태로 복원하기 위한 추가 정보의 사용·결합 없이는 특정 개인을 알아볼 수 없는 정보(이하 "가명정보"라 한다)

가끔 "가명정보"라는 정의가 생겼으니까 이전에 개인정보에 포함되었던 "그 자체로 개인을 특정할 수는 없으나 다른 정보와 결합하여 특정할 수 있는 정보"가 "가명정보"가 되어 쉽게 이용할 수 있는 방법이 생기지 않았을까? 라는 질문을 하는 경우가 있다. 그러나 규정 내용을 잘 살펴보면 가명정보란 "가목 또는 나목을 가명처리함으로써 생성되는 정보"를 의미한다. 따라서 "가명처리"라는 것이 무엇인지는 잘 모른다고 하더라도 기존에 나목에 해당하여 개인정보라고 판단된 것이 그냥 가명정보가 될 수는 없고 "가명처리"라는 것을 해야만 가명정보가 될 수 있다.

데이터법에서는 가명정보를 "통계작성, 과학적 연구, 공익적 기록보존 등"의 목적으로 처리하는 경우에는 동의 없이 처리가 가능하다고 정하고 있다(개인정보 보호법 제28조의2; 신용정보법 제32조 제6항 제9호의2).

여기에서 "통계작성"이란 시장조사와 같은 상업적 목적의 통계 처리를 포함하며, "과학적 연구"란 과학 목적의 연구가 아닌 과학적인 방법을 이용한 연구를 의미하는

것으로서 새로운 기술/제품/서비스 개발 등 산업적 목적을 위해서도 수행이 가능하며, 민간 투자 연구, 기업 등이 수행하는 연구도 포함한다.

현재 빅데이터 분석을 수행하는 대부분의 경우는 상품 및 서비스 개발 목적이므로 통계작성 또는 과학적 연구의 범위에 포함된다. 따라서 데이터를 가명처리한 후 빅데이터 분석에 활용하는 것이 빅데이터 "동의" 이슈에 대한 하나의 솔루션(Solution; 해결책)이 될 수 있다.

(2) 가명처리 방법

가명처리 방법에 대해서는 간단히 살펴보려고 한다.

가명처리 방법에 대해 상세히 설명하다 보면 내용이 매우 복잡해진다. 따라서 본 서에서는 개론적인 내용만을 다룰 예정인데, 현업에서 가명처리를 해야 하는 상황이 된다면 꼭! 개인정보보호위원회에서 발간한 가명정보 처리 가이드라인과 금융위원회에서 발간한 금융분야 가명·익명처리 안내서를 필독하기 바란다. 회사 내부의 정보만을 가명처리하는 것이 아닌 타 회사(계열사 포함)의 정보를 함께 가명처리하는 경우라면 전문가의 도움을 받는 것도 추천한다[48].

가명처리는 "정보를 결합하는 행위 + 특정 개인을 알아볼 수 없도록 처리하는 행위[49]"를 의미한다. 가명처리의 기본 원칙은 식별자는 전부 삭제 또는 대체하고, 개인식별가능정보는 데이터 이용 목적과 관련이 없는 경우 삭제 또는 대체(단, 희귀속성자[50]의 경우에는 전부 삭제 또는 대체)하는 것인데, 예를 들어 성명, 전화번호, 이메일주소 같은 식별자는 삭제하고 성별, 연령(나이), 국적과 같은 개인식별가능정보는 가명처리 목적과 관련없는 경우에만 삭제하는 방식이다. 개별 정보에 대해 비식별조치를 하는 방법은 삭제, 대체, 일반화, 암호화, 무작위화 등으로 다양한 방법이 있다.

---

48) 가끔 가명처리 방법에 대한 내용을 포함해서 강의를 하는 경우가 있는데, 이 부분만으로도 1시간 이상이 소요될 정도로 챙겨야 할 내용이 많다.

49) 순서가 반대일 수도 있는데, 어쨌든 최종 결과물로 누군지 알 수 없는 정보결합물이 생성된다.

50) 희귀 성씨, 희귀 혈액형, 희귀 병명, 희귀 직업 등 정보 자체로 특이한 값을 가지고 있는 정보를 말한다.

〈그림 2-2-3〉 가명처리 기본 원칙

구분	식별자	개인식별가능정보
정의	개인 또는 개인과 관련한 사물에 고유하게 부여된 값 또는 이름	개인과 관련된 정보로서 다른 정보와 결합하는 경우 쉽게 특정 개인을 알아볼 수 있는 정보
예시	✓ 고유식별정보 ✓ 전화번호 ✓ 성명 ✓ 신용카드번호 ✓ 상세주소 ✓ 이메일주소 등 ✓ 생체인식정보	✓ 성별 ✓ 기념일 ✓ 연령 ✓ 신용대출정보 ✓ 주소 ✓ 경력 ✓ 국적 ✓ 관심사항 등
처리	원칙적 삭제나 대체	데이터 이용목적과 관련이 없으면 삭제나 대체/특이정보는 비식별조치

출처: 금융분야 가명·익명처리 안내서

또한 가명처리는 ① 회사 내부 보유 정보만을 가명처리하는 경우와 ② 다른 회사의 정보와 결합하여 가명처리하는 경우로 나눌 수 있다.

① 회사 내부 정보만을 가명처리하는 경우에는 가명처리의 모든 절차를 회사 내부에서 처리할 수 있다는 면에서 훨씬 더 간단하다.

가명처리 목적이 내부 활용인지 제3자 제공인지에 따라 가명처리 정도가 달라져야 하며 제3자 제공인 경우에는 제3자의 개인정보 보호수준을 고려하여야 한다. 예를 들어, 학교 연구소에 가명정보를 제공하는 경우에는 규모를 갖춘 금융회사에 가명정보를 제공하는 경우보다는 더 엄격하게 가명처리를 하여야 한다.

② 다른 회사의 정보와 결합하여 가명처리하는 경우에는 결합을 수행하는 제3자(데이터전문기관)가 개입한다는 면에서 절차가 더 복잡하다.

결합정보를 생성하고자 하는 두 회사가 개별적으로 데이터전문기관에 데이터셋을 전송하고 데이터전문기관은 이를 결합한 후 다시 두 회사에 전달하는 방식으로 가명처리가 진행되는데, 이 과정에서 어느 player(결합의뢰회사, 데이터전문기관)도 데이터의 주체를 식별할 수 없도록 하여야 한다는 점이 중요하다.

〈그림 2-2-4〉 타 회사 정보 간 가명처리 시 절차

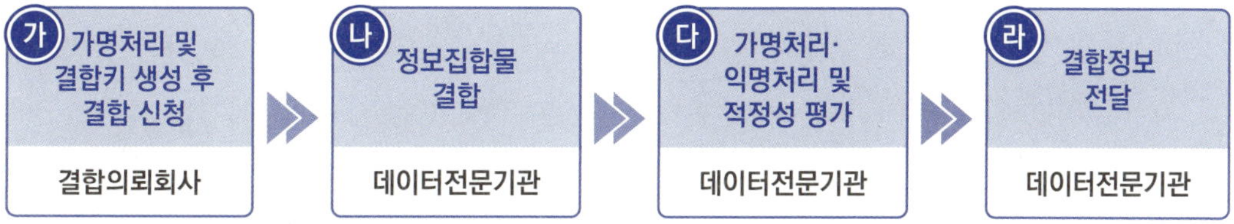

출처: 금융분야 가명·익명처리 안내서

결합절차를 간단히 설명하면 다음과 같다. 카드사인 A와 보험사인 B가 직업 및 카드 사용금액과 가입 보험상품 및 월 보험료의 관계를 분석하기 위해 이를 연결하는 가명정보인 결합데이터를 만들고자 한다고 가정해보자(데이터전문기관은 C로 표현하겠다)[51].

카드사 A는 성명, 연락처, 직업, 카드사용금액의 데이터셋을 가지고 있고 보험사 B는 성명, 연락처, 가입보험상품, 월 보험료의 데이터셋을 가지고 있다. 결국 이 두 개의 데이터셋을 연결하여 직업, 카드사용금액, 가입보험상품, 월 보험료의 데이터셋을 만들어 내면 되는데, 이를 위해서는 다음과 같은 절차를 거쳐야 한다.

① A와 B의 데이터셋에서 서로를 연결할 수 있는 키값이 필요하다. A와 B가 협의하여 어떤 정보항목을 키값으로 할지 정해야 하는데, 키값은 서로 연결이 가능한 값이어야 하므로 식별자 중에서 선택하여야 한다.
데이터셋에서 식별자는 성명과 연락처이므로, A와 B가 "연락처"를 키값으로 사용하기로 정했다면 선정되지 아니한 식별자인 "성명"은 가명처리 기본 원칙에 따라 삭제하여야 한다.

② 키값을 정했다면 이 값을 통해 서로 다른 데이터셋을 연결하면 되는데, 식별자를 그대로 키값으로 사용하는 경우에는 데이터전문기관에서 해당 식별자를 통해 누구의 정보인지 특정할 가능성이 있으므로 식별자를 변환하여 키값을 형성한다. 즉 A, B가 협의하여 변환방식을 정한다(예를 들면, X 암호화 기법을 사용하여 키값의 raw data인 "연락처" 정보를 변환하기로 하는 식이다).

③ A, B가 합의한 암호화기법으로 "연락처" 정보를 변환한 뒤 C에 전달한다.

---

51) 본 예는 임의로 가정한 예시이다.

④ 정보를 전달받은 C는 동일한 키값의 정보를 연결하는 식으로 결합데이터를 생성한다.

⑤ 이 데이터를 그대로 A, B에게 전달한다면 A, B는 X 암호화를 복호화하는 방법으로 데이터셋의 주인이 누군지 알 수 있을 것이므로 C는 키값을 제거한 후 A, B에 전달한다.

⑥ A, B는 처음 목적대로 직업, 카드사용금액, 가입보험상품, 월 보험료 항목만 기재되어 있는 데이터셋을 전달받게 된다.

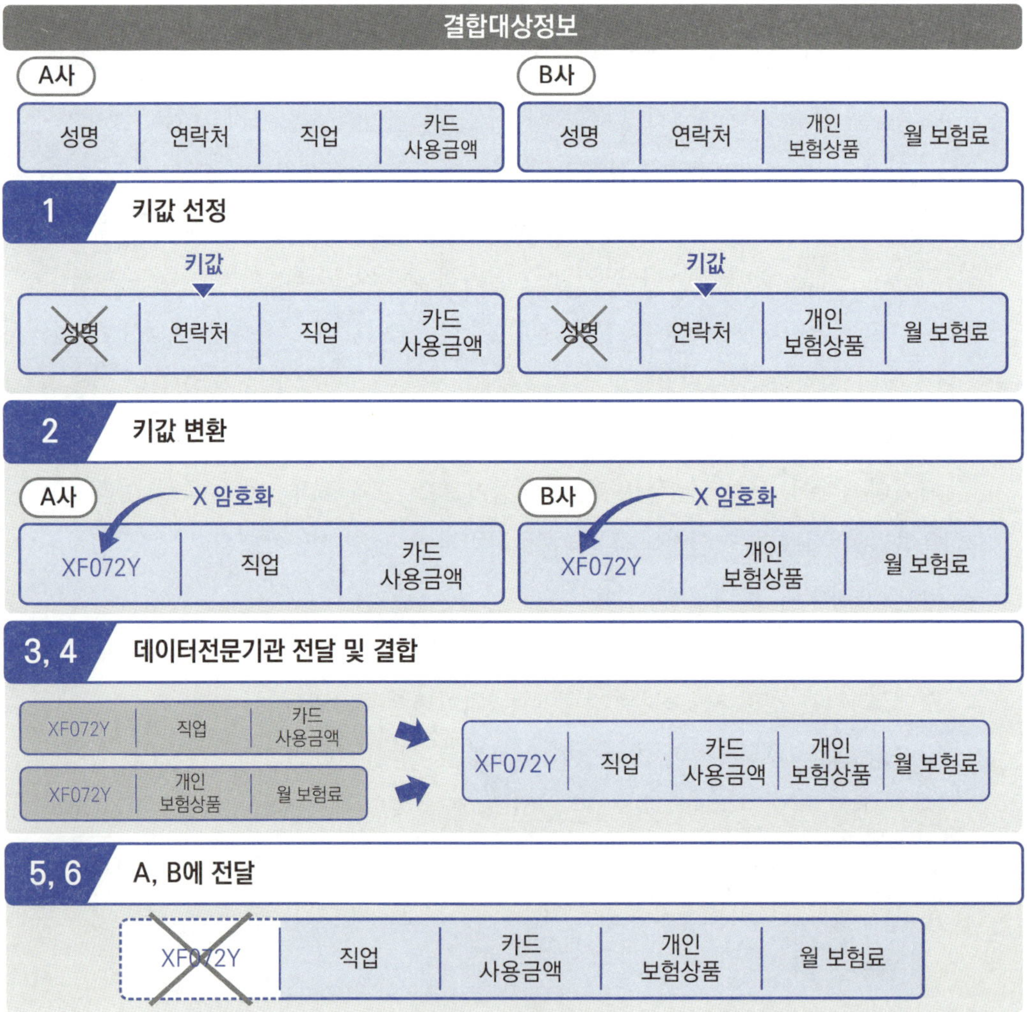

임의의 경우를 가정하여 결합절차를 예로 들어본 것인데, 글로 표현하다 보니 여전히 어려운 느낌이 든다. 그러나 가능한 쉽게 설명하기 위해 최선을 다한 것이니 이해될 때까지 반복하여 읽어 보기를 권하고 싶다. 이 예시가 이해된다면 가명처리의 기본 틀이 잡힌 것이므로 두 해설서[52]와 관련 규정도 쉽게 이해할 수 있을 것이다[53].

> **참고**
>
> 다른 회사 간의 정보를 결합하여 가명처리하는 과정을 공부하다 보면 신용정보법의 가명처리와 개인정보 보호법의 가명처리에 상이한 점이 있다는 것을 알 수 있다. 특히 가명처리 과정에서 등장하는 player의 수가 다른데, 신용정보법은 데이터전문기관이라고 하는 결합기관이 가명처리의 전반을 수행하고 결합키 자체는 결합의뢰회사가 생성하도록 하고 있으나, 개인정보 보호법은 "결합전문기관"과 "결합키관리기관" 두 player가 등장한다. 따라서 개인정보 보호법의 가명처리가 조금 더 복잡하다. 다행히도 가명정보 처리 가이드라인에서 결합되는 정보의 성격이 아닌 결합되는 정보를 보유한 기관에 따라 결합전문기관(개인정보 보호법) 또는 데이터전문기관(신용정보법)으로 구분하여 결합신청을 해야 한다고 설명하고 있으므로[54] 금융회사는 신용정보법에 따른 가명처리 과정만 적용하면 된다.

2) 익명처리

익명정보를 만들어서 데이터법에 저촉되지 않게(free한 상태로) 빅데이터 분석을 하는 것도 하나의 방법이 될 수 있다. 그러나 특정 개인을 전혀 알아볼 수 없는 수준으로 만든 정보인 익명정보의 분석이 얼마나 가치가 있을지는 의문이다.

익명정보란 시간·비용·기술 등을 합리적으로 고려할 때 다른 정보를 사용하여도 더 이상 개인을 알아볼 수 없는 정보를 의미한다. 익명정보는 개인정보의 범위를 벗어난 정보이기 때문에 원칙적으로 이를 개인정보 보호법이나 신용정보법에서 언급할 필요는 없다. 법 적용대상도 아닌 정보를 법에서 다룰 필요가 없기 때문이다.

그러나 신용정보법에서 익명정보와 관련한 유용한 규정이 하나 있으므로 이를 알아 둘 필요가 있다.

52) 가명정보 처리 가이드라인(개인정보보호위원회), 금융분야 가명·익명처리 안내서(금융위원회)
53) 필자도 해설서를 여러 번 읽은 후에나 감을 잡을 수 있었으니 첫술에 배부르지 않는다고 좌절할 필요는 없다.
54) 정보의 성격이 아닌 보유기관의 성격에 따라 적용 법령을 달리하는 것이 과연 합리적인 해석일지는 의문이 있지만 규제기관의 입장이 그러하므로 이에 따르도록 하자.

▸ **신용정보의 이용 및 보호에 관한 법률**

제40조의2(가명처리·익명처리에 관한 행위규칙)

③ 신용정보회사등은 개인신용정보에 대한 익명처리가 적정하게 이루어졌는지 여부에 대하여 금융위원회에 그 심사를 요청할 수 있다.

④ 금융위원회가 제3항의 요청에 따라 심사하여 적정하게 익명처리가 이루어졌다고 인정한 경우 더 이상 해당 개인인 신용정보주체를 알아볼 수 없는 정보로 추정한다.

회사가 개인정보를 익명처리하여 활용하는 경우에는 처리된 정보는 더 이상 개인정보가 아니하므로 데이터법의 제한 없이 자유롭게 활용할 수 있다.

그런데 이렇게 활용한 정보가 추후에 익명화가 잘못되어 개인정보나 가명정보인 것으로 판단된다면? 법적 제한없이 사용하던 정보가 갑자기 신용정보법 및 개인정보 보호법을 준수하여야 하는 정보가 되어버리는 것이니까 … 갑자기 회복할 수 없는 법 위반 상태에 놓일 가능성이 크다.

신용정보법에서는 회사가 익명처리를 한 후에 제대로 익명처리를 한 것인지 금융위원회에 심사를 요청하여 결과를 확인받을 수 있도록 하고 있다(실제로는 금융위원회가 아닌 데이터전문기관에서 이를 수행한다). 따라서, 이와 같은 확인을 거친다면 법적으로도 익명정보로 추정되는 효력을 누릴 수 있을 뿐만 아니라 감독기관이 익명정보라고 확인해 준 것이니 맘 편히 활용할 수 있는 근거가 될 수 있다.

이 규정을 기억해두고 업무를 하면서 개인정보를 익명처리하여 사용하는 경우가 발생한다면 심사를 요청해보기 바란다!

참고

회사가 가명처리 또는 익명처리를 할 때에는 조치 기록을 3년간 보존해야 한다. 가끔 기록을 보존해야 한다는 사실을 놓치는 회사가 있다. 특히, 익명처리를 할 때 기록을 보존해야 한다는 점을 깜빡하는 경우가 종종 있다.
실제 규제기관이 가명/익명 처리시 조치기록을 보존하지 않은 점을 지적한 사례가 있으니 주의할 필요가 있다.

신용정보법 제40조의2 제8항
1. 개인신용정보를 가명처리한 경우
   가명처리한 날짜, 가명처리한 정보의 항목, 가명처리한 사유와 근거
2. 개인신용정보를 익명처리한 경우
   익명처리한 날짜, 익명처리한 정보의 항목, 익명처리한 사유와 근거

3) 합리적 관련성

데이터법에서는 개인정보 처리 목적을 명확히 하여 동의를 받고, 그 목적에 필요한 범위 내에서만 개인정보를 수집하며, 그 목적 외로 활용하지 않아야 한다는 점을 명확히 하고 있다. 그러나 이렇게 엄격하게 수집 목적 내의 이용을 제한하는 경우, 정보주체의 개인정보자기결정권 보호와는 무관하게 비효율만 초래하는 결과가 발생할 수 있다는 의견이 있었고 2020년 개정된 신용정보법 및 개인정보 보호법에서는 이를 반영하여 "합리적 관련성"이라는 규정을 신설하였다(개인정보 보호법 제15조 제3항 및 제17조 제4항, 신용정보법 제32조 제6항 제9조의4 및 제33조 제1항 제4호). 이는 EU의 개인정보 보호규정인GDPR(General Data Protection Regulation)의 양립가능성 규정을 반영한 것이라고도 알려져 있다.

〈표 2-2-1〉 GDPR 해당 규정 내용

GDPR(General Data Protection Regulation; 개인정보 보호규정)

Article 6 Lawfulness of processing	제6조 처리의 적법성
4. Where the processing for a purpose other than that for which the personal data have been collected is not based on the data subject's consent or on a Union or Member State law which constitutes a necessary and proportionate measure in a democratic society to safeguard the objectives referred to in Article 23(1), the controller shall, in order to ascertain whether processing for another purpose is compatible with the purpose for which the personal data are initially collected, take into account, inter alia:	4. 개인정보를 수집한 목적 외로 처리하는 것이 개인정보주체의 동의 또는 제23조(1)의 목적을 보장하기 위한 민주사회의 필요하고 비례적인 조치를 구성하는 유럽연합 또는 회원국 법률에 근거하지 않는 경우, 개인정보처리자는 개인정보의 목적 외 처리가 해당 개인정보를 수집한 당초 목적과 양립될 수 있는지 확인하기 위해서 특히 다음 각 호를 고려해야 한다.
(a) any link between the purposes for which the personal data have been collected and the purposes of the intended further processing;	(a) 수집 목적과 의도된 추가처리 목적 간의 연관성;
(b) the context in which the personal data have been collected, in particular regarding the relationship between data subjects and the controller;	(b) 특히 개인정보주체와 개인정보처리자 간의 관계와 관련해서 개인정보가 수집된 상황;
(c) the nature of the personal data, in particular whether special categories of personal data are processed, pursuant to Article 9, or whether personal data related to criminal convictions and offences are processed, pursuant to Article 10;	(c) 특히 제9조에 따른 특정 범주의 개인정보가 처리되는지 여부 또는 제10조에 따른 범죄경력 및 범죄행위와 관련한 개인정보가 처리되는지 여부 등 개인정보의 성격;
(d) the possible consequences of the intended further	(d) 의도된 추가처리가 개인정보주체에 초래할 수 있는 결과

출처: 개인정보보호위원회

좀 더 자세히 설명하면, 개인정보의 수집·이용 및 제공 동의의 예외사유가 추가된 것인데, 당초 수집한 목적과 상충되지 아니하는 목적으로 개인정보를 처리하는 경우에는 동의 없이 처리가 가능하다[55]. 이를 판단하는 기준으로는 1) 기존 목적과의 관련성, 2) 정보주체로부터 정보를 수집한 경위, 3) 해당 정보주체에게 미치는 영향, 4) 적절한 보안대책의 시행을 언급하고 있다. 신용정보법과 개인정보 보호법 규정 간에 약간의 차이가 있으나 실질적인 내용은 동일하다고 보면 된다.

개인정보보호위원회에서 발간한 해설서[56]에서는 이 규정과 관련하여 다음과 같은 예시를 언급하고 있다.

1) 정보주체가 택시 중개서비스 앱을 이용하기 위하여 이용계약을 체결하고 해당 택시 중개서비스 앱 사업자가 정보주체의 요청에 따른 택시 호출을 위해 정보주체의 개인정보를 제3자인 택시기사에게 제공하는 경우
2) 인터넷 쇼핑몰(오픈마켓) 사업자가 상품 중개서비스 계약 이행을 위해 수집한 정보주체의 개인정보를 해당 인터넷 쇼핑몰에 입점하고 있는 제3자인 상품 판매자에게 배송 등 계약 이행을 목적으로 제공하는 경우
3) 고객이 가게에서 계산한 물건을 가져가지 않고 다른 고객이 실수로 그 물건을 가져간 경우 가게주인이 물건을 가져간 고객에게 연락하여 물건반환을 요청하기 위해 이용하는 경우

업무를 하다 보면 동의서의 "목적" 부분에 기재되어 있지 아니하고 예외사유도 찾을 수 없는 목적으로 정보를 이용한 뒤 "변호사님! 이 정도는 괜찮지 않아요?"라는 질문을 하는 경우가 있다. 이용 전에 질문을 하면 너무 좋을텐데 … 그런 경우는 잘 발생하지 않는다. 그런데 가끔은 필자도 '이거는 정보주체도 알았다면 당연히 허락했을 것 같은데 ...' 라는 생각이 드는 경우가 있다.

이럴 경우에는 형법의 정당행위이론까지 언급하며 어떻게든 적법성을 찾아보려고 하나 "결론이 이상하겠지만 법적으로는 가능하다고 답하기 어려울 것 같아요"라는 답을 해야만 하는 경우가 생기곤 한다. 그러나 본 규정이 신설된 이후에는 본 규정을 언급하면서 동의 없이도 처리가 가능할 것 같다고 답하거나 (이미 저질러버린 이용행위에 대해) 디펜스할 수 있을 것 같다고 답하는 경우가 생기곤 한다. 그런 의미에서 진짜 합리적인 이용이 가능하도록 만든 규정이다.

---

55) 즉 A 목적에 대해 동의를 받았을 경우 A' 목적으로 이용하는 것이 가능하다는 의미이다.
56) 개인정보보호위원회, 개인정보 보호법 및 시행령 개정사항 안내

빅데이터 분석에서도 이 규정을 유용하게 사용할 수 있을 것으로 생각된다. 빅데이터 법률 이슈는 결국 동의 받지 못한 목적으로 이용하는 문제인데, 동의 받을 시 기재한 목적과 합리적인 관련성이 있는 목적의 분석이라면 동 규정을 이용하여 동의 없이 이용이 가능하다고 해석해 볼 수 있다. 물론 판단 기준에서 말하고 있는 나머지 요소들도 모두 충족한다는 전제에서의 이야기이긴 하다.

4) 계열사 간의 정보 공유

본 내용은 금융지주사와 계열사 간에서만 적용되는 내용이므로 우리 회사가 여기에 포함되지 않는다면 동 법률의 적용은 없을 것이다.

금융지주회사법에 따르면 금융지주사와 계열사 간에는 "내부 경영관리상 이용하게 할 목적"으로 금융거래정보 및 개인신용정보를 동의 없이 제공할 수 있다.

▸ **금융지주회사법**

제48조의2(고객정보의 제공 및 관리) ① 금융지주회사등은 「금융실명거래 및 비밀보장에 관한 법률」 제4조 제1항 및 「신용정보의 이용 및 보호에 관한 법률」 제32조·제33조에도 불구하고 「금융실명거래 및 비밀보장에 관한 법률」 제4조에 따른 금융거래의 내용에 관한 정보 또는 자료(이하 "금융거래정보"라 한다) 및 「신용정보의 이용 및 보호에 관한 법률」 제32조 제1항에 따른 개인신용정보를 다음 각 호의 사항에 관하여 금융위원회가 정하는 방법과 절차(이하 "고객정보제공절차"라 한다)에 따라 그가 속하는 금융지주회사등에게 신용위험관리 등 대통령령으로 정하는 내부 경영관리상 이용하게 할 목적으로 제공할 수 있다.

내부 경영관리상 이용하게 할 목적도 법에서 명시적으로 정하고 있는데, ① 신용위험관리 등 위험관리와 내부통제, ② 업무 및 재산상태에 대한 검사, ③ 고객분석과 상품 및 서비스의 개발, ④ 성과관리, ⑤ 위탁업무 수행 다섯 가지가 이에 해당한다. 또한 법에서 고객에게 상품 및 서비스를 소개하거나 구매를 권유하는 업무 즉 타깃 마케팅 업무는 제외된다고 명시하고 있다(금융지주회사법 시행령 제27조의2 제1항).

요즘 회사에서 빅데이터 분석을 하는 주요 목적이 "고객분석과 상품 및 서비스의 개발"이므로 금융지주회사법에 따라 금융지주사와 계열사 간에는 동의 없이 개인신용정보를 공유하여 이러한 목적의 빅데이터 분석에 활용하는 것이 가능하다. 즉 금융지주회사의 각 자회사 등이 고객정보를 그룹 공동 DB에 모은 후 고객 세분화·고객이탈 등의 특정 이벤트 예측·고객별 적합상품 탐색·고객관계 관리 등을 위한 '고객 분석 및 상품 및 서비스 개발' 목적으로 공동 이용하는 것이 가능하다. 다만, 타깃 마케팅 목적은 금지되므로 그 수준을 잘 조절하여야 한다.

또한, 금융지주회사법에서는 동의 없이 계열사 등이 정보를 공유하는 것을 허용하는 대신에 고객정보 원장 제공금지, 고유식별정보의 변환, 제공받은 고객정보와 그 이외 정보의 분리보관, 정보이용기간은 1개월 이내로 할 것 등의 다양한 의무들을 부여하고 있다. 구체적인 내용은 금융지주회사감독규정 제24조의2에서 자세히 설명하고 있으므로 금융지주사의 계열사 간에 동의 없는 정보공유를 수행할 시에는 이 부분을 꼭 확인하고 모든 의무를 준수하여야 한다.

참고

금융지주회사법 제48조의2 개정 과정

2014. 5. 28. 개정(2014. 11. 29. 시행)된 금융지주회사법에서 금융지주회사 내 자회사 등 간 고객의 동의 없이 이루어질 수 있는 정보제공의 범위를 "영업상 이용하게 할 목적"에서 "내부 경영관리상의 목적"으로 축소하였다. 이는 카드3사 유출사건에서 실제 회원수보다 많은 수의 정보가 유출된 원인으로 계열사 간의 정보공유가 지적되었기 때문이다.

이후 무분별한 정보공유를 방지하기 위해 "내부 경영관리상의 목적"을 엄격하게 해석하는 경향이 있었으나 최근에는 비교적 완화된 해석을 하고 있는 추세이다. 따라서 "상품 및 서비스의 개발" 목적에 해당한다면 타깃 마케팅 목적이 아닌 이상 계열사 간의 정보공유가 허용된다.

정리

- 빅데이터 서비스에서 활용되는 정보는 개인정보라고 생각하고 업무를 하는 것이 합리적이다.
- 원칙적으로는 동의를 받고 정보를 활용하여야 하나 현실적으로는 어려운 경우에는 다음의 방안을 생각해볼 수 있다.
  - 통계작성, 과학적 연구 목적의 빅데이터 서비스의 경우에는 가명처리 후 동의 없이 이용이 가능하다.
  - 동의 받은 목적과 합리적인 관련성이 있는 목적의 빅데이터 서비스라면 동의 없이 이용이 가능하다.
  - 금융지주회사와 계열사 간에는 상품 및 서비스 개발 목적의 빅데이터 분석을 위해 동의 없이 정보의 공유가 가능하다.

제2부
디지털금융 서비스와 법률

제3장

마이데이터 서비스와 법률

KOREA BANKING INSTITUTE

제3장

마이데이터 서비스와 법률

제1절 개론

마이데이터란 정보주체가 자신의 정보사용을 허락할 경우 마이데이터 사업자가 정보를 한곳에 모아 통합관리해주는 서비스를 말한다. 소비자는 휴대폰 앱을 통해 자신의 정보를 간편하게 관리할 수 있고 금융사 입장에서는 소비자의 실정에 맞는 맞춤형 자산관리와 컨설팅 등의 금융서비스를 제공할 수 있다.

마이데이터 서비스는 2022. 1. 5.부터 본격 시행되었는데 현재는 은행, 증권, 카드, 저축은행, CB, 핀테크 등 모든 금융 분야의 회사들이 서비스를 제공하고 있다.

〈그림 2-3-1〉 마이데이터 서비스

출처: 마이데이터 종합포털

마이데이터 서비스로 인해 디지털금융상품의 판매·이용 경로가 변화할 것으로 예상되는데, 기존의 각 금융사 채널(앱/웹)에 고객이 접속하여 상품을 확인하고 계약하던 방식에서 벗어나 개별 금융사는 금융상품의 생산에만 집중하여 이를 마이데이터 플랫폼에 제공하고, 마이데이터 플랫폼은 상품들을 비교·분석하여 최적의 상품을 고객에게 제시하며 고객은 마이데이터 플랫폼을 통해 상품을 구매하는 구조로 변화할 것으로 보인다. 따라서 금융사들은 판매 마케팅보다는 매력적인 금융상품을 생산하는 데 더 많은 자원을 투입하게 될 것이고 금융상품의 판매에 있어서는 마이데이터 사업자가 중요한 player로 부각될 것이다.

〈그림 2-3-2〉 마이데이터 서비스 도입에 따른 변화

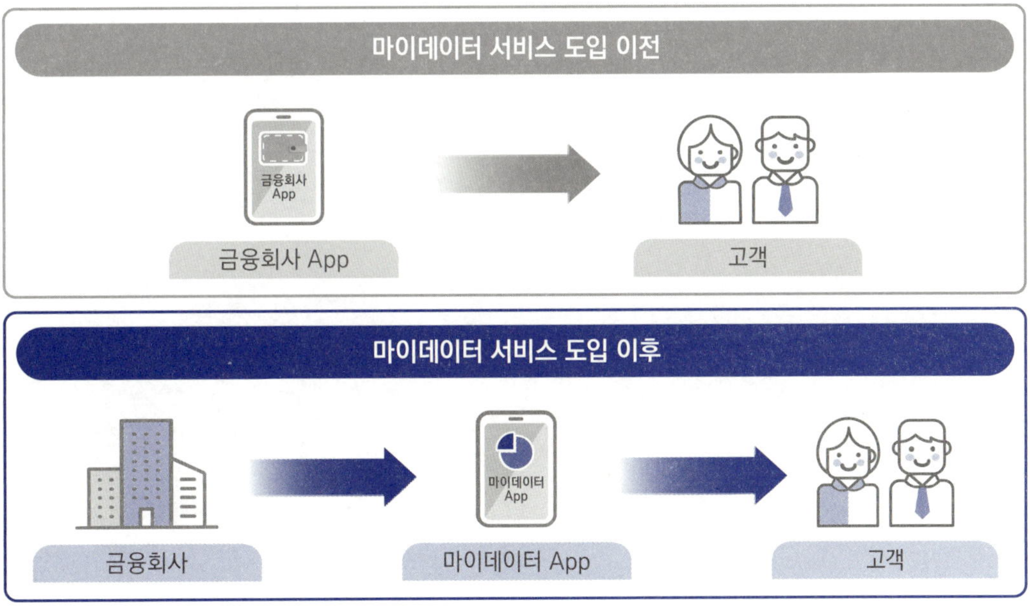

한편, 2023. 3. 14. 공포된 개인정보 보호법에도 정보전송요구권이 포함되어 있다. 다만, 시행일이 "공포 후 2년이 넘지 아니하는 범위에서 대통령령으로 정하는 날"로 되어 있어서 아직 시행일이 확정되지 아니한 상태이나 공포 후 2년을 넘지 아니하는 범위 내이므로 늦어도 2025. 3. 15.에는 시행될 것이다. 이어서 자세히 설명하겠지만 "정보전송

요구권"은 마이데이터가 가능하게 하는 권리이므로 개인정보 보호법에 "정보전송요구권"이 포함되었다는 의미는 全분야 마이데이터를 시행하는데 필요한 법률적인 요건은 모두 갖춰졌다는 것을 의미한다.

마이데이터 서비스의 미래, 전망, 시사점 등의 분석은 이미 수많은 책, 보고서, 기사들로 시중에서 쉽게 접할 수 있으므로 본 서에서는 이에 대한 언급은 지양하려고 한다. 본 서가 법률 상식에 초점을 둔 책일 뿐만 아니라 이러한 내용들은 이미 시중에 나와 있는 자료보다 더 잘 설명할 자신도 없기 때문이다. 본 서는 마이데이터의 법률 이슈에 대해서만 다루도록 하겠다.

제2절 마이데이터 서비스 관련 주요 법률 이슈 •••

마이데이터에 관한 법률을 이해하기 위해서는 크게 두 개의 개념을 잘 이해하여야 하는데, 하나는 "정보전송요구권"이고 다른 하나는 흔히 마이데이터업이라고 불리는 "본인신용정보관리업"이다.

"정보전송요구권"은 정보주체가 자신의 정보를 본인 또는 제3자에게 전송할 것을 요구하는 권리를 의미하고 "본인신용정보관리업"은 고객의 정보를 모아서 한꺼번에 보여주는 업을 의미하는데, 신용정보법에서 "본인신용정보관리업"을 수행하기 위하여 정보를 한곳에 모으는 수단으로 "정보전송요구권"이 활용되므로 두 개념이 연결된다.

그러나 엄밀히 말하면 정보전송요구권은 정보주체가 자신의 데이터에 대한 권리를 가지는 것, 즉 데이터주권을 보호하기 위한 것이고, 본인신용정보관리업은 데이터의 독점 현상이 심한 금융권에서 다양한 회사들이 고객의 개인신용정보를 보유·관리할 수 있도록 함으로써 데이터의 활용을 장려하기 위한 것이므로 그 목적에 차이가 있다.

1. 본인신용정보관리업(마이데이터업[57)])

신용정보법에서, 마이데이터업이란 개인인 신용정보주체의 신용관리를 지원하기 위하여 신용정보를 통합하여 그 신용정보주체에게 제공하는 행위를 영업으로 하는 것을 의미한다. 따라서 마이데이터의 핵심은 "통합조회"라고 할 수 있다.

마이데이터 라이선스를 취득하게 되면 고유업무인 "본인신용정보 통합조회 서비스"를 할 수 있는데, 이는 고유업무이므로 라이선스가 있는 자만이 영위할 수 있다.

이 외에도 마이데이터 사업자는 신용정보법에서 정한 겸영업무와 부수업무도 수행할 수 있는데, 겸영업무로 투자자문업 또는 투자일임업(전자적 투자조언장치를 활용한 경우만 가능), 전자금융업, 금융상품자문업 등을 수행할 수 있으며, 부수업무로 데이터 분석·

57) 이하에서는 흔히 통용되는 "마이데이터업" 또는 "마이데이터"라는 용어로 통일하여 사용하겠다.

컨설팅 및 제3자 제공업무, 정보계좌업무 등을 수행할 수 있다.

〈표 2-3-1〉 마이데이터 사업자의 업무범위

구분	내용
고유업무	• 본인 신용정보 통합조회
부수업무	• 데이터 분석 및 컨설팅 업무, 데이터 판매 및 중개 업무 • 정보계좌서비스(개인신용정보 관리계좌 제공) • 정보전송요구권 등 대리행사 • 금융상품에 대한 광고, 홍보 및 컨설팅 • 본인인증 및 신용정보주체의 식별확인 업무 • 기업 및 법인 또는 그 상품 홍보·광고 • 가명정보나 익명처리한 정보를 이용·제공하는 업무 등
겸영업무	• 투자자문·투자일임업 • 전자금융업, 금융상품자문업 • 신용정보업, 금융상품 판매대리·중개업 • 온라인투자연계금융업, 대출의 중개 및 주선 업무, 본인확인기관의 업무 • 금융관계법률에 따라 허가·인가·등록 등을 받아 영업 중인 금융회사의 경우 해당 법령에서 허용된 고유·겸영·부대업무 • 비금융법률이 금지하지 않는 업무 • 데이터전문기관의 업무, 여전법에 따른 가맹점모집인의 업무

1) 허가 요건

마이데이터업은 소규모 핀테크 업체들도 라이선스를 취득할 수 있도록 다른 금융 라이선스와 비교하여 일부 요건들이 완화되어 있다.

최소자본금 요건이 5억 원으로 비교적 소액이고, 금융기관의 50% 이상 출자 요건도 적용되지 아니한다. 인력요건 또한 제한을 두고 있지 않다. 그러나 초기 핀테크 업체들에게는 자본금 5억 원도 적지 않은 규모이고 인력 요건은 제한이 없다고 하더라도 허가에 필요한 정보처리·정보통신설비 요건이 매우 엄격하여 라이선스의 취득이 쉽지 않은 상황이다. 따라서 금융데이터의 접근 장벽을 낮추겠다는 취지로 만든 라이선스가 오히려 그 장벽을 높인 것이 아닌지 우려스럽기는 하다.

예전에는 스크래핑 기반으로 정보를 가져와서 나름의 독창적인 방식으로 통합조회 서비스를 제공하던 소규모 스타트업 업체들이 졸지에 위법한 서비스를 운영하는 업체로 전락해버렸으니 말이다.

〈표 2-3-2〉 마이데이터업 허가요건

요건	개요	신용정보의 이용 및 보호에 관한 법률		
		법	시행령	감독규정
자본금 요건	• 최소자본금 5억 원	제6조 제2항 제1호의4		
물적 요건	• 시스템 구성의 적정성 • 보안체계의 적정성	제6조 제1항 제1호	제6조 제1항 제5호, 제2항 제2호	제6조 〈별표 2〉
사업계획 타당성 요건	• 수입·지출 전망의 타당성 • 조직구조 및 관리·운용체계의 사업계획 추진 적합성 • 조직구조 및 관리·운용체계의 이해 상충 방지 등 건전 영업 수행 적합성	제6조 제1항 제2호	제6조 제3항	
대주주 적격성 요건	• 대주주의 출자능력, 재무건전성 및 사회적 신용	제6조 제1항 제3호	제6조 제4항 〈별표 1의2〉	제7조 〈별표 2의2〉
임원자격 요건	• 선임(예정) 임원이 금융회사의 지배구조에 관한 법률의 요건을 충족	제6조 제1항 제3호의2, 제22조 제1항, 지배구조법 제5조	지배구조법 시행령 제7조	
전문성 요건	• 본인신용정보관리업무 수행에 충분한 전문성	제6조 제1항 제4호		

출처: 본인신용정보관리업 허가 매뉴얼

허가요건 중에 가장 이슈가 되는 것은 대주주(발행주식 총수의 100분의 10 이상의 주식을 소유한 자) 요건이다. 마이데이터에 관심이 있는 독자라면 2021년 초에 하나금융그룹, 카카오페이 등이 대주주 요건을 충족하지 못해서 마이데이터 심사에 탈락했다는 기사를 본 적이 있을 것이다.

2021. 9. 30. 개정되기 전의 신용정보법 및 하위고시에서는 "대주주를 상대로 형사소송 절차가 진행되고 있거나 금융위원회, 국세청 또는 금융감독원 등(외국기업인 경우에는 이들에 준하는 본국의 감독기관 등을 포함한다)에 의한 조사·검사 등의 절차가 진행되고 있고, 그 소송이나 조사·검사 등의 내용이 승인심사에 중대한 영향을 미칠 수 있다고 인정되는 경우에는 그 소송이나 조사·검사 등의 절차가 끝날 때까지 심사를 중단한다"는 규정을 두고 있었다.

금융당국은 본 규정의 내용 중 "형사소송 절차가 진행되고 있거나"라는 내용을 넓게 해석하여 검찰 수사 단계까지 포함한다고 보았고 "승인심사에 중대한 영향"에 대해서도 넓게 인정하는 해석을 하였다. 당시, 하나금융지주는 특정인에 대한 특혜대출과 관련한 은행법 위반 혐의 등으로 2016년 참여연대로부터 고발을 당한 후 후속절차의 진행 없이 약 4년이 경과한 후였고 카카오페이는 대주주인 앤트그룹의 중국 금융당국 제재 이력확인을 받지 못하고 있는 상황이었다.

결국 하나금융지주의 자회사인 하나은행, 하나금융투자, 하나카드, 핀크는 승인심사에 중대한 영향을 미칠 수 있는 형사소송 절차가 진행 중이라는 이유로, 카카오페이도 중국 감독기관에 의한 조사·검사 등의 절차가 진행되고 있는지 여부를 알 수 없다는 이유로 심사가 중단되었고 2021. 2. 5. 관련 서비스를 중단하는 상황에까지 이르게 되었다.

당시 ○○ 서비스 중단 안내문

안녕하세요. ○○입니다.

신용정보법 내 본인신용정보관리업 신설에 따라 현재 제공 중인 서비스 중 일부를 잠시 중단하게 되었습니다.
일부 중단되는 서비스 외 ○○의 다른 모든 서비스는 정상적으로 이용이 가능하며, 더 나은 서비스로 보답하는 ○○가 되겠습니다.

중단일자: 2021.2.5.(금) 자정

[중단 서비스 목록]
- 통합조회
  (은행, 카드, 증권, 현금영수증, 대출정보)
- 소비히스토리
- 정기결제 알림 서비스
- 습관저금

출처: 저자 재구성

한편, 당시 네이버파이낸셜의 경우에도 대주주인 미래에셋증권에 대한 검찰 조사로 인해 심사가 중단될 위기에 있었으나 미래에셋증권의 지분율을 조정하여 대주주에서 제외하는 방법으로 문제를 해결하고 무난히 라이선스를 취득하였다.

이러한 일련의 과정을 통해서 대주주 요건에 대한 몇 가지 문제점들이 제기되었는데, 고발 후 후속절차가 진행되지 않고 있는 상황까지 심사중단 사유로 보는 것은 이를 악용할 여지가 있을 뿐만 아니라 지나치게 불합리한 조치라는 점, 핀테크 업체들은 해외투자를 받는 경우가 많이 있는데, 해외 대주주에게 외국 감독당국의 확인서를 요구하는 것이 현실적으로 쉽지 않다는 점, 대주주의 적격성 못지않게 허가신청 당사자의 적격성도 중요한데 이는 허가 기준에 없다는 점[58) 등이었다.

따라서, 대주주 요건에 대한 개선이 필요하다는 의견이 지속적으로 제기되었고, 금융위원회는 법적 안정성을 훼손하지 않는 범위 내에서 법적 불확실성을 최대한 해소하고 허가 신청인의 예측가능성을 높여 제도의 실효성을 제고하는 방향으로 관련 법령을 개선할 예정이라고 발표하였다.

이후 2021. 9. 30. 신용정보업감독규정의 관련 규정이 대주주에 대한 소송·조사·검사 등을 이유로 심사가 중단된 경우 중단일로부터 6개월 경과 시마다 심사재개 여부를 판단하는 방식으로 개정되었다.

58) 당시 신문기사에서는 이러한 상황을 "아버지(대주주)의 잘못으로 죄 없는 아들(계열사)을 과도하게 벌하는 것도 이상하지만, 정작 아들의 잘못에는 아무 제재가 없다"고 지적한 바 있다.

〈표 2-3-3〉 관련 규정의 변경 내용

▸ **신용정보업감독규정**

제5조(신용정보업 등의 허가 등의 절차) 제6항

변경 전	변경 후
제5항 전단에 따른 심사기간을 산정할 때에는 다음 각 호의 어느 하나에 해당하는 기간은 심사기간에 산입하지 아니한다.	제5항 전단에 따른 심사기간을 산정할 때에는 다음 각 호의 어느 하나에 해당하는 기간은 심사기간에 산입하지 아니한다. 다만, 금융위원회는 제3호에 따라 심사를 중단한 경우 소송이나 조사·검사 등의 진행경과 등을 고려하여 필요하다고 인정하는 경우 심사를 재개할 수 있으며, 심사를 중단한 날부터 매 6개월이 경과할 때마다 심사 재개 여부를 판단하여야 한다.

〈그림 2-3-3〉 심사중단제도 개선 사항

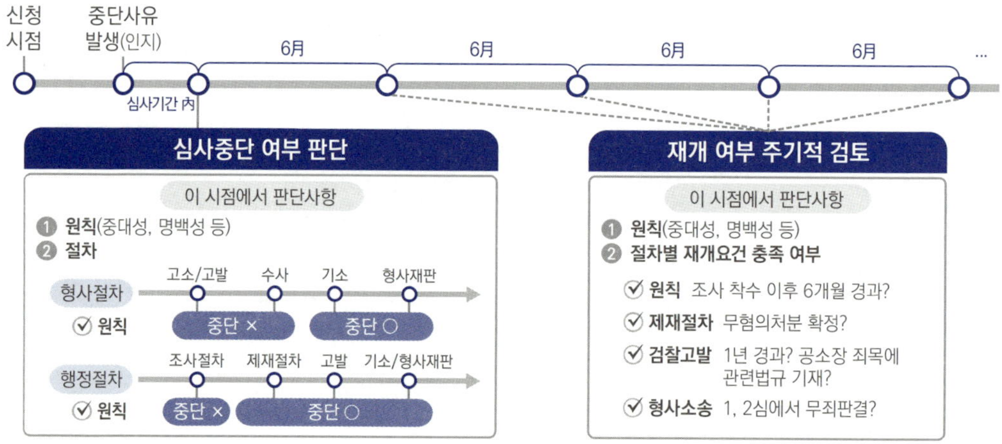

출처: 금융위원회(2021)

앞서 언급했던 하나은행, 하나금융투자, 하나카드, 핀크는 규정 개정 전에 이미 심사재개 결정이 내려져[59] 2021. 7. 13. 마이데이터 허가를 취득하였으며, 카카오페이도 뒤늦게 중국 금융당국의 확인을 받아 같은 날 마이데이터 허가를 취득하였다.

59) 금융위원회는 2021. 3. 21. 소비자 피해 발생가능성, 산업 특성 등을 고려하여 심사중단이 신청인의 예측가능성과 심사받을 권리를 침해할 우려가 큰 경우에 해당한다고 보아 심사재개가 가능하도록 하였다.

위에서 언급한 회사 중 한 회사의 허가 절차를 함께 준비했었는데, 4년간 아무런 절차가 진행되지 않았던 일로 인해 심사 자체를 받을 수 없게 됐다는 점에 대해 상당한 무력감을 느꼈었던 기억이 있다. 회사 구성원들과 함께 기술실사, 사업성심사 등의 준비도 매우 열심히 했는데 아무런 의미가 없게 되었다. 결국 오늘을 기준으로 보면 해피엔딩이어서 매우 다행이기는 하지만, 회사에서 라이선스 허가를 준비하려고 할 때 사전에 허가요건에 부족함이 없는지 매우 꼼꼼하게 따져보아야 한다는 교훈을 얻은 사건이었다.

허가요건 중 한 가지 더 주의해야 하는 요건은 "정보처리·정보통신설비 요건"이다.

마이데이터업 허가에 필요한 정보처리·정보통신설비 요건은 신용정보업감독규정 별표 2에 자세히 나와 있는데, 전자금융감독규정의 정보기술부문 및 전자금융업무에 관한 의무 못지않게 엄격한 요건들을 요구하고 있다. 예를 들어, 단말기 망분리 및 전산센터 망분리 요건을 충족하여야 하며, 클라우드 서비스에 관한 의무 규정도 준수하여야 한다. 앞서 설명한 바와 같이 핀테크 업체들은 이런 의무들을 모두 준수할 수 있을 정도의 자본력을 갖추지 못한 경우가 많으므로 허가신청에 앞서 감당할 수 있는 정도의 부담인지에 대한 판단이 필요하다.

2. 정보전송요구권(신용정보법 제33조의2)

1) 정보전송요구권이란

정보전송요구권은 정보주체가 금융회사 등에게 회사가 보유하고 있는 본인에 관한 개인신용정보를 마이데이터 사업자 등에게 전송하여 줄 것을 요구할 수 있는 권리이다. 전송요구를 받은 금융회사 등은 지체 없이 이에 응해야 한다.

그러면 “정보전송요구권”이 이미 법에서 허용하고 있던 “제3자 제공 동의”와는 어떠한 차이가 있는 것일까?

제3자 제공 동의는 정보를 보유하고 있는 사업자가 제3자에게 정보를 제공하려고 할 때 고객은 수동적으로 허용 또는 거절 의사만을 표시할 수 있는 것이고 “전송요구”는 고객이 스스로의 의지로 자신의 정보를 수령할 자를 정하고 사업자가 이를 실행하도록 요구하는 것이다.

따라서 제3자 제공 동의는 정보주체가 수동적 지위에서 허락 여부만을 결정하는 것에 불과하나 전송요구는 정보주체가 능동적으로 자신의 정보의 이동을 결정하는 것으로서 정보전송요구권이 인정되어야 정보주체에게 자신의 데이터에 대한 주권이 있다고 할 수 있다.

정보전송요구권의 대상이 되는 정보의 범위는 정보처리장치로 처리된 신용정보로서 신용정보주체로부터 수집한 정보, 신용정보주체가 제공한 정보, 신용정보주체와의 권리·의무 관계에서 생성된 정보를 포함하여, 그 범위가 매우 넓다. 다만, 전송요구를 받은 회사가 개인신용정보를 기초로 별도로 생성하거나 가공한 신용정보는 전송범위에서 제외된다. 이는 고객이 제공한 정보를 가공·분석하여 만들어낸 정보는 회사의 노하우가 들어간 2차 정보이므로 이를 다른 회사에 그대로 넘기는 것은 형평성에 맞지 않기 때문이다.

▸ 신용정보의 이용 및 보호에 관한 법률

제33조의2(개인신용정보의 전송요구) ② 제1항에 따라 개인인 신용정보주체가 전송을 요구할 수 있는 본인에 관한 개인신용정보의 범위는 다음 각 호의 요소를 모두 고려하여 대통령령으로 정한다.

1. 해당 신용정보주체와 신용정보제공·이용자등 사이에서 처리된 신용정보로서 다음 각 목의 어느 하나에 해당하는 정보일 것
   가. 신용정보제공·이용자등이 신용정보주체로부터 수집한 정보
   나. 신용정보주체가 신용정보제공·이용자등에게 제공한 정보
   다. 신용정보주체와 신용정보제공·이용자등 간의 권리·의무 관계에서 생성된 정보

2. 컴퓨터 등 정보처리장치로 처리된 신용정보일 것
3. 신용정보제공·이용자등이 개인신용정보를 기초로 별도로 생성하거나 가공한 신용정보가 아닐 것

2) 전송 요구방법 및 절차

정보주체가 자신의 정보의 전송을 요구할 시에는 자신의 정보를 보유하고 있는 자(즉, 정보제공자)에게 ① 전송요구를 받는 자, ② 전송을 요구하는 개인신용정보, ③ 개인신용정보를 제공받는 자, ④ 정기적인 전송을 요구하는지 여부 및 요구하는 경우 그 주기, ⑤ 전송요구의 종료시점, ⑥ 전송을 요구하는 목적, ⑦ 전송을 요구하는 개인신용정보의 보유기간을 특정하여 요구하여야 한다.

현재에는 금융분야 마이데이터 서비스 가이드라인 부록 2에 ①~⑦에 기재하여야 하는 내용까지도 대부분 예시로 특정하고 있으므로 정보전송요구서의 작성은 어렵지 않다.

전송방식은 전송요구를 받은 회사가 전송요구를 받은 개인신용정보를 컴퓨터 처리가 가능한 방식으로 즉시 전송해야 하는데, 여기서 "즉시"는 5분 이내를 의미한다고 해석하고 있다.

참고

관련 규정의 내용을 보면, 컴퓨터 처리가 가능한 방식으로 전송해야 하는 것은 최근 5년 내의 개인신용정보이다. 따라서 5년이 지난 개인신용정보의 전송요구가 있는 경우에는 즉시 전송의무가 적용되지 아니하고 출력문서 등과 같이 사람이 인지할 수 있는 방식(컴퓨터 등 정보처리장치로 처리 가능한 방식 외의 방식)으로 제공하는 것도 가능하다.

3. 마이데이터 서비스(with 정보전송요구권)

신용정보법에서 마이데이터업이라는 새로운 라이선스가 생겼고, 정보전송요구권이라는 새로운 권리가 정의되었다. 이 두 가지가 얽혀서 마이데이터 서비스가 형성되는데, 디지털금융을 잘 알기 위해서는 이 부분을 특히 잘 이해하여야 한다.

이해를 쉽게 하기 위하여 마이데이터 서비스가 진행되는 과정에 따라 그 내용을 설명해보고자 한다.

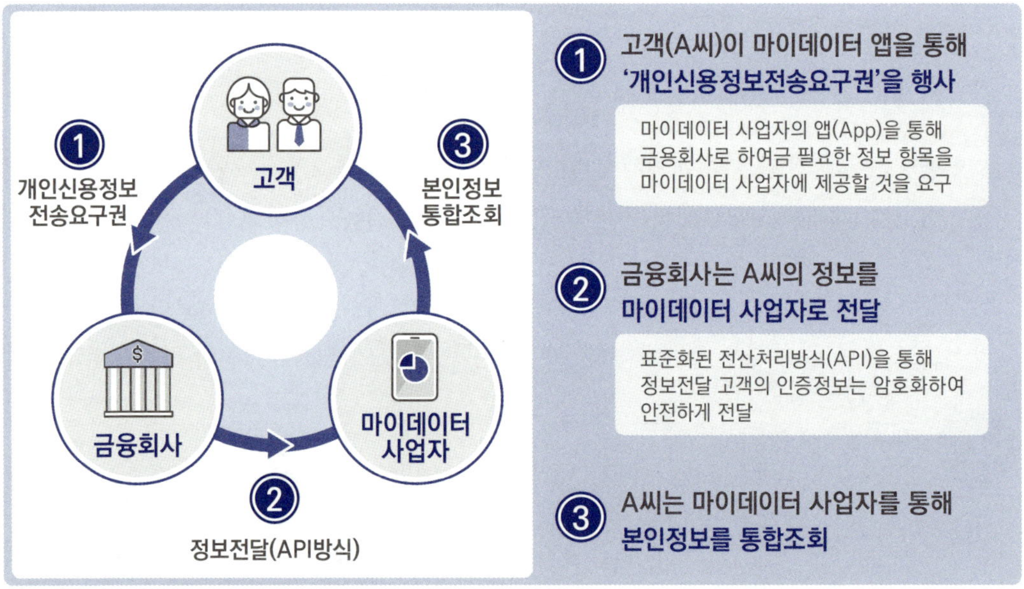

출처: 마이데이터 종합포털

그림의 ①번 단계

마이데이터 서비스가 진행되기 위해서는 정보를 보유하고 있는 회사에서 마이데이터 사업자로의 정보이동이 필요한데, 이를 가능하게 해주는 방법이 정보전송요구권이다. 앞서 말한 바와 같이 정보전송요구권은 정보전송을 요구하는 권리이기 때문에 "마이데이터"에서만 이용되는 권리가 아니다. 단지, 마이데이터 사업자에 본인의 정보를 집중시키기 위한 가장 간편하고 안전한 수단으로 정보전송요구권을 채택한 것이다.

고객이 정보전송요구권을 통해 전송을 요구할 수 있는 개인신용정보 항목은 법에서 상당히 꼼꼼하게 정하고 있다(신용정보법 시행령 제28조의3 제6항을 참고하면 된다. 여기에 기재되어 있는 항목만 전송요구가 가능하다). 자세히 읽어보면 의외로 많은 정보 항목들이 전송대상에서 제외되어 있는 것을 확인할 수 있다. 이는 금융회사, 핀테크업체, 유관협회 등 다양한 이해관계자들이 여러 차례 협의를 통해 정보 항목을 정한 것이기 때문이다. 따라서 회사에서 마이데이터 서비스를 계획하고 있다면 전송받아서 이용하고자 하는 정보가 별표1의 항목에 포함되어 있는지를 반드시 확인하여야 한다.

참고

적요정보 전송 관련

초기 정보전송요구권의 대상이 되는 정보항목에 적요정보가 포함되어 있지 아니하였다. 적요정보란 계좌입출금 거래 관련 수취·송금인 계좌·성명·메모 등이 기록된 정보로서 본인이 직접 내용을 기록하지 않는 경우에는 수취·송금인 실명이 기록된다.

정보제공자 측인 금융회사들은 전송을 요구하는 본인 외 제3자의 정보가 포함되어 있는 등 적요정보는 민감한 정보이므로 오남용 우려 등으로 인해 제공이 어렵다는 입장이었고 마이데이터 사업자는 고객 지출관리 서비스의 완결성 등 소비자 편의 차원에서 적요정보 제공이 필요하다는 입장이었다.

결국 최종적으로는, 적요정보에 대해서는 통합정보조회 목적 이외의 활용을 금지하면서 이러한 경우에도 다음과 같은 위험 문구를 따로 고지하고 정보전송요구권과는 별도로 수집·이용에 대한 동의를 받는 경우에만 전송이 가능하도록 하는 것으로 절충적인 결론을 내리게 되었다.

▸ 알림 문구 예시

[계좌정보의 적요 항목]에는 송금인/수취인명 정보 등 본인의 사생활 및 경제활동 등에 관련된 상세한 정보가 포함되어 있습니다. 정보 전송은 본인의 책임과 판단하에 신중하게 결정하여 주시기 바랍니다.

참고

전자결제정보 전송 관련

한때 이커머스업체들이 자신들이 왜 마이데이터 사업자에게 '쇼핑정보(주문내역 정보)'를 제공해야 하는지 의문을 제기하여 이슈가 되었던 적이 있다. 이는 신용정보법상 전자금융업자[60]도 정보전송요구권에 기해 정보를 전송해야 하는 자에 해당하고 전송 정보항목에 전자지급수단 관련 정보로서 "주문내역정보"가 포함되어 있기 때문이다.

이 논쟁은 사생활 침해가능성을 최소화하기 위해 주문내역정보를 다음의 13개의 카테고리로 구분하여 가공정보 수준으로 전송하는 것으로 마무리되었다. 최근에는 오히려 이커머스업체들이 마이데이터 사업자가 되는 경우에는 금융회사가 제공하는 정보보다 이커머스업체가 제공하는 정보가 더 제한적이어서 역차별이 발생할 수 있다는 논쟁이 계속 벌어지고 있다.

〈표 2-3-4〉 주문내역정보 13가지 카테고리

구분	카테고리 포함 품목 예시
가전/전자	가전 및 주변기기(소프트웨어 포함)
도서/문구	서적, 사무 문구
패션/의류	의복, 신발, 가방, 패션용품 및 액세서리
스포츠	스포츠용품
화장품	화장품
아동/유아	아동/유아용품
식품	음식료, 농축수산물
생활/가구	생활용품(꽃 포함), 자동차용품, 가구, 애완용품
여행/교통	여행용품, 교통 관련 결제
문화/레저	영화표 등
음식	음식 배달
e쿠폰/기타서비스	기프티콘, 상품권 등
기타	기타

그림의 ②번 단계

마이데이터를 이야기하다 보면 API(Application Programming Interface)라는 용어가 종종 나온다. 이는 마이데이터 사업자와 정보제공자 간 개인신용정보를 송수신하기 위해

60) 전자지급결제대행업(PG)자, 선불전자지급수단업자 등

미리 정의한 표준화된 전송규격 및 절차를 의미하는데, 마이데이터에서의 정보이동은 표준화된 API방식에 따라야 한다.

여기에서 착각하지 말아야 하는 점은 마이데이터 서비스에서만 API방식을 의무화한다는 점이다. 따라서 고객이 정보전송요구권을 이용하여 자신의 정보를 마이데이터 사업자가 아닌 제3의 금융회사에 전송하기를 원한다면 이 경우에는 API방식이 강제되지 않는다.

마이데이터 사업자는 스크래핑이 금지된다는 점도 꼭 기억하여야 한다. 마이데이터 사업자는 API방식으로만 정보를 전송받아야 하고 스크래핑을 통한 정보수집은 금지된다. 이를 위반하는 경우에는 6개월 이내의 기간 내에서 그 업무의 전부 또는 일부가 정지될 수 있고 과태료가 부과될 수도 있다.

스크래핑 금지와 관련하여서는 다음 두 가지 이슈가 있었는데, 그 답을 꼭 기억해두자.

1) 본인신용정보관리업 허가를 받지 않으면 스크래핑 방식으로 계속 정보를 수집하는 것이 가능한지?
   법에서 본인신용정보관리업 허가를 받은 자의 스크래핑만 금지하고 있으므로 허가를 받지 않은 자는 계속 스크래핑으로 정보를 수집할 수 있다. 단, 허가가 없으므로 정보통합조회 서비스가 불가능하다는 점을 잊지 말아야 한다.

2) 금융회사가 본인신용정보관리업 허가를 받더라도, 본인신용정보관리업 업무와 관련 없는 업무에 대해서는 스크래핑 방식으로 정보를 수집할 수 있는지?
   은행을 예로 들면, 대출심사 등 다양한 업무에 스크래핑 방식의 정보 수집을 해오고 있었는데, 은행이 마이데이터 라이선스를 받았다는 이유만으로 이러한 목적의 스크래핑까지 금지되는지 여부이다. 만약 금지된다고 하면 마이데이터업으로 인해 얻을 수 있는 이익과 스크래핑 금지로 인해 잃게 되는 손해를 비교하여 라이선스 신청 여부를 결정하여야 하기 때문에 상당히 중요한 이슈이다.
   이에 금융위원회는 본인신용정보관리회사가 고객의 정보전송요구권에 근거하여 고객에게 '신용정보를 교부할 목적'(즉 통합신용조회 서비스 목적)인 경우 스크래핑 방식의 수집이 금지되는 것이므로 고객의 정보전송요구권 행사로 인한 신용정보 교부 목적과 무관하게 대출 심사 등 본래의 은행 업무를 위한 개인신용정보 수집에 있어서는 스크래핑 방식이 허용된다고 해석하였다.

정보 전송 시 마이데이터 사업자가 빈번하게 전송을 요구하는 경우 정보제공자의 서버에 과부하가 걸릴 수 있다. 따라서 전송을 요구할 수 있는 주기를 제한하고 있는데, 정보주체가 정기적 전송여부와 1주~4주 중 얼마의 간격으로 정기적 전송을 받을지를 선택하도록 하고 있다[61]. 다만, 고객이 앱을 열거나 앱 내 조회버튼을 클릭하는 등의 행위를 통해 직접 전송요구를 한 것으로 볼 수 있는 경우에는 "비정기적 전송"으로 보아 주 1회와는 별개로 횟수 제한 없이 전송요청이 가능하다. 즉 이용자가 마이데이터 서비스 가입 시 "정기적 전송" 부분을 체크(☑)한 경우에는, 이용자가 앱을 실행하는지 여부와 상관없이 마이데이터 사업자가 정기적으로 주 1회씩 정보를 가져올 수 있으며, 이용자가 앱을 실행하거나 새로고침 등을 누르는 경우에는 주 1회와는 별개로 정보를 가져오는 것이 가능하다.

한편, 정보전송요구권을 이용한 정보전송의 경우 정보제공자가 무상으로 제공해야 하는 것이 원칙이나 정기적 전송이 많아지면 정보제공자의 서버에 부담이 되기 때문에 정기적 전송에 한해 정보제공자가 마이데이터 사업자에게 비용을 청구할 수 있도록 하는 규정을 두었다.

61) 정보주체가 정기적 전송을 선택한 경우라고 하더라도 6개월 동안 로그인하지 않는다면 정기적 전송은 자동으로 중단된다.

참고

▸ **마이데이터 과금체계**

2023. 12. 27.부터 시행된 개정 신용정보업감독규정에서 과금산정원칙을 정하고 있다.

> 제23조의4(개인신용정보 전송에 따른 비용의 산정기준) ① 종합신용정보집중기관은 영 제28조의4에 따른 개인신용정보 전송에 관한 협의회(이하 '협의회'라 한다) 논의를 거쳐 영 제18조의6제11항에 따른 비용의 산정기준 등을 정한다.
>
> ② 종합신용정보집중기관은 제1항에 따라 비용의 산정기준 등을 마련함에 있어 다음 각 호의 사항을 반영하여야 한다.
>
> 1. 비용은 법 제33조의2제4항에 따라 개인신용정보를 정기적으로 전송하는 데에 드는 적정원가를 보상할 수 있는 수준·방식으로 산정한다.
> 2. 제1호에 따른 적정원가는 개인신용정보 전송에 필요한 시스템 구축·운영비 등을 바탕으로 산정한다.
> 3. 필요한 경우 본인신용정보관리회사의 특성, 본인신용정보관리업의 단계 등을 종합적으로 고려하여 본인신용정보관리회사가 부담하여야 할 비용의 일부를 감액할 수 있다.
> 4. 비용 산정당시 예측할 수 없었던 불가피한 경제적 또는 경제외적 사유의 발생으로 적정원가의 현저한 증감이 있을 경우에는 증감요인을 반영하여 새로이 비용 산정을 할 수 있다.
>
> ③ 종합신용정보집중기관은 구체적 비용 항목, 비용 청구의 방식·시기 등에 대한 내부규약을 마련하여 협의회를 운영하여야 한다.

실제 금융위원회는 '정기적전송'에 투입된 비용 원가를 토대로 과금액을 정하였는데, 2023년에는 282억 원, 2024년에는 328억 원으로 확정하였다. 마이데이터 수익 모델이 여전히 불확실한 가운데, 비용 부담이 가중되며 자격 반납을 고려하는 사업자가 늘고있는 상황이다. 개별 마이데이터 사업자에 대한 과금은 '전체 API 호출 성공건수 비중'을 기준으로 배분되는데, 중소형 사업자(직전 3년 매출액 80억 원 이하)에 대해서는 비용이 50% 감액한다. 또한, 서비스 시행일 기준 1년 이내 사업자는 과금 대상에서 제외된다.

업계에서는, 2023년 과금 기준으로 네이버페이(네이버파이낸셜), 카카오페이, 토스(비바리퍼블리카) 3사가 200억 원 가량의 과금액을 부담하게 될 것으로 추정하고 있다.

참고

▸ 중계기관

정보제공자와 마이데이터 사업자 간의 정보전송은 원칙적으로는 모든 정보제공자가 API를 구축하여 데이터 이동의 제약이 없도록 하여야 한다. 그러나 규모나 보유하고 있는 신용정보의 양 등을 고려하였을 때 API구축 의무를 준수하는 것이 사실상 불가능하거나 그러한 의무를 부여하는 것이 불합리하다고 생각되는 경우가 있는데 이러한 경우에는 예외적으로 중계기관을 이용한 정보전송을 허용하고 있다. 중계기관은 신용정보원, 금융결제원, 코스콤, 한국정보통신진흥협회 등이 이에 해당된다.

중계기관을 활용하는 경우에는 중계기관과 마이데이터 사업자 간에만 API방식으로 통신하면 되고 중계기관과 중소형 정보제공자 간에는 중계기관이 정한 별도의 규격과 절차에 따라 정보를 송수신하면 된다. 따라서 중소형 정보제공자의 부담이 확 줄어들게 된다.

다만, 법에서 정하고 있는 요건을 충족하는 경우에만 중계기관을 이용할 수 있으므로 관련 규정(신용정보법감독규정 제23조의3)을 꼼꼼히 확인할 필요가 있다.

〈그림 2-3-4〉 중계기관을 이용한 정보전송 흐름

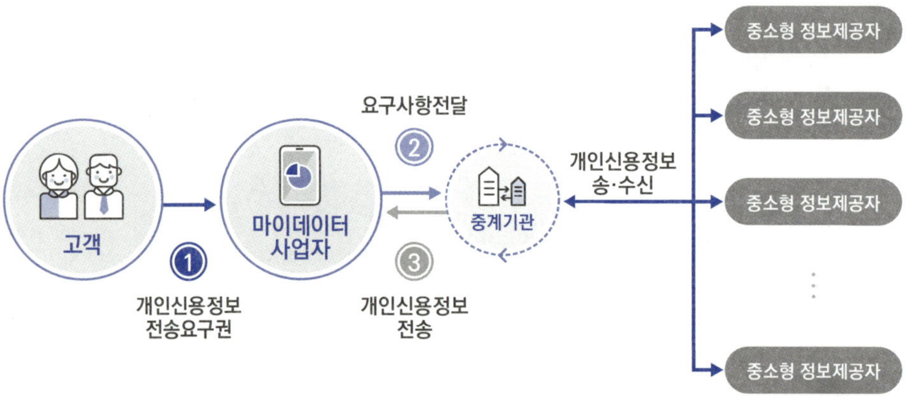

출처: 마이데이터 종합포털

그림의 ③번 단계

마이데이터 사업자가 고객에게 서비스를 제공하는 과정에서 다음과 같은 행위들이 금지된다. 법에서 정한 내용 중 주요 내용만 정리한 것이어서 일부 내용이 생략되어 있다는 사실에 주의하기 바란다.

- 개인인 신용정보주체에게 개인신용정보의 전송요구를 강요하거나 부당하게 유도하는 행위
- 본인신용정보관리회사 자신에 대해서만 전송요구를 하도록 강요하거나 부당하게 유도하는 행위
- 본인신용정보관리회사 자신이 아닌 제3자에게 전송요구를 하지 않도록 강요·유도하거나 제3자에 대한 전송요구를 철회하도록 강요하는 행위
- 정보전송요구권에 대한 대리행사를 강요하거나 부당하게 유도하는 행위
- 본인신용정보관리회사 자신 또는 제3자에 대한 전송요구의 변경 및 철회의 방법을 최초 전송요구에 필요한 절차보다 어렵게 하는 행위
- 본인신용정보관리회사의 이익을 위해 금융소비자에게 적합하지 않다고 인정되는 계약체결을 추천 또는 권유하는 행위
- 금융소비자에게 금융상품에 관한 중요한 사항을 이해할 수 있도록 설명하지 않는 행위
- 개인인 신용정보주체의 요구에도 불구하고 해당 신용정보주체의 신용정보를 즉시 삭제하지 않는 행위
- 특정 고객의 이익을 해하면서 자기 또는 제3자의 이익을 도모하는 행위
- 개인식별정보 등을 신용정보주체 동의 없이 유·무선 마케팅 등에 활용하거나 제3의 기관에 제공하는 행위
- 개인신용정보 전송 시 정기적 전송 여부 등을 고의로 변경하는 등 정기적 전송에 따른 비용의 지불을 회피하는 행위

4. 마이데이터 서비스 관련 해석

마이데이터 서비스가 도입된지 3년 밖에 되지 않았으므로 아직까지는 도출된 법률 이슈가 많지 않다. 서비스를 운영하면서 현업에서 여러 이슈를 던져야 이를 고민하는 과정에서 법령해석도 정립되고 Q&A 등도 만들어지게 되는 것인데 아직 이 내용이 많지 않다.

이는 바꿔서 얘기해보면, 아직까지 축적된 내용이 많지 않으므로 상대적으로 적은 시간과 노력만으로도 사내에서 전문가라는 평가를 받을 수 있다는 의미이기도 하다. 따라서 내용을 잘 숙지한다면 그 효과는 더 클 것으로 생각된다.

여기에서는 마이데이터와 관련한 금융당국의 다양한 해석들[62] 중에서 알아두면 좋을 내용을 정리해서 설명하고자 한다.

- 마이데이터 사업자가 마이데이터 서비스의 정보전송에 대해서만 API를 통해 정보를 수집하여야 하는 것이지 제3자 제공 동의 등 법에서 허용한 기존의 정보수집 방법을 이용하는 것에 대해서는 아무런 제약이 없다.
- 마이데이터 허가가 없는 경우 통합조회서비스를 제공할 수 없는 것이지 정보전송요구권에 기해 정보를 수집하여 기존에 영위하던 금융업에 활용하는 것은 가능하다.
- 타 금융그룹과의 제휴가 어려운 상황이어서, 자사 또는 소속 금융그룹 계열사 금융상품만을 추천하는 방식의 영업만 가능한 경우에도 소비자와의 이해상충 방지 등 본인신용정보관리회사의 행위규칙을 준수하는 범위 내라면 가능하다.
- 마이데이터 사업자도 정보제공자로서의 정보전송의 책임이 있는데, 전송항목의 범위에 "다른 기관으로부터 전송요구에 의하여 수집한 정보"는 포함되지 않는다.
- 중계기관을 이용하여 개인신용정보를 전송할 경우 해당 개인신용정보를 중계기관에서 저장·보관할 수는 없다.

62) 보도자료, 허가매뉴얼, 가이드라인 등에 있는 내용을 정리하였다.

- 전용 앱이 아닌 뱅킹 앱 등 별도 서비스의 인앱(in-app) 형태로 마이데이터 서비스를 제공할 경우에도 별도의 마이데이터 서비스 회원가입 및 탈퇴 절차는 필요하다.
- 마이데이터를 통해 수집한 정보를 정보주체의 동의를 받아 제3자에게 제공하는 것은 가능하나 제3자 제공(1차) 이후 제3자가 다른 기관으로의 재제공(2차)은 불가하다.
- 마이데이터 사업자로서 수집한 고객의 개인신용정보를 금융지주회사법 제48조의2(고객정보의 제공 및 관리)에 따라 고객 동의없이 계열사간에 제공하는 것은 불가능하다.
- 마이데이터 사업자는 전송받은 신용정보내역에 관한 기록을 신용정보주체에게 연 1회 이상 통지하여야 하는데, 이 경우 탈회 고객에 대해서도 통지하여야 한다. 다만, 탈회전 통지하였고 연 1회 통지 요건을 충족한 경우 추가 통지할 필요는 없다.
- 본업의 데이터와 마이데이터 사업을 통해 수집한 고객 데이터를 결합하여 분석하는 것이 가능한지 여부는 그 목적, 결합대상정보, 결합 및 분석의 수준 등이 다양할 것이므로 일률적으로 판단하기는 어려우며 Case by Case로 가능여부를 판단하여야 한다.

참고

▸ 마이데이터 2.0 시대

2024. 4. 금융위원회는 마이데이터 2.0 추진방안을 발표하였다. 기존의 마이데이터 서비스를 1.0으로 보고 업그레이드 버전을 발표한 것인데 마이데이터 서비스를 활성화하기 위해 현재의 규제를 일부 완화하고 규제가 불분명한 부분을 명확히 하는 것을 주요 내용으로 하고 있다.

마이데이터 2.0은 1) 법개정이 필요한 부분과 2) 가이드라인의 개정만으로 가능한 부분으로 나눌 수 있는데, 주요 내용은 다음과 같다.

1) 법개정이 필요한 부분

관련 내용을 반영하여 신용정보업감독규정이 개정되었다.

① 마이데이터 정보를 제3자에게 판매할 시 안심제공시스템 경유 의무 부여(25. 9. 1.부터 시행)

마이데이터 사업자가 정보주체의 동의를 받은 경우에는 마이데이터 정보를 제3자에 판매할 수 있다. 다만, 정보의 판매시 금융보안원에 구축된 안전성과 신뢰성이 확보된 전송시스템('안심제공시스템')을 경유하도록 의무화하였다.

⇒ 필자의 개인적인 의견으로는 정보주체의 동의를 받았음에도 불구하고 반드시 이러한 제한을 해야하는지 의문이 있다. 어쨌든 제3자에게 정보를 판매할 시 정보 보안을 높이고 활용 현황을 관리하기 위한 것이라고 한다. 모든 제3자 제공이 아닌 판매의 경우에만 적용된다는 점도 잘 알아두어야 한다.

② 청소년 이용 개선(25. 2. 5.부터 시행)

법정대리인의 동의 없이 스스로 마이데이터 서비스를 이용할 수 있는 연령을 19세→14세 이상으로 변경하여 청소년들이 마이데이터 서비스를 이용할 수 있도록 하였다.

③ 마이데이터 서비스 수단 확대(25. 2. 5.부터 시행)

그간 마이데이터 서비스는 앱을 통해서만 제공되어 디지털금융 취약계층이 활용하기 어렵다는 문제제기가 있었다. 따라서 개정규정에서는 오프라인에서도 서비스 제공이 가능하도록 하였다.

2) 가이드라인 개정만으로 가능한 부분

관련 내용을 반영한 가이드라인이 2024. 9. 개정되었으므로 이때부터 시행됐다고 보면 된다. 다만, 사업자들이 이를 반영한 시스템 개발을 2025년 1분기까지 완료할 것으로 예상되는바 실제로 이용자는 그 이후부터 개정 내용이 반영된 마이데이터 서비스를 이용할 수 있을 것이다.

① 이용자의 가입 유효기간을 현행 1년에서 최대 5년으로 연장하였다.

예전에는 마이데이터를 위한 전송요구의 유효기간을 1년으로 정하고 있었다. 따라서, 1년마다 새로운 전송요구를 받아야 하므로 사실상 가입 유효기간이 1년이었다. 그러나 마이데이터 2.0에서는 전송요구의 유효기간이 최장 5년으로 늘어나게 되었고 이용자는 가입시 1년~5년 중 하나를 선택하게 된다.

다만, 1년 이상 미접속하는 경우 이용자의 개인신용정보를 삭제하도록 하였으니 1년 동안 미접속시 사실상 휴면상태가 되는 것이라고 볼 수 있다.

② 정기적 전송 주기가 1주~1개월로 확대되었다.

예전에는 정기적 전송주기를 1주로 특정하여 이용자가 정기전 전송에 동의하는 경우 1주 간격으로 정보가 전송되었다. 그러나 마이데이터 2.0에서는 정기적 전송 주기가 최대 1개월까지 확대되었으므로 이용자는 가입시 1주~4주 중 하나를 선택하게 된다. 또한, 이용자가 앱에 6개월 이상 접속하지 않는 경우 해당 이용자에 대해 정기적 전송을 중단하도록 하였다. 다만, 정기적 전송이 중단된 고객이 다시 로그인할 경우 정기적 전송을 재개할 수 있다.

※ 마이데이터 2.0 추진방안에 포함되었던 내용 중에 일부 내용은 아직까지 구체적인 적용방안이 나오지 않은 상태이다. 따라서 향후 일부 개정내용이 더 추가될 수 있다.

정리

- 마이데이터 서비스를 이해하기 위해서는 1) 마이데이터업이 어떤 업인지, 2) 정보전송요구권은 어떤 권리인지, 3) 마이데이터 서비스는 어떻게 진행되는 것인지를 이해할 필요가 있다.
- 이와 관련해서는 본 서에 설명되어 있는 내용 전부가 다 중요한 내용이라고 생각하고 꼼꼼히 학습할 것을 추천한다.
- 또한, 아직 서비스 초기 단계이므로 축적된 내용이 많지 않다. 따라서 업데이트되는 내용을 지속적이고 주기적으로 모니터링하는 것이 중요하다. 마이데이터 2.0 추진 방안이 어떻게 구체화되는지도 꼭 모니터링하여야 한다.

제4장

통합멤버십 서비스와 법률

제4장

통합멤버십 서비스와 법률

제1절 개론

금융권에서 처음 통합멤버십 서비스를 도입한 것이 2015년이었는데, 현재는 대부분의 금융사들이 서비스를 운영하고 있을 정도로 평범한 서비스가 되었다. 필자가 처음 통합멤버십과 인연을 가지게 된 것도 2015년 모 금융사에서 금융권 최초 통합멤버십 서비스를 도입할 때였는데, 그때는 서비스가 가능한 방법을 찾아내고 법에서 명확하게 정하지 않은 것을 풀어내야 하는 만만치 않은 업무였다.

어쨌든 디지털금융 서비스의 하나인 통합멤버십 서비스에 대해서도 기본적인 법률지식을 알아 둘 필요가 있다.

〈표 2-4-1〉 5대 금융지주, 통합멤버십 포인트 사용 현황

(단위: 억 원)

구분		2019년 말	2020년 말	2021년 (3분기)
리브메이트 (646만 명)	사용·현금전환	1,237	1,322	1,294
	잔여포인트	2,528	2,595	2,533
신한플러스 (1614만 명)	사용·현금전환	1,141	1,182	1,205
	잔여포인트	2,437	2,495	2,572
하나멤버스 (1458만 명)	사용·현금전환	659	581	560
	잔여포인트	542	499	431
우리WON멤버스 (929만 명)	사용·현금전환	259	120	213
	잔여포인트	506	495	484
NH멤버스 (165만 명)	사용·현금전환	-	35	30
	잔여포인트	-	1,765	1,795

출처: 김희곤 의원실 보도자료(데일리안 기사 참고, 2021. 12.)

제2절 통합멤버십 서비스 관련 주요 법률 이슈 •••

초기 통합멤버십 서비스 도입을 검토하던 시기에는 멤버십포인트의 법적 성격이 무엇인지, 참여사 간에 포인트 내역을 공유하기 위해 어떠한 절차가 필요한지 등에 대한 고민이 있었다. 통합멤버십 서비스를 제공하기 위해 금융회사도 정보통신망법의 의무를 준수하여야 하는지 등도 이슈였으나 이 부분은 현재 너무 당연한 이야기이므로 따로 언급하지 않으려고 한다.

1. 포인트의 법적 성격

멤버십포인트 제도 운영을 위한 법적 의무를 확인하기 위해서는 "멤버십포인트"가 법에서 어떻게 정의되는지를 먼저 알아야 한다. 여기까지 잘 따라온 독자라면 제1부에서 배운 내용 중 한 가지 개념이 확 떠오를 것이라고 기대한다.

전자금융거래법에서는 이전 가능한 금전적 가치가 전자적 방법으로 저장되어 발행된 증표(전자적 방법으로 변환되어 저장된 증표를 포함) 또는 그 증표에 관한 정보로서 발행인 외의 제3자로부터 재화 또는 용역을 구입하고 그 대가를 지급하는데 사용되는 것을 "선불전자지급수단"이라고 정의한다.

멤버십포인트란 이전 가능한 금전적 가치가 전자적 방법으로 저장된 것일 뿐만 아니라 발행사 및 계열사가 함께 활용하는 포인트이므로 선불전자지급수단에 해당한다.

그렇다면 통합멤버십 서비스를 위해 어떠한 것을 준비하여야 할까?

이미 제1부에서 다 배운 내용이겠지만, 우선 선불전자지급수단업에 대한 등록을 하여야 한다. 등록을 하기 위해서는 자본금요건, 전자금융감독규정에서 정하고 있는 다양한 물적 요건 등을 준수하여야 하고 등록 이후에도 요건에 적법하게 시스템을 운영하여야 한다.

또한 선불전자지급수단에는 최대충전한도가 정해져 있으므로 이를 지켜가면서 포인트 제도를 운영하여야 한다.

2. 포인트 내역 공유

통합포인트를 운영하는 그룹사들을 보면 계열사 중 하나의 회사가 운영사를 담당하여 포인트 서비스와 관련된 모든 업무를 처리하는 것이 일반적이다. 통합멤버십 서비스의 운영을 위해서는 각 참여사가 회원의 포인트 적립/사용 내역을 운영사에 제공하여야 하는데(예를 들어 “홍길동, OO은행, 1,000포인트 적립(또는 사용)”), 이 정보가 금융실명법상의 금융거래정보인지 여부가 하나의 이슈가 된다.

참고

금융실명법 주요 내용

금융실명법의 주요 내용을 살펴보면, 금융회사는 명의인의 서면상의 요구나 동의가 있는 경우에만 그 금융거래의 내용에 대한 정보 또는 자료(이하 “거래정보등”)를 타인에게 제공할 수 있다(동법 제4조 제1항). 또한, 동의에 따른 거래정보의 제공은 원칙적으로 1회에 한하며 계속적인 정보 제공은 허용되지 않는다. 따라서 원칙적으로는 매 정보 제공 시마다 새롭게 동의를 받아야 한다. 다만, 명의인의 편의를 위하여 동의 요건을 완화하여 1년마다 서면, 이메일 등으로 재동의 의사를 확인하는 방식도 가능한 경우가 있다.

또한 금융회사가 명의인의 서면상의 동의를 받아 “거래정보등”을 제공한 경우에는 제공한 날로부터 10일 이내에 제공한 거래정보등의 주요 내용, 사용 목적, 제공받은 자 및 제공일 등을 명의인에게 서면으로 통보하여야 한다(동법 제4조의2 제1항). “거래정보등”의 제공사실 통보도 건별 통보가 원칙이나 제3자 정보제공행위가 명백하게 명의인의 이익 또는 편익을 위한 경우로서 정보제공 내역 일괄 통보에 대한 동의를 받은 경우에는 1년 단위로 통보하는 것도 가능하다.

결국 포인트 적립/사용 내역이 금융실명법상의 금융거래정보에 해당한다면 이를 운영사에 제공하는 것에 대하여 고객으로부터 최소 1년에 한 번씩 동의를 받아야 하고 제공내역에 대해서도 최소 1년에 한 번씩 통지를 해야만 서비스 운영이 가능하다는 이슈가 발생한다.

금융실명법상 "금융거래"란 금융회사등이 금융자산을 수입(受入)·매매·환매·중개·할인·발행·상환·환급·수탁·등록·교환하거나 그 이자, 할인액 또는 배당을 지급하는 것과 이를 대행하는 것을 의미하며(동법 제2조 제3호), "금융자산"이란 금융회사등이 취급하는 예금·적금·부금(賦金)·계금(契金)·예탁금·출자금·신탁재산·주식·채권·수익증권·출자지분·어음·수표·채무증서 등 금전 및 유가증권과 신주인수권을 표시한 증서, 외국이나 외국법인이 발행한 증권 또는 증서를 의미한다(동법 제2조 제2호).

정리하면 금융실명법상의 "거래정보등"에 해당하기 위해서는 ① "금융자산"을 취급하는 정보여야 하고 ② "금융자산"의 요건이 되기 위해서는 최소한 금전, 증권, 증서 중 하나에 해당하여야 한다. 그러나 앞에서 검토한 바와 같이 통합포인트는 전자금융거래법상 "선불전자지급수단"이므로 금전, 증권, 증서 중 어느 하나에도 해당하지 않는다. 따라서 통합포인트 자체가 "금융자산"에 해당하지 않기 때문에 통합포인트 거래내역 또한 "거래정보등"에 해당하지 않는다는 판단이 가능하다.

결국 통합포인트 거래내역을 주고받는 데 있어서는 금융실명법상의 법적 의무가 적용되지 않는다.

3. 통합멤버십 서비스를 위한 동의

앞서 통합포인트 거래내역이 금융실명법상의 금융거래정보에는 해당하지 않는다고 판단하였으나 개인의 신용을 판단할 때 필요한 정보에는 해당할 것이므로 신용정보법상의 개인신용정보에는 포함된다. 따라서 이 정보를 운영사 및 다른 참여사가 공유하기 위해서는 신용정보법상의 "제3자 제공 동의"가 필요하다.

또한 고객이 통합멤버십 서비스에 가입하는 경우 운영사는 서비스 제공을 위해 고객의 개인정보를 수집·이용하여야 하고 다른 계열사에도 고객의 가입 여부를 알려야 하므로 참여사들에게 가입고객의 개인정보를 제공하여야 한다. 따라서 회원가입 시 수집·이용 및 제3자 제공에 대한 동의가 필요하다.

정리하면, 통합멤버십 서비스를 위해서는 ① 운영사의 개인정보 수집·이용동의 및 ② 제3자 제공 동의가 필요하고 참여사 간에도 거래내역 등의 정보를 주고받을 필요가 있으므로 ③ 참여사 간의 제3자 제공 동의가 필요하다.

여기서 고민이 되는 이슈는, 법적으로 제3자 제공 동의 시 정보를 제공하는 자가 동의를 받아야 한다는 점이다. 통합멤버십 서비스에서는 운영사가 참여사에 정보를 제공하는 경우와 참여사가 운영사에 정보를 제공하는 경우가 모두 발생하는데, 고객과의 접점은 앱을 운영하는 운영사밖에 없으므로 "참여사가 운영사에 정보를 제공하는 경우"에 대한 동의(③번 동의)를 받기가 어려워진다.

이와 관련하여 참고할 만한 금융위원회의 법령해석이 하나 있는데, 이 해석에 따르면 상호 정보를 제공하는 두 회사가 협의한 경우로서 개인(신용)정보의 상호 제공(공유 포함)에 대한 사항(제공하는 자, 제공받는 자, 항목, 목적 등)에 관한 내용을 명확하게 기재하여 동의를 받는 경우에는 일방의 회사에서 양쪽의 정보제공에 대한 동의를 함께 받는 것이 가능하다.

법령해석 내용

○○멤버십 서비스 운영을 위해 멤버십 운영사인 ○○카드와 ○○생명보험이 상호 정보(CI값, 포인트 적립/사용 내역)를 제공하여야 할 경우, 「신용정보의 보호 및 이용에 관한 법률」(이하 '신용정보법') 제32조 제1항, 「개인정보 보호법」 제17조에 따라 개인(신용)정보를 제공하는 주체가 정보제공 동의를 받는 것이 원칙이나, 쌍방이 상호 협의한 경우 일방이 정보주체의 동의를 득하는 것은 가능할 것으로 판단됩니다.

- 단, 이 경우 동의를 받는 측의 동의서상에 개인(신용)정보의 상호 제공(공유 포함)에 대한 사항(제공하는 자, 제공받는 자, 항목, 목적 등)이 명확하게 반영되어 있어야 하며,
- 상호 제공 또는 공유되는 정보의 내용 및 목적 등이 정보주체로부터 동의를 받은 제공 내용, 목적 및 범위 등을 벗어나거나 동의서에 명확히 표기되지 않아 정보주체가 이를 인지함에 어려움을 겪어서는 안 될 것임을 유의하시기 바랍니다.

따라서 운영사가 통합멤버십 앱에서 운영사와 참여사 간의 개인신용정보 상호 제공에 관한 내용을 명확히 고지하고 동의를 받는다면 정보제공에 관한 이슈는 해결된다.

4. 기존 멤버십 제도의 리뉴얼

계열사별로 개별 포인트 제도를 운영하던 회사가 통합멤버십 제도를 만드는 경우에 대해 생각해보자.

이 경우 회사가 가장 바라는 바는 기존 포인트 회원을 (회원의 추가 action 없이) 신설 포인트 제도로 그대로 옮기는 것이다. 예를 들어 설명해보면, A회사 포인트 회원 300만 명, B회사 포인트 회원 500만 명, C회사 포인트 회원 1,000만 명인 그룹사가 통합포인트(G포인트)를 만들면서 세 회사의 포인트 회원을 그대로 흡수하여 런칭 시부터 1,800만 명(300+500+1,000)의 회원을 보유한 포인트로 시작하려는 경우를 가정해보자.

새로운 회사인 D사가 G포인트를 운영하는 경우에는 법인격이 하나 새로 등장하는 것이므로 가장 많은 절차가 필요하다. 결국 회원이 가장 많은 C사가 G포인트를 운영하여야 1,000만 명의 회원에 대해서 포인트 명칭만 변경하는 식으로 흡수가 가능하므로 C사가 운영하는 것이 가장 효율적이다.

A사와 B사 회원의 경우에도 개별 포인트를 G포인트로 통합하는 방식으로 하나의 포인트 안에 묶는 것은 가능하나 운영사인 C사가 서비스를 제공하기 위해서는 A, B 회원의 정보가 C사로 이전되어야 하는데, 이는 A포인트와 B포인트 회원의 "제3자 제공 동의" 없이는 불가능하다(해당 동의가 없다면 포장만 G포인트일 뿐 내부는 여전히 A사와 B사가 각각 운영해야만 한다).

C포인트 회원의 경우에도, 여전히 C사가 포인트를 운영하므로 운영 면에 있어서는 별도의 동의가 필요하지 않을 수 있으나 통합포인트인 G포인트를 만들면서 새로운 회사가 참여사로 포함된다면 새로운 참여사에 정보를 제공해야 하므로 이에 대한 제3자 제공 동의가 필요하다.

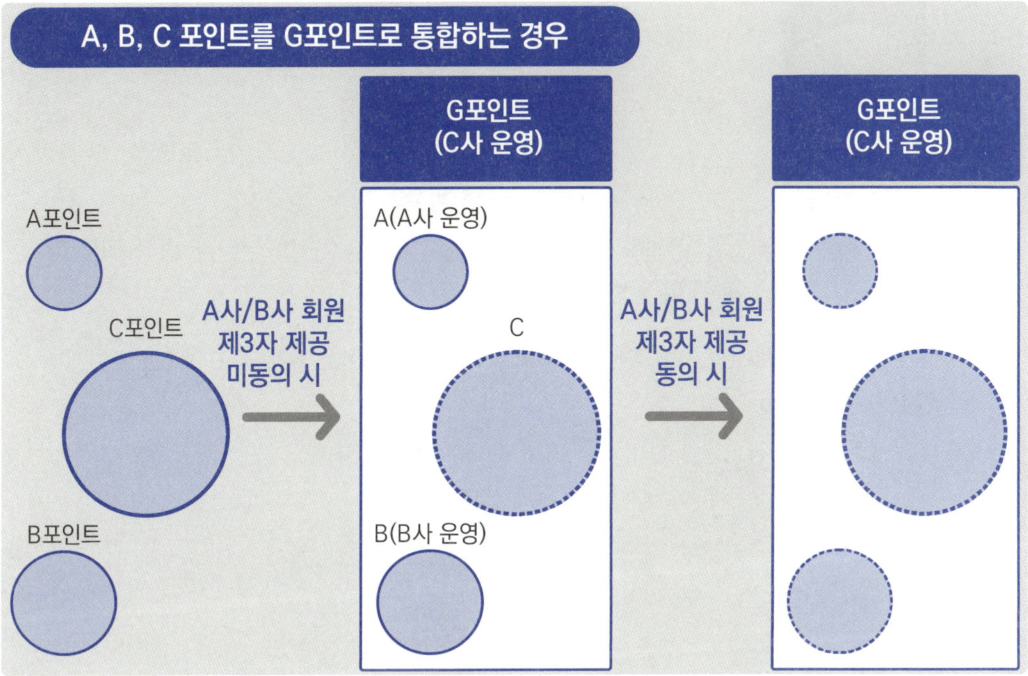
A, B, C 포인트를 G포인트로 통합하는 경우
A포인트
C포인트
B포인트
A사/B사 회원
제3자 제공
미동의 시
G포인트
(C사 운영)
A(A사 운영)
C
B(B사 운영)
A사/B사 회원
제3자 제공
동의 시
G포인트
(C사 운영)

정리

- 통합멤버십 서비스를 운영하기 위해서는 선불전자지급수단과 관련된 법적 의무(등록, 운영 등)를 준수하여야 한다.
- 운영사 및 참여사들 간의 포인트 거래내역이 공유되어야 하므로 이에 대한 제3자 제공 동의가 필요하다.

제2부
디지털금융 서비스와 법률

제5장

클라우드 서비스와 법률

KOREA BANKING INSTITUTE

제5장

클라우드 서비스와 법률

제1절 개론

"클라우드컴퓨팅(Cloud Computing)"이란 집적·공유된 정보통신기기, 정보통신설비, 소프트웨어 등 정보통신자원을 이용자의 요구나 수요 변화에 따라 정보통신망을 통하여 신축적으로 이용할 수 있도록 하는 정보처리체계를 의미하며 "클라우드컴퓨팅서비스"란 클라우드컴퓨팅을 활용하여 상용(商用)으로 타인에게 정보통신자원을 제공하는 서비스를 의미한다(클라우드컴퓨팅 발전 및 이용자 보호에 관한 법률 제2조 제1호 및 제3호).

최근에는 이와 같이 이용자가 필요한 만큼의 서버, 네트워크, 저장장치 및 기타 IT 리소스 등을 제공받고 사용한 만큼만 비용을 지불하는 클라우드컴퓨팅서비스(이하 "클라우드 서비스")의 이용이 전 산업에 걸쳐 확대되고 있다.

〈그림 2-5-1〉 클라우드 서비스의 장점

구분	내용
IT 비용 절감	✓ 기존 인프라의 비효율적 자원 활용 개선 (유휴 자원 제거, 사용량 기준 비용 책정 등) ✓ 인프라 투자 매몰비용 최소화 ✓ 구매, 운영 등 프로세스 효율화
IT 구조 개선	✓ 장기간 여러 가지 기술 구조가 적용되면서 혼재된 IT기술에 대한 표준화 ✓ 오픈소스 중심 신기술 구조로의 전환에 따른 IT 구조 선진화
운영 편의성 증대	✓ 물리적 데이터센터 및 재해복구센터 등을 운영하는 데 따른 업무 부하 경감 ✓ 동적 자원관리를 통해 다양한 외부 요인에 따른 시스템 과부하 Risk 경감
환경변화 유연성 확보	✓ 코로나19 등 예측 불가한 외부 환경 변화에 유연한 대응 ✓ AI, 빅데이터, 블록체인 등 빠르게 변화하는 신기술에 민첩한 대응력 확보

미국 시장조사 업체인 가트너의 발표에 따르면, 글로벌 클라우드 컴퓨팅 시장 규모가 2020년 2,575억 4,900만 달러(약 310조 원)에서 2022년 3,622억 6,300만 달러(약 440조 원)으로 성장할 것으로 전망하였으며, IT 시장분석 및 컨설팅 기관인 한국 IDC에서 올해 1월 발표한 전 세계 퍼블릭 클라우드 서비스 지출 가이드에 따르면 아태지역(일본 제외) 금융기관의 퍼블릭 클라우드 지출이 2019년 49억 달러(약 6조 원)에서 2024년에는 3배 이상 증가한 181억 달러(약 22조 원)에 이를 것이라고 전망했는데, 이 수치는 연 평균 29.9%에 달하는 성장률에 해당한다.

국내의 금융권 클라우드 서비스 이용에 한정하면, 국내에서는 금융회사의 데이터를 제3자가 처리하는 것을 제한하는 다양한 금융규제들로 인해 2015년까지는 사실상 클라우드 서비스의 이용이 불가능하였으나 이후 클라우드 이용을 촉진시키기 위한 여러 규제 개선을 통해 점차 클라우드 서비스를 이용하는 금융회사들이 증가하고 있다. 최근에는 은행, 증권, 보험 등 모든 금융업종에서 클라우드 서비스를 활발히 이용하고 있다.

마이데이터 서비스의 등장도 금융권의 클라우드 도입을 촉진하고 있다.

마이데이터는 정보주체의 데이터를 한곳에 모아서 통합관리 및 제공해 주는 서비스로서 마이데이터 서비스로 인해 금융사 간에 주고받는 개인신용정보 데이터양이 폭발적으로 증가하였다. 따라서, 기존 시스템으로는 데이터 전송량을 감당하기 어려워 금융사들은 마이데이터 플랫폼을 클라우드로 구축하고 있다.

또한, 마이데이터 사업자들은 부가가치 창출을 위해 데이터 분석에도 많은 자원을 할애해야 하는데, 데이터 플랫폼을 클라우드상에서 구축하여야 AI, 머신러닝 등과 연결하기도 쉬워진다.

이와 같이 클라우드 서비스의 이용이 폭발적으로 증가하고 있으므로 회사가 클라우드 서비스를 도입할 시 챙겨야 할 법률 이슈에 대해 알아두는 것이 매우 중요하다.

제2절 클라우드 서비스 관련 주요 법률 이슈 •••

신기술 서비스와 관련한 법률검토를 진행할 때는 가장 먼저 해당 기술의 이름이 들어간 법률이 있는지를 확인해야 한다. 국가법령정보센터에서 "클라우드"를 넣고 키워드검색을 하면 "클라우드컴퓨팅 발전 및 이용자 보호에 관한 법률"이 나온다. 법률명에서부터 클라우드와 관련된 법이라 명시하고 있으므로 이 법을 1순위로 검토해야 한다.

1. 클라우드컴퓨팅 발전 및 이용자 보호에 관한 법률(약칭: 클라우드컴퓨팅법)

클라우드컴퓨팅법은 기초 법률 상식을 다루는 수준에서는 다음 세 가지 정도의 내용만 숙지하면 된다.

① 개인정보 보호와 관련된 내용은 데이터3법에서 정하는 바에 따른다.

> ▸ **클라우드컴퓨팅 발전 및 이용자 보호에 관한 법률**
>
> 제4조(다른 법률과의 관계) 이 법은 클라우드컴퓨팅의 발전과 이용 촉진 및 이용자 보호에 관하여 다른 법률에 우선하여 적용하여야 한다. 다만, 개인정보 보호에 관하여는 「개인정보 보호법」, 「정보통신망 이용촉진 및 정보보호 등에 관한 법률」 등 관련 법률에서 정하는 바에 따른다.

② 법에서 인허가 요건으로 물리적 요건을 정하고 있는 경우 클라우드 서비스를 이용하여 이를 만족시키는 경우에도 요건을 충족한 것으로 본다.

> ▸ **클라우드컴퓨팅 발전 및 이용자 보호에 관한 법률**
>
> 제21조(전산시설등의 구비) <u>다른 법령에서 인가·허가·등록·지정 등의 요건으로 전산 시설·장비·설비 등(이하 "전산시설등"이라 한다)을 규정한 경우 해당 전산시설등에 클라우드컴퓨팅서비스가 포함되는 것으로 본다.</u> 다만, 다음 각 호의 어느 하나에 해당하는 경우에는 그러하지 아니하다.

1. 해당 법령에서 클라우드컴퓨팅서비스의 이용을 명시적으로 금지한 경우
2. 해당 법령에서 회선 또는 설비의 물리적 분리구축 등을 요구하여 사실상 클라우드컴퓨팅서비스 이용을 제한한 경우
3. 해당 법령에서 요구하는 전산시설등의 요건을 충족하지 못하는 클라우드컴퓨팅서비스를 이용하는 경우

③ 클라우드 서비스 제공자는 이용자의 동의 없이 이용자 정보를 제3자에게 제공할 수 없으며, 이용계약 종료 시 이용자 정보를 반환하고 보유하고 있는 정보를 파기하여야 한다.

▸ 클라우드컴퓨팅 발전 및 이용자 보호에 관한 법률

제27조(이용자 정보의 보호) ① 클라우드컴퓨팅서비스 제공자는 법원의 제출명령이나 법관이 발부한 영장에 의하지 아니하고는 이용자의 동의 없이 이용자 정보를 제3자에게 제공하거나 서비스 제공 목적 외의 용도로 이용할 수 없다. 클라우드컴퓨팅서비스 제공자로부터 이용자 정보를 제공받은 제3자도 또한 같다.

② 클라우드컴퓨팅서비스 제공자는 이용자 정보를 제3자에게 제공하거나 서비스 제공 목적 외의 용도로 이용할 경우에는 다음 각 호의 사항을 이용자에게 알리고 동의를 받아야 한다. (중략)

③ 클라우드컴퓨팅서비스 제공자는 이용자와의 계약이 종료되었을 때에는 이용자에게 이용자 정보를 반환하여야 하고 클라우드컴퓨팅서비스 제공자가 보유하고 있는 이용자 정보를 파기하여야 한다. 다만, 이용자가 반환받지 아니하거나 반환을 원하지 아니하는 등의 이유로 사실상 반환이 불가능한 경우에는 이용자 정보를 파기하여야 한다.

2. 개인정보의 처리 위탁

개인정보 보호법에 따르면, 개인정보의 처리란 개인정보의 수집, 생성, 연계, 연동, 기록, 저장, 보유, 가공, 편집, 검색, 출력, 정정(訂正), 복구, 이용, 제공, 공개, 파기(破棄), 그 밖에 이와 유사한 행위를 의미한다(법 제2조 제2호). 클라우드 서비스에서는 정보의 저장, 보유, 가공, 편집 등의 행위가 발생하므로 클라우드의 이용은 개인정보의 "처리"에 해당한다고 할 수 있다.

결국 클라우드 서비스는 클라우드 서비스 제공자가 자신의 자원을 이용하여 클라우드

서비스 이용자의 개인정보를 대신 처리해 주는 것이라고 할 수 있으므로, 이는 정보를 제공하는 자인 이용자의 업무 목적을 위하여 제3자인 클라우드 서비스 제공자에게로 개인정보가 이전되는 경우로서 개인정보 "처리위탁"에 해당한다.

그렇다면 회사가 클라우드 서비스를 이용하기 전에 어떠한 일을 해야 할까? 제1부에서 배운 처리위탁 시의 의무들을 모두 수행하여야 한다.

관련 법에서 정한 항목이 모두 포함된 위탁계약서를 작성하여야 하고 위탁업무의 내용과 수탁자를 웹사이트에 공개하여야 한다. 혹여 마케팅과 관련된 목적의 업무를 클라우드를 이용하여 처리하는 경우에는 정보주체에게 이를 직접 고지하여야 한다.

국외에 위치한 서버로 정보가 저장되는 경우에는 한 가지를 더 챙겨야 한다. 정보주체와의 계약의 체결 및 이행을 위한 처리위탁·보관을 위해 국외 이전을 하는 경우에는 (다행히 동의를 추가로 받을 필요는 없으나) 다음 사항을 공개하여야 하므로 개인정보 처리방침에 이를 기재하여야 한다(개인정보 보호법 제28조의8).

▸ 개인정보 보호법

제28조의8(개인정보의 국외 이전) ① 개인정보처리자는 개인정보를 국외로 제공(조회되는 경우를 포함한다)·처리위탁·보관(이하 이 절에서 "이전"이라 한다)하여서는 아니 된다. 다만, 다음 각 호의 어느 하나에 해당하는 경우에는 개인정보를 국외로 이전할 수 있다.

3. 정보주체와의 계약의 체결 및 이행을 위하여 개인정보의 처리위탁·보관이 필요한 경우로서 다음 각 목의 어느 하나에 해당하는 경우
   가. 제2항 각 호의 사항을 제30조에 따른 개인정보 처리방침에 공개한 경우
   나. 전자우편 등 대통령령으로 정하는 방법에 따라 제2항 각 호의 사항을 정보주체에게 알린 경우

② 개인정보처리자는 제1항제1호에 따른 동의를 받을 때에는 미리 다음 각 호의 사항을 정보주체에게 알려야 한다.

1. 이전되는 개인정보 항목
2. 개인정보가 이전되는 국가, 시기 및 방법
3. 개인정보를 이전받는 자의 성명(법인인 경우에는 그 명칭과 연락처를 말한다)
4. 개인정보를 이전받는 자의 개인정보 이용목적 및 보유·이용 기간
5. 개인정보의 이전을 거부하는 방법, 절차 및 거부의 효과

제1부를 열심히 읽은 독자라면, 어~ 금융권 정보처리위탁에는 보고의무가 있었는데 ... 라는 생각이 확~ 떠오를 것이다. "정보처리위탁규정"이라는 고시에서 금융회사가 정보처리를 위탁할 시 감독원에 위탁보고를 하도록 정하고 있는데, 이 규정은 이어서 설명할 "찐"클라우드 규정인 전자금융감독규정 제14조의2로 인해 적용이 면제된다.

다만, 정보처리위탁규정에서 개인고객의 고유식별정보의 국외 이전을 금지하고 있으므로 클라우드 서버가 국외에 위치한 경우에는 개인고객의 고유식별정보를 클라우드에 이전하는 위탁은 금지된다[63].

3. 클라우드 서비스 이용에 관한 규정

전자금융감독규정 제14조의2에는 "클라우드컴퓨팅서비스 이용절차 등"이라는 규정이 있는데, 이 규정이 "찐" 클라우드 규정이다. 따라서 이 규정의 내용을 하나하나 꼼꼼히 이해해야 한다. 이 규정이 제정되기까지의 history(연혁) 및 주요 항의 의미에 대해 풀어서 설명하려고 한다.

1) 관련 규정의 히스토리(연혁)

(1) 2015. 7. 이전의 정보처리위탁규정에서는 국외로 정보처리를 위탁할 시 금융회사의 본점·지점·계열사로의 위탁만 허용되었고, 재위탁은 원칙적으로 금지되었다. 클라우드 서비스 이용 시 국외에 위치한 서버에 정보가 저장되는 경우가 많고 위탁받은 업무를 클라우드상에서 수행할 경우 종종 재위탁이 발생한다는 점에서 이는 금융권 클라우드 이용의 큰 장애가 되고 있었다.

(2) 이후 정보처리위탁규정을 개정(2015. 7. 시행)하여 국외 위탁 제한규정을 삭제하고 재위탁을 허용하는 것으로 변경하였는데, 이로 인해 정보처리위탁규정에 따른 클라우드 이용 제한은 어느 정도 해결되었다.

63) 개인고객의 고유식별정보의 국외 이전을 금지하고 있는 것이므로 임직원의 고유식별정보를 국외에 위치한 클라우드에 이전하는 것은 가능하다.
예를 들어, 회사에서 국외에 위치한 클라우드를 이용하는 인사시스템을 운영하고 있고 여기에 직원의 고유식별정보를 저장하고자 한다면 이는 정보처리위탁규정에 위반되지 않는다.

(3) 그러나 당시 전자금융감독규정에서 정보보호시스템의 원격관리를 금지하고 금융회사와 전자금융보조업자 간의 접속을 전용회선만을 사용하도록 하는 등[64] 클라우드 이용을 어렵게 하는 규정들이 있었는데, 이 또한 2016. 10. 정보보호시스템의 원격관리가 불가피한 경우의 예외를 인정하고 그간 전용회선으로만 접속이 가능하던 금융회사와 전자금융보조업자 간의 연결을 동등한 보안수준을 갖춘 가상의 전용회선으로 접속하는 것도 가능하게 하여 전자금융감독규정에 있는 클라우드 이용 제한규정도 일부 완화되었다.

(4) 이러한 규정 개정에도 불구하고 여전히 여러 제한규정으로 인해 클라우드 서비스 이용이 저조하였고, 이에 2016. 10. "비중요 정보처리시스템"이라는 개념을 도입하여 비중요 정보처리시스템에 해당하는 경우에는 지정절차를 거쳐 클라우드 서비스의 이용이 가능하도록 하는 내용을 감독규정에 명시하였다.

그러나 개인신용정보를 처리하지 않는 시스템에 한하여 비중요 정보처리시스템 지정이 가능하여 실상은 본질적인 금융업과 무관한 영역에 한해서만 클라우드 이용이 가능하였다.

▸ 당시 클라우드 관련 규정

전자금융감독규정[금융위원회고시 제2018-36호, 2018. 12. 21., 일부개정]

제14조의2(비중요 정보처리시스템 지정)

① 금융회사 또는 전자금융업자는 자체적으로 수립한 정보자산 중요도 평가기준에 따라 전자금융거래의 안전성 및 신뢰성에 미치는 영향이 현저히 낮은 정보처리시스템을 비중요 정보처리시스템으로 지정할 수 있다. 다만, 개인의 고유식별정보 또는 「신용정보의 이용 및 보호에 관한 법률」에 따른 개인신용정보를 처리하는 정보처리시스템은 비중요 정보처리시스템으로 지정할 수 없다.

② 금융회사 또는 전자금융업자는 제1항에 따라 비중요 정보처리시스템 지정 시 제8조의2에 따른 정보보호위원회의 심의·의결을 거쳐야 한다.

⑤ 제1항의 비중요 정보처리시스템만 위치한 전산실에 대해서는 제11조 제11호 및 제12호, 제15조 제1항 제5호를 적용하지 아니한다.

64) 클라우드 서비스 제공자가 전자금융보조업자에 해당하므로 이 당시 금융회사와 클라우드 서비스 제공자 간의 연결은 전용회선으로만 가능하였다.

〈표 2-5-1〉 비중요 정보처리시스템 지정을 통한 클라우드 서비스 이용 당시 실제 이용 현황 (2017. 12.)

용도	건수	비중(%)	구체적 사례
내부 업무처리	22	42.3	이메일, 출장경비관리, 전자서식파일, 메신저, 기업용 전자상거래
부가서비스 제공	14	26.9	앨범 추천, 투자 정보 제공, 이미지 저장, 출산 및 육아 정보 제공, 고객 상담 서비스
회사·상품 소개	9	17.3	회사 및 브랜드, 서적·음반·전시, 투자상품 소개
투자정보 분석	4	7.7	장외 파생상품 평가, 환율·지수·유가 등 정보 분석
보험 계리	2	3.9	보험계리 분석, 변액보증옵션 분석
본인인증	1	1.9	인증관련 정보 저장
합계	52	100.0	

출처: 금융감독원

(5) 이후 이러한 문제점을 해결하고 클라우드의 이용범위를 확대하는 방향으로 전자금융감독규정이 추가 개정되었는데, 개정된 내용이 이어서 설명할 제14조의2 "클라우드컴퓨팅서비스 이용절차 등"에 관한 규정이다[65].

2) 전자금융감독규정 제14조의2 주요 내용[66]

금융회사 및 전자금융업자가 클라우드 서비스를 이용하는 경우에는 다음과 절차를 준수하여야 한다.

(1) 클라우드 서비스 이용 시 준비 절차

▸ **전자금융감독규정**

제14조의2(클라우드컴퓨팅서비스 이용절차 등)

① 금융회사 또는 전자금융업자는 「클라우드컴퓨팅 발전 및 이용자 보호에 관한 법률」 제2조 제3호에 따른 클라우드컴퓨팅서비스를 이용하고자 하는 경우 다음 각 호의 절차를 수행하여야 한다.

1. 다음 각 목의 기준에 따른 이용업무의 중요도 평가

65) 이후 "클라우드컴퓨팅서비스 이용절차 등"에 관한 규정이 한 번 더 개정되어 2023년 1월 1일부터 시행되었다.
66) 제14조의2 각 항의 내용을 모두 알아두도록 하자.

가. 규모, 복잡성 등 클라우드컴퓨팅서비스를 통해 처리되는 업무의 특성
나. 클라우드컴퓨팅서비스 제공자로부터 제공받는 서비스가 중단될 경우 미치는 영향
다. 전자적 침해행위 발생 시 고객에게 미치는 영향
라. 여러 업무를 같은 클라우드컴퓨팅서비스 제공자에게 위탁하는 경우 해당 클라우드컴퓨팅서비스 제공자에 대한 종속 위험
마. 클라우드컴퓨팅서비스 이용에 대한 금융회사 또는 전자금융업자의 내부통제 및 법규 준수 역량
바. 그 밖에 금융감독원장이 정하여 고시하는 사항

2. 클라우드컴퓨팅서비스 제공자의 건전성 및 안전성 등에 대한 평가(단, 제1호의 평가를 통해 비중요업무로 분류된 업무에 대해서는 〈별표 2의2〉의 평가항목 중 필수항목만 평가할 수 있다.)
3. 클라우드컴퓨팅서비스 이용과 관련한 업무 연속성 계획 및 안전성 확보조치의 수립·시행(단, 제1호의 평가를 통해 비중요업무로 분류된 업무에 대해서는 〈별표 2의3〉 및 〈별표 2의4〉의 필수 사항만 수립·시행할 수 있다.)

② 금융회사 또는 전자금융업자는 제1항 각 호에 따른 평가결과, 업무연속성 계획 및 안전성 확보조치에 대하여 제8조의2에 따른 정보보호위원회의 심의·의결을 거쳐야 한다.

③ 금융회사 또는 전자금융업자는 제1항제2호의 평가를 직접 수행하거나 제37조의4제1항의 침해사고대응기관이 수행한 평가 결과를 활용할 수 있다.

금융회사가 클라우드 서비스를 이용하고자 하는 경우에는 ① 클라우드로 옮기고자 하는 자사의 정보처리시스템에 대한 중요도 평가를 수행하여야 하고 ② 클라우드 서비스 제공자의 건전성 및 안전성 등에 대한 평가를 수행하여야 한다. 또한, ③ 클라우드 서비스 이용과 관련한 업무 연속성 계획 및 안전성 확보조치를 수립·시행하여야 한다.

①과 관련하여서는 회사 자체적으로 "중요도 평가 기준"을 마련하여, 클라우드 서비스 이용대상 정보처리시스템에 대한 중요/비중요 여부를 평가하여야 한다. 중요도 평가 기준은 회사에서 자체적으로 정하는 것이기는 하나 전자금융감독규정에서 주요 기준을 열거하고 있고 금융분야 클라우드컴퓨팅서비스 이용 가이드에서 평가절차의 예시를 설명하고 있으므로 이를 참고하여 기준을 수립할 필요가 있다. 고유식별정보 또는 개인신용정보를 처리하는 시스템의 경우에는 "중요 업무"로 평가하여야 한다[67].

67) 전자금융감독규정에서 이렇게 정하고 있지는 아니하나 자문을 하면서 고유식별정보 또는 개인신용정보를 처리하는 시스템을 중요 업무가 아니라고 평가한 회사는 본 적이 없다. 또한, 금융분야 클라우드컴퓨팅서비스 이용 가

②와 관련하여서는 법에서 정한 기준(감독규정 별표 2의2)에 따라 클라우드 서비스 제공회사의 건전성, 안전성 등을 평가하는 것인데 이미 AWS, MS 등 주요 클라우드 제공회사들은 많은 평가 이력을 가지고 있기 때문에 클라우드 서비스 제공 회사와 협의하여 수월하게 진행할 수 있는 이슈이다. 또한, 침해사고대응기관[68]이 대표로 평가한 결과를 공유받아 활용하는 것도 가능한데, 주요 클라우드 제공회사에 대해서는 대표로 평가한 결과가 존재하므로 금융회사가 직접 평가하는 수고를 들일 필요가 없다.

평가는 최초 및 이후 3년 주기로 수행하는 종합평가와 매년 수행하는 정기평가가 있는데 중요업무인지 비중요업무인지에 따라 그 방식 및 평가항목이 구분된다[69]. 즉, 회사가 특정 클라우드 회사의 서비스를 이용하는 경우 1) 최초에는 종합평가를 수행하고 2) 그 뒤 2년간은 매년 정기평가를 수행한 뒤 3) 3년째가 되면 종합평가를 수행하는 방식이다.

❖ **(중요업무) 종합평가**(최초, 3년 주기) + **정기평가**(매년)
- 종합평가 : 현장점검
- 정기평가 : 매년 서면점검

❖ **(비중요업무) 종합평가**(최초, 3년 주기) + **정기평가**(매년)
- 종합평가 : 서면점검 가능
- 정기평가 : 매년 서면점검(단, 금융회사 판단하에 생략 가능)

③과 관련하여서는 중요업무로 판단된 경우에는 전자금융감독규정 〈별표 2의3〉, 〈별표 2의4〉의 내용 중 필수사항 및 추가사항을 모두 포함하여 수립·시행하여야 하고, 비중요업무로 판단된 경우에는 필수사항을 포함하고 추가사항은 생략하여 수립·시행하는 것이 가능하다.

①~③절차의 결과물인 평가 결과, 업무 연속성 계획, 안전성 확보조치는 정보보호위원회의 심의·의결을 거쳐야 한다. 이는 회사 내에서 진행되는 절차이므로 어렵지는 아니하다. 잊지 말고 챙기는 것이 중요하다.

이드에 예시로 나와 있는 평가절차는 점수를 산정하여 중요도를 따지는 방식인데, 고유식별정보 또는 개인신용정보를 처리하는 시스템을 매번 최종 점수가 "중요" 업무로 나온다.

68) 금융보안원

69) 평가항목은 전자금융감독규정 "별표2의2"의 내용을 참고하면 된다.

(2) 클라우드 서비스 이용보고

▸ **전자금융감독규정**

제14조의2(클라우드컴퓨팅서비스 이용절차 등)

④ 금융회사 또는 전자금융업자는 다음 각 호의 어느 하나에 해당하는 사유가 발생한 날로부터 3개월 이내에 발생 사유, 관련 자료 및 대응계획을 첨부하여 금융감독원장에게 보고하여야 한다.

1. 클라우드컴퓨팅서비스 이용계약을 신규로 체결하는 경우
2. 클라우드컴퓨팅서비스 제공자의 합병, 분할, 계약상 지위의 양도, 재위탁 등 중대한 변경사항이 발생한 경우
3. 클라우드컴퓨팅서비스 제공자가 서비스품질의 유지, 안전성 확보 등과 관련한 중요 계약사항을 이행하지 아니한 경우
4. 제1항제2호 또는 제3호에 관한 중대한 변경사항이 발생한 경우

⑤ 제4항에 따라 금융감독원장에게 보고할 경우 첨부해야 하는 서류는 다음 각 호와 같다.

1. 「금융회사의 정보처리 업무 위탁에 관한 규정」 제7조제1항 각 호에 관한 서류
2. 제1항제1호에 따른 업무의 중요도 평가 기준 및 결과
3. 제1항제2호에 따른 클라우드컴퓨팅서비스 제공자의 건전성 및 안전성 등에 대한 평가 결과
4. 제1항제3호에 따른 업무 연속성 계획 및 안전성 확보조치에 관한 사항
5. 제2항에 따른 정보보호위원회 심의·의결 결과
6. 〈별표 2의5〉의 계약서 주요 기재사항을 포함한 클라우드컴퓨팅서비스 이용계약서

⑥ 클라우드컴퓨팅서비스를 이용하는 금융회사 또는 전자금융업자는 제4항에 따른 보고의무와 관계없이 제5항 각호에 따른 서류를 최신상태로 유지하여야 하며, 금융감독원장의 요청이 있을 경우 이를 지체 없이 제공하여야 한다.

⑨ 그 밖에 금융회사 또는 전자금융업자의 클라우드컴퓨팅서비스 이용에 대해서는 「금융회사의 정보처리 업무 위탁에 관한 규정」에 따른다.

금융회사가 금융업 본업과 관련된 시스템을 클라우드에서 처리하기 위해서는 클라우드 상에서 개인신용정보를 처리할 필요가 있다. 이런 경우에는 이용 계약을 체결한 날로부터 3개월 이내에 금융감독원에 클라우드 서비스 이용보고를 하여야 한다[70].

이용보고를 하는 경우 정보처리위탁규정에서의 위탁보고는 면제된다. 이전 전자금융감독규정에서는 이러한 점을 명시하고 있었는데, 2023. 1. 1. 시행된 개정 전자금융감독규

70) 기존에는 "사전보고"였는데, 2023. 1. 1. 시행된 전자금융감독규정에서부터 "사후보고"로 개정되었다. "사후보고"라는 것은 클라우드 서비스 이용을 시작한 이후에 보고를 받겠다는 의미이므로 규제가 상당히 완화된 것이라고 볼 수 있다.

정에서 그 내용을 삭제하였다. 그러나 클라우드 이용보고 시 제출해야 하는 서류에 "정보처리위탁보고 시의 서류"를 포함하고 있으므로 중복되는 절차를 두 번 진행할 필요가 없다는 면에서 여전히 면제된다고 해석하면 된다(어차피 클라우드 이용보고를 할 때 위탁보고 서류를 다 제출하므로 위탁보고를 또 할 필요가 없는 것이다).

(개정 전)

전자금융감독규정 [시행 2019. 1. 1.] [금융위원회고시 제2018-36호, 2018. 12. 21., 일부개정] 제14조의2(클라우드컴퓨팅서비스 이용절차 등) ③ 금융회사 또는 전자금융업자는 제1항제1호에 따라 다음 각 호의 어느 하나에 해당한다고 평가하는 경우에는 클라우드컴퓨팅서비스를 실제로 이용하려는 날의 7영업일 이전에 금융감독원장이 정하는 양식에 따라 제4항 각 호의 서류를 첨부하여 금융감독원장에게 보고하여야 한다. 이 경우 「금융회사의 정보처리 업무 위탁에 관한 규정」 제7조 제1항부터 제3항까지의 규정에 따라 보고한 것으로 본다.

(개정 후)

전자금융감독규정 [시행 2023. 1. 1.] [금융위원회고시 제2022-44호, 2022. 11. 23., 일부개정] 제14조의2(클라우드컴퓨팅서비스 이용절차 등) ④ 금융회사 또는 전자금융업자는 다음 각 호의 어느 하나에 해당하는 사유가 발생한 날로부터 3개월 이내에 발생 사유, 관련 자료 및 대응계획을 첨부하여 금융감독원장에게 보고하여야 한다.

참고

"금융분야 클라우드컴퓨팅서비스 이용 가이드"상의 "클라우드 규제개선 관련 FAQ"에서 기존 규정과 개정 규정의 보고절차의 차이점을 표로 비교설명하고 있으니 이를 참고하자.

[기존 전자금융감독규정]

중요 업무	신규 이용 (감독규정 §14·2③)	7영업일 이전 사전보고
	중대한 변경 등 (감독규정 §14·2⑥)	7영업일 이내 사후보고
	일부/경미한 변경 등 (정보처리위탁규정 §7④1)	반기현황 사후보고
비중요 업무	신규 이용 (정보처리위탁규정 §7④2)	반기현황 사후보고
	중대한 변경 등 (감독규정 §14·2⑥)	7영업일 이내 사후보고
	일부/경미한 변경 등 (정보처리위탁규정 §7④1)	반기현황 사후보고

[전자금융감독규정 개정안]

중요 및 비중요 업무	신규 이용 및 중대한 변경 등 (감독규정 개정안 §14·2④)	3개월 이내 사후보고
	일부/경미한 변경 등 (정보처리위탁규정 §7④1)	반기현황 사후보고

※ 감독규정 제14조의2제4항에 따른 사후보고를 한 경우 「정보처리위탁규정」 제7조제1항 내지 제3항 및 제4항제2호 본문에 따라 보고한 것으로 본다.

(3) 국내 소재 클라우드 이용

> **▸ 전자금융감독규정**
>
> 제14조의2(클라우드컴퓨팅서비스 이용절차 등)
>
> ⑧ 제1항의 절차를 거친 클라우드컴퓨팅서비스 제공자의 정보처리시스템이 위치한 전산실에 대해서는 제11조제11호 및 제12호, 제15조제1항제5호를 적용하지 아니한다. 다만, 금융회사 또는 전자금융업자(전자금융거래의 안전성 및 신뢰성에 중대한 영향을 미치지 않는 외국금융회사의 국내지점, 제50조의2에 따른 국외 사이버몰을 위한 전자지급결제대행업자는 제외한다)가 고유식별정보 또는 개인신용정보를 클라우드컴퓨팅서비스를 통하여 처리하는 경우에는 제11조제12호를 적용하고, 해당 정보처리시스템을 국내에 설치하여야 한다.

글로벌 클라우드업체인 AWS는 서울에, MS는 서울과 부산에, 오라클은 서울과 춘천에 리젼(region)을 두고 있다. 글로벌 업체인 세 기업이 굳이 국내에 리젼을 두는 이유는 무엇일까? 앞서 언급한 규정이 그 이유가 될 것이다.

금융회사가 클라우드 서비스를 이용한다는 것은 자신의 정보처리시스템 중 일부를 클라우드 내의 시스템을 통해서 처리한다는 의미이다. 이를 법적으로 해석하면 금융회사의 전산실이 클라우드의 일부 서버까지 확장된다는 의미가 되고 그에 따라 클라우드 내 서버 중 금융회사의 정보를 처리하는 서버는 마치 금융회사의 전산실의 일부인 것으로 해석된다. 따라서 이 서버의 경우에도 전자금융감독규정의 전산실 관련 의무들이 모두 적용된다.

제1부에서 설명한 바와 같이, 전자금융감독규정에 따르면 전산실 내에서는 무선통신망을 설치하지 말아야 하고, 물리적 망분리도 해야 한다. 그런데 클라우드 내에 위치한 서버에 물리적 망분리를 하라는 것은 사실상 불가능한 요구이므로 금융회사가 클라우드를 이용하는 것이 매우 어려워진다.

본 규정에서 이러한 문제를 해결해주고 있는데, 앞서 설명한 클라우드 이용절차를 모두 진행한 경우에는 무선통신망 설치금지 및 물리적 망분리 규정의 적용을 제외하고 있다. 다만, <u>개인신용정보를 처리하는 경우에는 국내에 위치한 클라우드를 이용하는 경우에만 물리적 망분리 의무가 제외된다.</u>

정리하면, 금융회사가 본업인 금융업에 클라우드를 이용하기 위해서는 개인신용정보를 처리하여야 하므로 국내에 위치한 클라우드 만을 이용하여야 한다. 이러한 사정이 글로벌 클라우드 업체들이 국내에 리젼을 두고 있는 이유이다.

〈그림 2-5-2〉 클라우드 이용 절차 정리

단계	필요조치
업무선정 및 중요도 평가	• 이용 대상 선정 • 중요도 평가 실시
클라우드 서비스 제공자 평가	• 건전성평가: 자체평가 • 안전성평가: 자체평가 or 대표평가 결과 활용 중요: 필수+대체항목 / 비중요: 대체항목 생략 가능
업무 연속성 계획 및 안전성 확보 조치 방안 수립	• 업무연속성 계획 수립 • 안전성 확보조치 방안 마련 중요: 필수+추가사항 / 비중요: 추가사항 생략 가능
정보보호 위원회 심의·의결	• 중요도 평가 결과 심의·의결 • 업무연속성 계획 심의·의결 • 안전성 확보조치 방안 심의·의결 • 클라우드 서비스 제공자 평가 결과 심의·의결
계약체결	• 클라우드 이용 계약서 준비 중요: 필수+추가사항 / 비중요: 추가사항 생략 가능
이용 및 보고	• 서류 구비 및 사후보고 (3개월 이내) • 서류 최신성 유지 및 수시 보고
이용 종료	• 출구 전략이행

출처: 금융분야 클라우드컴퓨팅서비스 이용 가이드

다음에서는 그 밖에 클라우드 서비스 이용과 관련하여 알아 둘 필요가 있는 내용을 정리해서 설명하려고 한다.

① 지주사 클라우드 이용

전자금융감독규정에서의 "클라우드 서비스"란 클라우드컴퓨팅을 활용하여 상용(商用)으로 타인에게 정보통신자원을 제공하는 서비스를 의미한다.

그러나 지주사가 클라우드를 구축하고 그 계열사가 함께 이용하는 것은 非상용 프라이빗 클라우드에 해당하므로 감독규정 제14조의2에서 부여하고 있는 의무 적용 대상에 해당하지 않는다.

② 위탁계약서 작성

금융회사가 정보처리업무를 위탁하는 경우에는 위탁계약서를 작성하여야 하는데, 위탁계약서에 포함되어야 하는 내용이 여러 법령에 조금씩 나누어져 있다.

이를 정리하면 다음과 같다.

- 금융회사의 정보처리 업무 위탁에 관한 규정 제4조 제3항
- 금융기관의 업무위탁 등에 관한 규정 별표 3
- 신용정보법 제17조 제5항 및 동법 시행령 제14조 제5항, 신용정보업감독규정 제21조, 별표 4
- 개인정보 보호법 제26조 제1항, 동법 시행령 제28조 제1항
- (회사가 금융투자업자인 경우) 자본시장법 제42조 제2항, 동법 시행령 제46조 제2항, 금융투자업규정 제4-4조 제2항

정보처리 위탁 중에서 클라우드 서비스 이용에 해당하는 경우에는 다음의 내용도 추가하여야 한다[71].

- 전자금융감독규정 별표 2의5

③ 정보처리시스템 국내 설치의 범위

개인신용정보를 처리하는 클라우드 시스템의 국내 설치 의무는 정보가 국내에 저장되어야 한다는 의미에 국한되는 것이 아니라 일시적으로라도 처리가 발생한다면 그와

71) 금융분야 클라우드컴퓨팅서비스 이용 가이드(금융보안원)에서 위탁계약서에 포함되어야 하는 내용에 대해 상세히 설명하고 있으므로 이 가이드도 꼭 참고하기 바란다.

관련된 시스템은 모두 국내에 설치하여야 한다는 의미이다. 따라서, 클라우드 서비스 제공자의 관리시스템도 국내에 설치되어야 한다.

④ 전자금융업무와 무관한 업무를 위해 클라우드를 이용할 시 전자금융감독규정 제14조의2 적용 여부

전자금융감독규정 제14조의2에서 "금융회사 또는 전자금융업자가 클라우드 서비스를 이용하고자 하는 경우"를 적용대상으로 하고 있으므로 이용하는 목적이 전자금융거래와 관련이 있는지 여부는 판단기준에 해당하지 않는다.

따라서 전자금융업무를 수행하는 금융회사가 전자금융거래와 관련이 없는 업무에 대해 클라우드 서비스를 이용하려고 하는 경우에도 전자금융감독규정 제14조의2가 적용된다.

다만, 아예 전자금융업무를 수행하지 않는 금융회사가 클라우드 서비스를 이용하는 경우에는 「전자금융거래법」 제3조 제3항 및 「전자금융거래법 시행령」 제5조 제2항에 따라 「전자금융감독규정」 제14조의2에 따른 "클라우드컴퓨팅서비스 이용절차" 규정 자체가 적용되지 않으므로 이 경우와 혼동하는 일이 없기를 바란다.

⑤ 클라우드 간접이용(재위탁 등)의 경우 전자금융감독규정 제14조의2 적용 여부

금융회사의 정보처리업무를 수탁받은 업체가 수탁받은 정보처리업무를 클라우드를 이용하여 처리하는 경우에도 금융회사는 전자금융감독규정 제14조의2를 준수하여야 한다.

따라서 재위탁을 통해 클라우드 이용이 발생하는 경우에도 금융회사는 클라우드 이용보고를 해야 하는데, 이때 제출해야 하는 위탁계약서의 범위가 어떻게 되는지 질문하는 경우가 있다. 법에서 클라우드 이용 시 위탁계약서를 제출하라고 하는 취지는 정보를 처리하게 되는 수탁자가 신뢰할 만한 회사인지를 확인하고 계약서 상에 안전한 정보처리를 위한 의무들이 잘 부여되어 있는지를 확인하기 위한 것이다.

이러한 취지에 따른다면 금융회사와 수탁자 간에 체결한 최초 위탁계약서뿐만 아니라 수탁자와 클라우드 서비스 제공 회사 간에 체결한 재위탁계약서 모두를 제출해야 한다고 보아야 한다.

참고

클라우드 서비스와 IDC센터와의 차이

클라우드 서비스 도입 초장기에는 클라우드 서비스를 이용하여 정보를 저장하는 것[72]과 IDC센터에 정보를 저장하는 것은 결국 정보를 저장하는 서버를 제공한다는 면에서 동일한데 왜 두 경우를 다르게 해석해야 하는지에 대한 의문이 있었다.

이에 대해서는, IDC는 단순히 물리적인 장소만 빌리고 데이터에 대한 관리 및 통제는 금융회사 자신이 수행하는 것이므로 업무위탁에 해당하지 아니하나 클라우드 서비스는 저장된 개인정보의 보관·관리 등을 클라우드 서비스 제공자가 자신의 책임하에 행하게 되므로 개인정보 처리업무의 위탁에 해당한다고 판단해야 한다는 것이 다수 해석으로 정리되었다. 따라서 최근에는 클라우드 서비스 이용이 개인정보 처리위탁에 해당한다는 점에 대해서는 이견이 없는 것으로 보인다.

금융분야 클라우드 서비스 이용 가이드의 내용 일부

금융분야 클라우드 서비스 이용 관련 기본 방향

- **금융회사의 클라우드 서비스 이용**은 「금융회사의 정보처리 업무 위탁에 관한 규정」 제2조 제5항 및 제6항에 따라 정보처리 위탁에 해당하며 ...

72) SaaS나 PaaS가 아닌 IaaS에 국한된 내용이다.

정리

- 전자금융업을 수행하는 금융회사가 클라우드를 이용하기 위해서는 전자금융감독규정 제14조의2의 의무를 모두 준수하여야 한다. 따라서 제14조의2의 내용을 꼼꼼히 이해할 필요가 있다.
- 또한 클라우드에서 개인신용정보를 처리하는 것은 개인신용정보의 처리위탁에 해당하므로 신용정보법 및 개인정보 보호법의 처리위탁 관련 규정도 준수해야 한다.
- 추가로 금융권의 정보처리 위탁에 관한 규정인 정보처리위탁규정과의 관계도 고민하여야 한다.

제2부

디지털금융 서비스와 법률

제6장

혁신금융서비스와 법률

KOREA BANKING INSTITUTE

제6장

혁신금융서비스와 법률

제1절 개론

누구나 한 번쯤은 금융규제 샌드박스나 혁신금융서비스라는 용어를 들어본 적이 있을 것이다.

금융권은 엄격한 인허가 제도 및 다양한 영업행위 규제로 인해 새로운 금융서비스가 출현하는 데 어려움이 있다. 이러한 문제점을 해결하기 위해 개별 법령을 일일이 개정하는 것이 가장 좋은 방법이겠으나 시간이 오래 걸릴 뿐만 아니라 사실상 어려우므로 정부는 2019년 4월 1일 금융혁신지원 특별법을 시행하여 금융규제 샌드박스 제도를 도입하였다.

금융규제 샌드박스란 금융서비스 제공자가 신기술을 활용한 새로운 제품과 서비스를 일정 조건(기간·장소·규모 제한)하에서 시장에 우선 출시해 시험·검증할 수 있도록 현행 규제의 전부나 일부의 적용을 유예 또는 면제해주는 제도를 의미하는데, 혁신금융서비스, 지정대리인, 위탁테스트, 규제신속확인 총 4가지의 제도로 나누어진다. 종종 금융규제 샌드박스와 혁신금융서비스라는 용어를 혼용해서 사용하기도 하는데, 실제론 금융규제 샌드박스가 혁신금융서비스보다 더 큰 개념으로서 혁신금융서비스는 금융규제 샌드박스 중 하나의 제도에 해당한다.

〈표 2-6-1〉 금융규제 샌드박스 제도 요약

	혁신금융서비스	지정대리인	위탁테스트	규제신속확인
요약	혁신적 금융 서비스를 시장에서 테스트할 수 있도록 시범영업 및 임시 규제 특례 적용	핀테크 기업이 금융회사의 본질적 업무를 수탁받아 시범 운영	핀테크 기업이 개발한 서비스의 사용권을 금융회사에게 위탁	규제 불확실성 해소를 위해 해당 서비스와 관련된 법령의 적용 여부 확인
서비스 운영 형태	독자 운영	핀테크 기업이 금융회사와 협업 (서비스 운영 주체: 핀테크 기업)	핀테크 기업이 금융회사와 협업 (서비스 운영 주체: 금융회사)	-

출처: 금융규제 샌드박스 사이트

혁신금융서비스는 2019년 4월 17일 9건의 서비스가 최초 지정된 이후 2025년 1월 기준 총 500건의 서비스가 지정되었다[73].

이제는 일상이 된 서비스인 대출비교 서비스, 해외주식소수점 투자 서비스, 소액 후불결제 서비스, 안면인식기술을 이용한 실명확인 서비스 등도 혁신금융서비스 지정을 통해 탄생한 서비스이다.

예전에는 금융회사나 핀테크 업체들이 새로운 금융서비스의 도입을 고민할 때 기존 법테두리 안에서 예외 적용을 받는 것을 1순위로 하여 고민 및 분석을 하였는데, 요즘에는 혁신금융서비스 지정을 받는 것을 가장 먼저 고려하는 추세이다. 따라서 디지털금융 업무를 하고자 하는 독자라면 혁신금융서비스와 관련된 법률 이슈를 꼼꼼히 알아 둘 필요가 있다.

73) 금융규제 샌드박스 사이트(https://sandbox.fintech.or.kr)

제2절 혁신금융서비스 관련 주요 법률 이슈

앞서 설명한 바와 같이 금융규제 샌드박스는 혁신금융서비스, 지정대리인, 위탁테스트, 규제신속확인의 총 4가지의 제도로 구성되어 있다. 본 절에서는 가장 많이 활용되는 혁신금융서비스에 대한 서술을 중심으로 나머지 제도(지정대리인, 위탁테스트, 규제신속확인)에 대해서도 어떤 제도인지 정도는 간략히 설명하고자 한다. 업무를 수행하면서 나머지 제도를 이용해야 하는 경우도 생길 수 있을 것이다.

1. 혁신금융서비스

금융규제 샌드박스에 관한 내용은 금융혁신지원 특별법(약칭: "금융혁신법")에서 다루고 있다. 법명 자체부터 생소할 터이니 "법명"부터 암기해 두도록 하자.

금융혁신법에서 정하고 있는 내용은 금융규제 샌드박스가 어떤 것인지, 지정이 되면 어떠한 혜택을 받을 수 있고 어떠한 의무가 생기는지 정도이므로 그 내용이 어렵지 않다. 아마 더 중요한 것은 신청서에 대상 서비스의 내용과 지정 필요성을 얼마나 설득력 있게 설명하는지 여부일 것인데 이는 기획의 영역이지 법률의 영역은 아닐 것으로 생각된다.

1) 혁신금융서비스 지정 및 효과

금융혁신법에 따르면, 혁신금융서비스란 기존 금융서비스의 제공 내용·방식·형태 등과 차별성이 인정되는 금융업 또는 이와 관련된 업무를 수행하는 과정에서 제공되는 서비스를 의미한다(법 제2조 제4호).

지정 절차 및 효과 등은 다음과 같다.

① 신청자격: 금융회사 및 국내에 영업소를 둔 「상법」상의 회사라면 누구나 신청할 수 있다.

② 신청 및 심사 기간: 상시 신청이 가능하다. 금융위원회는 신청서 등을 접수한 날부터 30일 이내에 심사를 완료하여야 하는데, 신청서 등에 대한 보완 요청 등의 사유로 최대 120일까지 기간 연장이 가능하다.

③ 선정 효과: 혁신금융서비스 지정을 받는 경우 ㉠ 별도의 금융업 인허가 없이, 지정받은 범위 내에서 혁신금융서비스의 영위가 가능하거나, ㉡ 인허가·등록·신고, 지배구조·건전성·영업행위 등 금융관련법령의 규제 적용에 있어 특례를 인정받을 수 있다.

④ 지정기간: 지정기간은 2년 이내이며, 2년 이하의 범위 내에서 한 차례 연장이 가능하다. 또한 혁신금융사업자는 지정기간 만료일 3개월 전까지 특례가 인정되는 규제의 개선을 금융위원회 등에 요청할 수 있는데, 금융위원회 등은 지정기간의 만료일 이전에 규제 개선의 필요성을 검토한 후, 금융관련법령 정비가 필요하다고 판단한 경우에는 즉시 금융관련법령 정비에 착수하여야 한다.

혁신금융사업자가 금융관련법령의 정비에 착수하였다는 통보를 받은 경우에는 금융관련법령의 정비가 완료되어 시행될 때까지 혁신금융서비스 지정기간이 만료되지 아니한 것으로 본다. 이 기간은 혁신금융서비스 지정기간이 만료된 날부터 6개월을 초과할 수 없으나 금융위원회 등이 인정하는 경우에는 2회에 한정하여 각각 6개월의 범위에서 그 기간을 연장할 수 있다.

정리하면 법률상으로는 최장 5년 6개월까지 혁신금융서비스의 유지가 가능하다.

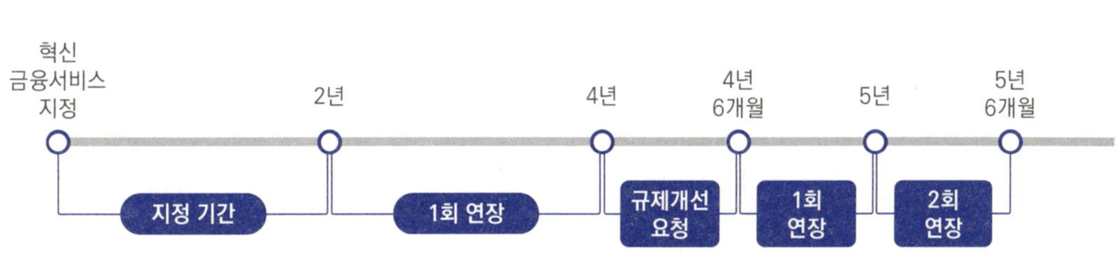

2) 혁신금융서비스 심사기준

혁신금융서비스의 주요 심사기준은 다음 6가지이다.

구분	주요 심사기준	근거
서비스의 혁신성	해당 금융서비스가 기존의 금융서비스와 비교할 때 충분히 혁신적인지 여부	법 §13④ii
소비자 편익 증대	해당 금융서비스의 제공에 따라 금융소비자의 편익이 증대되는지 여부	법 §13④iii
규제특례의 불가피성	이 법에 따른 규제 적용의 특례 없이도 금융관련법령에 따라 해당 금융서비스를 제공할 수 있는지 여부 특례를 적용할 경우 특례가 적용되지 않는 규제를 회피하거나 우회하는 결과를 초래하는지 여부	법 §13④iv
업무영역의 자격·능력	신청자가 해당 금융서비스를 적절히 영위할 자격과 능력을 갖추었는지 여부	법 §13④v
소비자보호방안의 충분성	금융소비자 보호 및 위험 관리 방안 등이 충분한지 여부	법 §13④vii 규정 §4
금융시장·금융질서 안정성	해당 금융서비스로 인하여 금융시장 및 금융질서의 안정성이 현저히 저해될 우려 등이 있는지 여부	법 §13④viii

출처: 혁신금융서비스 지정 매뉴얼(금융감독원)

3) 혁신금융사업자의 의무

혁신금융서비스 지정을 받는 경우 지정 시 금융위원회가 부과한 조건을 충족해야 하고 책임보험가입, 운영경과보고서 제출 등의 의무를 이행하여야 한다. 또한 금융소비자 보호 및 위험 관리 등을 위한 방안을 마련하고 이를 준수하여야 하며, 혁신금융서비스 제공 시 사전에 이용자에게 해당 서비스가 시험운영 중이며 그로 인해 예상하지 못했던 위험이 발생할 수 있음을 고지하고 이용자에게 시험운영하는 서비스를 제공받는 것에 대한 동의를 받아야 한다.

가장 중요한 것은 규제 특례를 받은 법령에 대해서만 적용이 면제되는 것이므로 이외의 현행 규제 사항은 준수하면서 서비스를 제공하여야 한다.

▸ **혁신금융서비스 이용 동의 문구 예시**

(필수) 혁신금융서비스 이용 동의

당행은 혁신금융사업자로 지정기간 중 혁신금융서비스(가상이동통신망사업, 금융·통신 융합서비스, 인증서 USIM 내장 등)를 제공함에 있어 해당 서비스가 시험운영 중이며 그로 인해 예상하지 못했던 위험이 발행할 수 있음을 고지하며 시험운영하는 서비스를 제공받는 것에 대해 동의합니다(금융혁신특별법 제20조).

출처: 국민은행 혁신금융서비스 안내문

혁신금융서비스 신청 시에는 신청서의 "규제특례 대상 금융관련법령"을 제대로 기재하는 것이 가장 중요하다. 신청 시 한국핀테크지원센터, 금융감독원 핀테크현장자문단의 컨설팅을 받을 수 있기는 하나 지정을 받으려고 하는 서비스 자체가 기존에는 존재하지 아니한 신규서비스인 경우가 대부분이므로 컨설팅 기관도 특례 적용을 받아야 하는 법령을 자세히 알기 어려운 경우가 종종 있다. 따라서 신청을 하는 회사가 본 서비스를 위해서 특례를 받아야 하는 법령을 하나도 빠짐 없이 챙기는 것이 아주 중요하다.

혁신금융서비스 지정을 받은 이후에 신청서의 "규제특례 대상 금융관련법령" 부분에 특정 법령을 누락한 것을 깨닫게 되어 불필요하게 고생하는 여러 업체를 본 적이 있다.

혁신금융서비스 제도 초기에는 금융위원회에서 지정기간을 "지정일로부터 2년"으로 하여 불필요한 업무에 시간을 소비하게 되면 그만큼 독점적 지위를 누릴 수 있는 기간이 짧아질 위험이 있었다. 그러나 최근에는 "서비스 개시일로부터 2년"으로 하여 지정하는 경우가 대부분이다. 따라서 독점적 지위를 누릴 수 있는 기간이 짧아지는 문제는 어느 정도 해결되었으나 불필요한 업무에 시간이 소요되어 서비스의 런칭 시기가 늦어질 것이다.

2. 지정대리인

금융회사는 원칙적으로 인가 등을 받은 금융업의 본질적 업무를 위탁하는 것이 금지된다(금융기관의 업무위탁 등에 관한 규정 제3조). 이러한 제약조건을 개선하기 위하여 도입된 제도가 지정대리인제도인데 지정대리인으로 지정된 핀테크 기업 등은 금융회사의 본질적 업무를 수탁하고, 금융회사와 협력하여 금융서비스를 시범 운영할 수 있다. 지정대리인에 따른 업무위탁기간은 금융회사와 핀테크 기업의 업무위수탁계약 체결일로부터 2년 이내이다.

출처: 금융규제 샌드박스 사이트

3. 위탁테스트

위탁테스트는 핀테크 기업이 개발한 금융서비스를 금융회사에 위탁하여 금융회사를 통해 해당 서비스를 시범 운영해보는 제도이다. 이를 통해 독자적 테스트가 어려운 소규모 기업이 테스트 기회를 확보할 수 있다는 장점이 있다. 법적으로 기간이 정해져 있지 아니하므로 핀테크 기업과 금융회사 간의 개별 협의를 통해 기간을 정하면 된다.

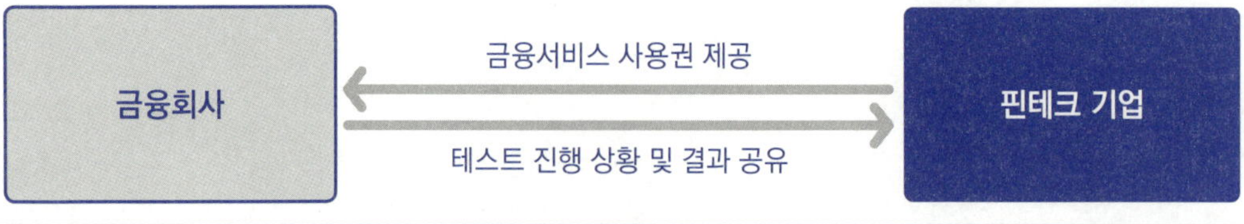

출처: 금융규제 샌드박스 사이트

4. 규제신속확인

규제신속확인제도란 혁신금융서비스를 제공하려는 회사가 금융위원회에 법령 등의 적용 여부 등을 확인해 줄 것을 신청(규제신속확인 신청)하면 금융위원회가 30일 이내에 회신하여야 하는 제도이다. 다만, 금융위원회가 신청서의 보완을 요청한 경우에는 보완에 소요되는 기간은 30일에 포함하지 않는다. 또한 금융위원회가 다른 행정기관의 소관사항이라고 판단하여 해당 행정기관에 통보한 경우에는, 해당 행정기관이 통보를 받은 날부터 30일 이내에 금융위원회에 회신하여야 하는데, 이 기간도 최초 30일에 포함하지 않는다.

회신에 소요되는 총 기간은 보완에 소요되는 기간, 다른 행정기관의 회신에 소요되는 기간을 포함하여 90일을 초과할 수 없다. 다만, 금융위원회는 해당 기간을 1회에 한하여 30일 이내로 연장할 수 있다.

결국 규제신속확인제도를 이용하면 준비하고 있는 혁신금융서비스에 어떤 규제가 적용되는지 여부를 신속히 확인받을 수 있으므로 사내에 법무부문을 갖추고 있지 아니한 핀테크 기업 입장에서는 유익한 제도이다.

정리

- 금융규제 샌드박스 중 "혁신금융서비스"에 관한 내용을 알아두는 것이 가장 중요하다. 가장 많이 활용되는 서비스이며, 디지털금융 업무를 하다 보면 반드시, 한 번 아닌 두세 번씩은 접하게 될 것이다.
- 혁신금융서비스를 신청하는 경우에는 신청서의 "규제특례 대상 금융관련법령"을 제대로 기재하는 것이 가장 중요하다.
- 이외 세 가지 제도에 대해서도 어떤 내용인지 정도는 알아 둘 필요가 있는데, 특히 규제신속확인제도는 유용하게 이용할 수 있는 경우가 있으므로 꼭 알아 둘 필요가 있다.

제2부

디지털금융 서비스와 법률

제7장

금융AI와 법률

KOREA BANKING INSTITUTE

제7장

금융AI와 법률

제1절 개론

OpenAI사에서 개발한 인공지능 언어 모델인 챗GPT(ChatGPT)가 2020년말 최초 공개된 이후, 인공지능이라는 개념이 대중에게 익숙해졌다. 인공지능이 활발히 활용되는 세상은 조금은 먼 미래라고 생각했었는데, 챗GPT가 순식간에 삶의 일부분이 되어 버렸다. 이제는 다양한 업무 영역에서 꼭 활용해야 하는 필수도구가 되어 가고 있다.

챗GPT와 같은 인공지능(AI) 기술은 금융분야에도 큰 변화를 가져왔으며, 이러한 변화는 계속 진행형이다. 특히 고객 서비스 개선, 데이터 분석을 통한 금융상품 개발, 내부 업무 효율화 등에서 많은 변화를 일으키며 산업 전반에 영향을 미치고 있다.

금융분야에서 AI 기술이 가장 활발히 활용되고 있는 영역은 AI 챗봇 기술을 활용한 고객상담 서비스이다. 은행, 증권사, 보험사 등 다양한 금융회사들이 챗봇을 활용한 24시간 고객 상담 서비스를 제공하며, 단순한 문의부터 복잡한 문제 해결까지 신속하게 대응하고 있다. 특히, 자연어 처리(NLP) 기술을 활용해 고객의 의도를 정확히 파악하고, 실시간으로 최적화된 맞춤형 답변을 제공함으로써, 담당자가 직접 응대하는 것보다도 더 우수한 성능을 보이는 사례도 증가하고 있다.

금융AI 기술은 방대한 금융 데이터를 신속히 분석하고 의미있는 요소를 찾아내는 데에도 탁월한 성능을 보인다. 이를 통해 고객의 소비 습관, 투자 성향, 위험 선호도 등을 분석해 최적화된 대출 조건, 투자 상품 또는 보험 설계 등 맞춤형 금융상품을 개발하는데 활용되고 있다.

또한, 금융AI 기술은 금융기관 내부 업무의 효율성을 높이는 데에도 중요한 역할을 하고 있다. 예를 들어, 대출 심사 과정에서의 문서 분석, 법률 및 규제 준수 검토, 고객 피드백 분석 등의 업무를 자동화하여 처리 속도를 향상시키고 인적 오류를 줄이는 데 기여하고 있다. 뿐만 아니라, 고객의 거래 패턴을 분석해 위험요소를 식별함으로써 사고발생 가능성을 크게 낮추고 있다. 예를 들어, 금융사고 사례를 분석하여 공통된 특징을 찾아내고, 이러한 요소가 포함된 거래를 사전에 차단함으로써 많은 사고를 미연에 방지하고 있다.

실제 많은 금융회사가 적극적으로 AI 기술을 적극적으로 도입하고 있으며, 앞다투어 AI를 활용한 새로운 서비스를 선보이겠다는 계획을 발표하고 있다. 금융권에서의 AI 활용은 앞으로 더욱 확대될 것으로 예상된다.

〈그림 2-7-1〉 금융권 CEO AI주제 설문 응답 분석

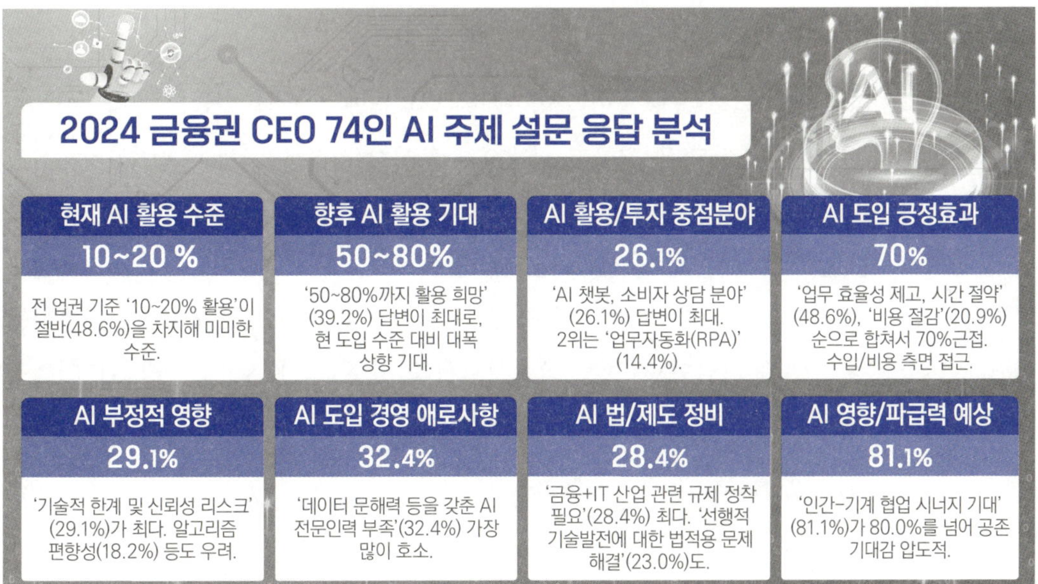

출처: 한국금융신문(2024. 2. 26.기사)

제2절 금융AI 관련 주요 법률 이슈 •••

회사가 AI(인공지능) 시스템을 도입하고자 할 때 어떠한 법적 의무들을 준수해야 하는지는 아직 명확하지 않은 측면이 있다. 기존 법률이 AI를 생각하고 제정되지 않았을 뿐만 아니라 관련 기본법도 시행되지 않았으니[74] 어찌 보면 당연한 상황이라 할 수 있다.

그렇다면 기본법이 없는 상황이므로 아무런 제약없이 AI시스템을 도입할 수 있을까? 이에 대한 답변은 명확하게 "아니다"이다. 현재 존재하는 다양한 규정들이 AI시스템에도 적용될 수 있으므로 그 규정을 찾아서 준수해야 한다.

본 절에서는 금융회사가 AI시스템을 도입할 경우 즉, 금융AI와 관련된 법률 이슈에 대해서만 설명할 예정이다. 다만, AI를 활용해 생성된 창작물의 권리와 같은 AI시스템의 결과물 관련 법률 이슈는 다루지 아니하고 금융회사가 AI시스템을 개발 및 활용하는 과정에서 챙겨야 할 법률 이슈에 초점을 맞춰 설명하고자 한다.

1. 데이터 처리 관련 법률 이슈

인공지능과 관련된 정의를 찾아보면, "인공지능"이란 학습, 추론, 지각, 판단, 언어의 이해 등 인간이 가진 지적 능력을 전자적 방법으로 구현한 것을 의미하며, "인공지능시스템"이란 다양한 수준의 자율성과 적응성을 가지고 주어진 목표를 위하여 실제 및 가상환경에 영향을 미치는 예측, 추천, 결정 등의 결과물을 추론하는 인공지능 기반 시스템을 의미한다(인공지능 발전과 신뢰 기반 조성 등에 관한 기본법 제2조). 정리하면, 인공지능이란 인공적인 시스템에 다양한 정보를 학습시켜서 만든 인간의 지능을 모방한 기능을 갖춘 것이라고 할 수 있다.

74) 인공지능기본법에 해당하는 "인공지능 발전과 신뢰 기반 조성 등에 관한 기본법"이 2024. 12. 26. 국회 본회의를 통화하였고 2026. 1. 22.에 시행될 예정이다. 아직 구체적인 내용이 정해질 대통령령은 제정되지 않았다.

결국 인공지능에서도 가장 중요한 이슈는 "데이터"라고 할 수 있으며, 양질의 데이터를 학습데이터로 활용할수록 성능이 더욱 향상된다. 그런데, "제2장 빅데이터 서비스와 법률"에서 확인했듯이 양질의 데이터는 데이터 안에 개인정보가 포함되어 있을 가능성이 크다.

따라서, 학습데이터로 활용될 데이터가 개인정보라는 전제 하에서 데이터법(개인정보보호법 및 신용정보법)상 적법하게 활용할 수 있는 방법을 찾아야 한다. 결국 금융AI 관련 주요 법률 이슈 중 하나는 "적법한 개인정보의 활용"이며, 회사가 AI학습 목적으로 개인정보를 활용하는 것이 데이터법에서 정하고 있는 개인정보의 수집·이용이 가능한 사유 중 하나에 해당해야 한다.

1) 인공지능 환경에서의 데이터 처리방식

회사가 인공지능 환경에서 처리하는 데이터는 크게 두 가지로 분류할 수 있다.

첫째, 정보주체와 개인정보처리자인 회사 간의 직접적인 관계 형성을 통해 수집한 데이터(이하 "ⓐ데이터")이다. 회사가 고객으로부터 동의를 받거나 고객과의 계약 체결 등을 이유로 이미 보유하고 있는 개인정보를 인공지능에 활용하는 경우가 이에 해당하는데, 이때에는 회사가 활용되는 정보의 주체에게 접근할 수 있다.

둘째, 정보주체와 개인정보처리자인 회사 간의 관계 형성없이 수집한 데이터(이하 "ⓑ데이터")이다. 웹 크롤링이나 스크래핑 기술을 활용해 공개된 정보를 수집하거나 이동형 영상기기를 통해 촬영한 정보를 인공지능에 활용하는 경우가 이에 해당하는데, 이때에는 회사가 활용되는 정보의 주체에게 접근할 수 없는 경우가 대부분이다.

이러한 두 가지 정보를 인공지능 환경에 활용하는 경우 법적 근거 및 활용 가능 범위가 다를 수밖에 없다.

〈그림 2-7-2〉 AI 환경에서의 데이터 처리방식 변화

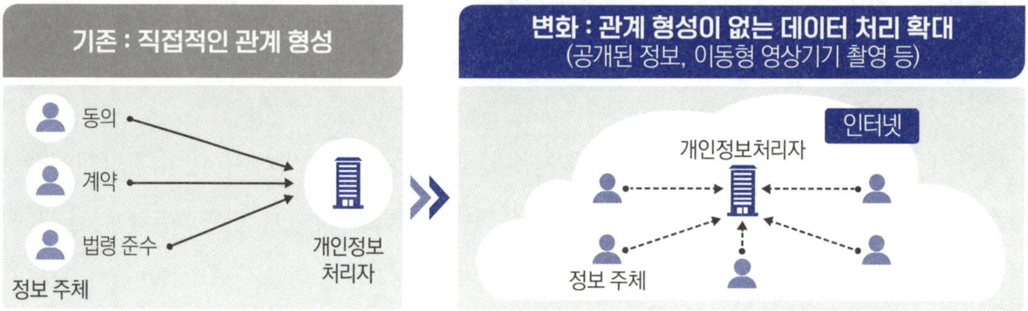

출처: 개인정보보호위원회(2023)

2) 인공지능 환경에서 개인정보를 처리할 수 있는 법적 근거

신용정보법 및 개인정보 보호법에서 정하고 있는 개인정보를 수집·이용할 수 있는 사유를 생각해보자. 개인정보 보호법 제15조 제1항 각호의 사유나 합리적 관련성 규정, 가명정보 활용 규정 등이 떠오를 것이다[75]. 인공지능 환경에서 개인정보를 처리하는 경우도 동일하다. 위에서 언급한 사유 중 하나에 해당되는 경우에만 처리가 가능하다.

① 개인정보를 인공지능 학습데이터로 적법하게 활용하는 가장 확실한 방법은 당연히 동의를 받는 것이다. 그런데 동의를 받는다는 의미는, 회사가 정보주체와 직접적인 관계를 형성하고 있어서 개별적으로 동의를 받을 수 있다는 의미이므로 ⓐ데이터를 활용하는 경우에만 적용될 수 있는 사유이다. 또한, 동의를 받을 시에는 목적을 구체적으로 특정해야 하므로 범용적인 목적의 AI학습 용도로 데이터를 활용하는 것이 어려울 수 있다. 따라서 이는 현실성이 떨어지는 접근이다.

② "정보주체와 체결한 계약을 이행하거나 계약을 체결하는 과정에서 정보주체의 요청에 따른 조치를 이행하기 위하여 필요한 경우"도 생각해볼 수 있다. 회사와 정보주체가 체결한 계약 내용에 AI서비스가 포함되어 있거나 계약 이행을 위해 AI 개발·서비스가 필요한 경우라면 이 사유에 해당한다고 보아 정보주체로부터 수집한 개인정보를 동의없이 AI학습 목적으로 활용할 수 있다. 그러나 정보주체와 회사 간에

75) 제2장 빅데이터 서비스와 법률 부분을 한 번 더 읽어보기를 권장한다.

"계약"이라는 직접적인 관계가 있어야 하므로 역시 ⓐ데이터를 활용하는 경우에만 적용될 수 있는 사유이다.

③ 합리적 관련성이 인정되는 경우도 생각해볼 수 있다. AI 개발·서비스가 당초 개인정보를 수집한 목적과 합리적으로 관련된 범위 내에 있는 경우를 의미한다.
예를 들어, 특정 서비스 제공을 목적으로 수집한 개인정보가 있다면 해당 서비스의 고도화 목적의 AI 개발에 이용하는 것은 당초 수집 목적과 합리적 관련성이 있으므로 동의없이 이용할 수 있다. 그러나 이는 당초 수집한 목적과의 관련성을 전제로 하므로 회사가 정보주체와 직접적인 관계를 형성하여 수집한 정보인 ⓐ데이터를 활용하는 경우에만 적용될 수 있다.

④ 생성형 인공지능은, 회사가 보유한 선별된 정보만을 학습데이터로 활용하는 것이 아니라 공개되어 있는 다양한 정보까지 학습데이터로 활용할 수 있어야 한다. 따라서, ⓑ데이터까지 활용할 수 있는 법적 근거가 필요한데, ①~③의 사유는 이에 해당하지 않는다.
현행 데이터법상으로, 이때 활용할 수 있는 근거는 "개인정보처리자의 정당한 이익을 달성하기 위해 필요한 경우로서, 그 이익이 명백하게 정보주체의 권리보다 우선하는 경우(이하 "정당한 이익")"가 가장 적법한 방안이다.

▸ 개인정보 보호법 제15조 제1항 제6호

개인정보처리자의 정당한 이익을 달성하기 위하여 필요한 경우로서 명백하게 정보주체의 권리보다 우선하는 경우. 이 경우 개인정보처리자의 정당한 이익과 상당한 관련이 있고 합리적인 범위를 초과하지 아니하는 경우에 한한다.

개인정보의 활용이, 정당한 이익 요건에 해당하기 위해서는 i) 개인정보처리자의 정당한 이익이 있을 것, ii) 개인정보 처리가 정당한 이익의 달성을 위하여 필요하고, 상당한 관련성 및 합리성이 인정될 것, iii) 개인정보처리자의 정당한 이익이 명백하게 정보주체의 권리보다 우선할 것이라는 세 가지 요건을 모두 만족하여야 한다. 따라서, AI 학습데이터로 개인정보를 활용하는 경우에도 i) ~ iii) 요건을 모두 만족하여야 한다.

- I) 요건: 흔히 목적의 정당성이 있어야 한다는 의미로 해석한다. 회사가 공개된 정보를 활용해야 하는 합법적인 이익이 있어야 한다는 의미인데, 영업상의 이익뿐만 아니라 사회적 이익과 비용을 함께 고려하여 판단한다.

  이를 위해서는, 공개된 정보를 활용하고자 하는 AI서비스의 목적을 최대한 구체적으로 정리할 필요가 있다. 물론 이러한 목적이 불법적인 목적이라면 정보의 활용이 금지된다.

  흔히, 금융회사가 AI서비스를 활용하는 목적은 회사의 영업을 위한 목적으로서 사회적 이익까지 있는 경우는 많지 않을 것이다. 따라서, 최소한 사회적 비용이 큰 경우에는 해당하지 않아야 한다. 예를 들어, AI서비스에 오류가 생길 경우 활용된 데이터에 자신의 정보가 포함되어 있는 정보주체의 피해가 회복할 수 없을 정도로 클 가능성이 있는 서비스라면 사회적 비용이 크다고 볼 수 있다. 따라서 이러한 AI서비스의 학습 목적으로 공개된 정보를 활용하는 것은 정당한 이익이 없다고 판단될 것이다.
- ii) 요건: 꼭 필요한 정보만 활용해야 한다는 의미이다. 예를 들어, 금융상품을 추천하는 AI서비스라면 해당 금융상품을 추천하는 알고리즘의 학습과 관련이 있는 정보만을 이용하여야 한다. 규제기관의 해설서에 따르면, 의료진단보조 AI서비스를 개발하는 경우, 개인의 소득·재산 등과 관련 없는 공개된 개인정보를 학습데이터로 활용하는 것은 배제해야 한다고 설명하고 있다.
- iii) 요건: 이익형량을 해야 한다는 의미이다. 웹 스크래핑 등을 통한 공개된 개인정보의 수집·이용은 정보주체의 입장에서는 '보이지 않는 처리'로서 예측가능성이 낮으므로 정보주체의 권리에 미치는 영향을 충실히 평가해야 한다. 따라서, 정당한 이익 규정에서 가장 중요한 요소이다.

  이익형량을 하는 방법은, 개인정보처리자인 회사가 얻게 되는 이익과 정보주체의 침해되는 권리의 정도를 비교하여 이익이 명백하게 큰 경우에만 본 사유에 해당한다고 판단한다. 따라서, 회사가 공개된 정보를 학습데이터로 활용하기 전에, 이를 통해 회사가 얻게 되는 이익과 정보주체의 피해 정도를 꼼꼼히 비교해볼 필요가 있다. 만약 민감정보나 고유식별정보가 공개된 개인정보에 포함되어 있다면 정보주체의 피해 정도가 크다고 판단해야 할 것이다. 따라서, 가능한 이러한 정보가 학습데이터에 포함되지 않도록 할 필요가 있다. 또한 AI서비스의 개발단계에서 개인정보의 유출을 방지하기 위한 다양한 개인정보 보호 강화기술을 적용하는 등 안전성 확보 조치를 취한다면 정보주체의 권리 침해 정도를 완화시킬 수 있을 것이다.

참고

기존 규제기관의 해석을 보면 정당한 이익을 인정한 사례가 드물다. 그러나 현행법 하에서, 정당한 이익에 해당된다고 해석되지 않는 한 AI서비스에 공개된 정보를 활용하기가 쉽지 않다.

따라서 규제기관도 (최소한 AI와 관련해서는) 예전보다 더 유연한 해석을 할 것으로 기대된다. 실제 개인정보보호위원회는 2024. 7. 인공지능(AI) 개발·서비스를 위한 공개된 정보 처리 안내서를 발간하여, 공개된 개인정보를 AI서비스에 활용할 때의 가이드라인을 제시하였다.

회사에서 웹 스크래핑 등을 통해 공개된 개인정보를 수집하여 AI서비스에 활용하고자 한다면 필히 이 안내서를 읽어보아야 한다.

⑤ 가명처리하여 활용하는 것도 하나의 방법이다. 제2장 빅데이터 서비스와 법률 부분에서 상세히 설명한 바와 같이 개인정보를 가명처리한다면 통계작성, 과학적 연구, 공익적 기록보존 목적으로 동의없이 활용할 수 있다. 따라서, AI서비스의 목적이 상품 및 서비스 개발 등 동의없이 가명정보를 처리할 수 있는 목적 범위 내에 해당한다면 개인정보를 가명처리한 후 AI 학습데이터로 활용하는 것을 생각해볼 수 있다. 다만, 이러한 경우 실(Raw) 데이터를 활용할 때에 비해서는 성능이 떨어질 것이므로 최종 목표하는 성능을 달성할 수 있을지도 고민해봐야 한다.

2. 플랫폼 구축 관련 법률 이슈

금융회사가 인공지능을 활용한다는 것은 곧 관련 플랫폼(시스템)을 구축하는 것을 의미한다. 따라서, 인공지능 시스템을 구축할 때 발생하는 법률 이슈도 금융AI 관련 주요 법률 이슈 중 하나이다.

현재 금융회사에서 활발히 도입하고 있는 AI모델은 생성형 AI모델인데, 이는 인터넷망에서 제공되는 상용AI와 회사 내부시스템에 설치하는 오픈소스AI[76]로 구분할 수 있다. AI모델 중 가장 유명하다고 할 수 있는 챗GPT는 상용AI에 해당한다.

〈그림 2-7-3〉 금융권 AI 활용 체계

금융권 AI 이원(Two-track) 활용 체계

① 상용 AI	② 오픈소스 AI
･기업에서 **상업적**으로 제공하여 사용 **비용**이 발생하는 대규모 언어 모델 ･직접 설치가 어렵고 주로 **클라우드 기반**으로 제공되어 **보안환경**에 **제약** ･대형 모델로 **성능**이 **높음**	･누구나 **무료**로 다운로드 받아 사용할 수 있도록 **공개**된 모델 ･금융회사 **내부 서버**에 직접 설치하여 **높은 보안환경** 구축 가능 ･모델 크기에 따라 **성능**이 **다양**
GPT-4 HyperCLOVA	Llama 3 Grok EXAONE

출처: 금융위원회(2024)

그렇다면, 금융회사에서 이러한 AI시스템 구축할 때 어떤 법률 이슈가 생길 수 있을까? 앞선 내용을 꼼꼼히 따라온 독자라면, AI시스템도 정보처리시스템에 해당하며, AI시스템이 설치되어 있는 장소는 전산실에 해당하므로 이와 관련된 법률 이슈가 동일하게 생길 수 있다는 생각이 떠오를 것이다.

정답이다! AI플랫폼 구축이라고 해서 완전히 새로운 법률 이슈가 생기지 않는다. 다른 개인정보처리 플랫폼을 구축할 때와 동일하게 망분리, 금융권 클라우드 이용, 정보처리 위탁 등의 이슈를 고민해야 한다.

따라서, 해당 내용이 포함된 챕터를 다시 한번 읽어본 뒤, 다음의 내용을 읽어볼 것을 권한다. 내용을 읽고 이슈가 될 수 있는 부분을 먼저 생각해본 후 정답을 확인하듯이 다음의 내용을 확인하는 것도 매우 효과적인 학습 방법이 될 것이다.

76) 명확한 구분 및 설명의 편의를 위해, 본 책에서는 이를 내부AI이라고 칭하겠다.

1) 망분리 및 금융권 클라우드 이용

금융회사는 해킹 등을 방지하기 위해 단말기 망분리 및 전산센터 망분리를 수행해야 한다[77]. 즉, 내부통신망과 연결되어 있는 단말기(예. 사무실·영업점 PC) 및 전산센터 내의 서버 및 서버에 운영, 개발, 보안 목적으로 연결된 PC는 외부망과 분리되어 있어야 한다.

- 단말기 망분리: 내부통신망과 연결된 내부 업무용시스템과 인터넷(무선통신망 포함) 등 외부통신망의 분리·차단 및 접속 금지
- 전산센터 망분리: 전산실 내에 위치한 정보처리시스템과 해당 정보처리시스템의 운영, 개발, 보안 목적으로 직접 접속하는 단말기를 인터넷 등 외부통신망으로부터 물리적으로 분리

따라서 금융회사가 AI시스템을 구축하는 경우에도 망분리 규정을 준수하여야 한다. 내부AI는 금융회사 내부 서버에 직접 설치하여 활용하는 AI이므로 구축시 외부통신망과 분리하여 구축하는 것이 가능하다.

그런데, 챗GPT와 같은 상용AI는 인터넷 환경에서 제공되므로 이를 금융회사 내부에서 활용하기 위해서는 금융회사의 단말기나 전산센터가 인터넷 환경 즉 외부망과 연결될 수 밖에 없다. 따라서 불가피하게 망분리 규정(전자금융감독규정 제15조 제1항 제3호 및 제5호)에 위반된다는 이슈가 발생한다. 망분리 예외사유에 해당하도록 구조를 구성하는 방법도 생각해볼 수 있으나 이러한 방법으로는 사용 목적이 제한되고 상용AI를 제대로 활용할 수 없게 되어 현실적이지 못하다.

한편, AI플랫폼을 운영하기 위해서는 많은 인프라가 필요하므로 클라우드 기반으로 운영하는 것이 훨씬 효율적이다.

"제5장 클라우드 서비스와 법률" 부분의 내용을 상기시켜보면, 금융회사가 클라우드 서비스를 활용하는 경우에는 전자금융감독규정 제14조의2의 내용을 모두 준수하여야 한다. 특히 클라우드 서비스 이용보고를 하여야 하고 클라우드를 통해 개인신용정보를 처리하는 경우에는 국내 클라우드 만을 활용하여야 한다.

---

77) 자세한 내용은 제1부 제4장 제5절 "해킹 등 방지대책 부분"을 참고하면 된다.

> **참고**
>
> 회사가 개인신용정보를 가명처리한 가명정보만을 클라우드를 활용하여 처리하는 경우에는 어떻게 될까?
>
> 이와 관련하여 법에서 명확히 규정하고 있지는 아니하나 가명정보는 통계작성, 과학적 연구, 공익적 기록보존 목적으로 처리하는 경우에 한해 동의를 면제해준다는 점을 고려할 때, 가명정보 역시 원칙적으로 개인신용정보에 포함된다고 보아야 한다.
>
> 따라서 가명정보만을 클라우드를 활용하여 처리하는 경우에도 개인신용정보를 처리하는 경우이므로 국내 클라우드를 활용해야 한다고 해석하는 것이 합리적이다.

내부AI는 내부 서버에 설치하는 AI이므로 클라우드를 이용한다고 하더라도 프라이빗 클라우드 기반으로 운영된다. 따라서 클라우드 관련 규정이 적용되지 않는다. 그러나 상용AI는 퍼블릭 클라우드 기반이므로 클라우드 관련 규정이 적용된다.

상용AI가 내부AI보다 성능이 뛰어나므로 금융회사에서 최근 상용AI를 활용하려는 움직임이 활발하다. 그런데, 상용AI는 대부분 해외 서버 기반의 클라우드를 활용하고 있으므로 금융회사가 이를 도입하고자 한다면 매우 제한적인 용도로 활용하지 않는 한 클라우드 관련 규정에 위반될 가능성이 상당하다.

그렇다면 이러한 망분리 및 클라우드 이슈를 해결할 수 있는 방법은 없을까? 가장 좋은 방법은 금융회사의 AI 활용에 대해 망분리 규정 및 클라우드 관련 규정의 예외를 인정하는 방향으로 법이 개정되는 것이다. 실제 이와 관련한 논의가 활발히 진행되는 중이긴 하나 법 개정은 항상 현장의 속도에 비해 한참 느리다.

따라서 현재 가능한 방법은 (이 부분도 독자들의 머릿 속에서 바로 떠오르면 좋겠는데...)혁신금융서비스 지정을 받는 방법이다. 실제 신한은행, 카카오뱅크, KB증권 등의 금융회사들이 클라우드를 활용한 생성형 AI를 내부망에서 이용하는 것에 대해 혁신금융서비스 지정을 받은 바 있다[78].

78) 금융위원회 보도자료(2024. 12. 11.)

이 내용을 좀 더 자세히 설명하면, 금융회사의 내부 전산실에 위치한 정보처리시스템을 통해 외부통신망(인터넷망)에 위치한 클라우드(생성형AI 서비스)를 활용할 수 있도록 규제 특례를 부여한 것이다. 이를 통해 고객 및 내부 임직원은 외부 생성형 AI를 내부 정보처리시스템과 연계하여 맞춤형으로 금융상품 추천, 질의응답 및 상담, 금융시장 정보 제공 등의 서비스에 이용할 수 있다.

일반적으로, 감독당국이 혁신금융서비스를 지정하는 경우 부가조건을 부여하며 이를 준수해야만 서비스 운영이 가능하다. 부가조건으로, 이용할 수 있는 업무를 제한하고 활용할 수 있는 데이터의 범위를 가명정보까지로 한정했으며, 망분리 예외 허용으로 인해 발생할 수 있는 보안 위협에 대비한 보안대책을 수립하고 이행할 의무를 부여하였다.

2) 정보처리위탁 이슈

금융회사가 AI시스템을 도입하여 운영할 때 금융회사 자체인력으로 모든 절차를 진행한다면 위탁이슈는 발생하지 않는다. 그러나 통상적으로 구축 및 운영과정에서 보다 전문성을 갖춘 업체와 협업을 진행하곤 한다.

이러한 경우 금융회사의 AI플랫폼 구축 및 운영이라는 업무의 일부를 다른 업체가 대신 수행하는 것이므로 정보처리업무 위탁에 해당한다. 즉, 금융회사가 위탁자, 해당 업체가 수탁자로서 업무를 수행하게 된다. 앞서 살펴본 클라우드 서비스를 이용하는 경우도 정보처리위탁에 해당한다.

정보처리위탁에 해당하는 경우에는 신용정보법 및 개인정보 보호법에서 정하고 있는 처리위탁과 관련된 의무를 준수하여야 하고 정보처리 위탁규정 등에 따른 위탁보고도 수행하여야 한다[79]. 다만, 클라우드 서비스 이용과 관련하여서는 클라우드 서비스 이용보고를 수행한다면 정보처리 위탁보고 의무가 면제된다.

정리하면, 금융회사가 AI를 도입할 시 정보처리위탁이 발생하는 경우가 대부분이다. 따라서 위탁하는 업무와 관련하여 감독당국에 위탁보고를 해야 하고 계약서 작성, 개인정보 처리방침 공개 등 데이터법에서 정하고 있는 의무를 준수하여야 한다.

79) 자세한 내용은 제1부 제1장 제5절 “개인정보의 이전” 부분을 참고하면 된다.

3. 자동화평가 관련 법률 이슈

신용정보법에는 금융회사가 정보주체에 대해 자동화평가를 하는 경우 준수해야 하는 의무를 부여하고 있는 규정이 있다. 이때 "자동화평가"란 금융회사의 종사자가 평가 업무에 관여하지 아니하고 컴퓨터 등 정보처리장치로만 개인신용정보 및 그 밖의 정보를 처리하여 개인인 신용정보주체를 평가하는 행위를 의미한다(신용정보법 제2조 제14호). 따라서, 금융회사가 오로지 AI만을 활용하여 고객에 대한 평가를 수행하는 경우에는 이 규정의 의무들을 준수해야 한다.

해당 규정의 구체적인 내용을 살펴보면 정보주체가 다음에 대한 설명을 요구하는 경우 회사는 그 내용을 알려주어야 한다.

- 개인신용평가 또는 금융거래의 설정 및 유지 여부, 내용의 결정에 자동화평가를 하는지 여부
- 자동화평가를 하는 경우 자동화평가의 결과, 자동화평가의 주요 기준, 자동화평가에 이용된 기초정보의 개요

또한, 정보주체가 자동화평가에 사용된 기초정보가 부정확하거나 최신 정보가 아니라고 판단하여 해당 정보를 정정하거나 삭제할 것을 요구하거나 자동화평가 결과의 재산출을 요구하는 경우 이에 응해야 한다.

본 규정은 위반시 과태료가 부과되는 강제 규정이므로 금융회사가 AI만을 활용하여 고객의 평가를 수행하는 경우 반드시 준수해야 한다. 한편, 금융회사가 고객의 요구를 거절할 수 있는 일부 예외사유(신용정보법 제36조의2 제3항)도 있으므로 실제 관련 업무를 수행할 때에는 해당 규정을 찾아서 꼼꼼히 확인해볼 필요가 있다.

참고

개인정보 보호법에도 자동화된 결정에 대한 정보주체의 권리를 보장하는 규정을 두고 있다(제37조의2). 두 규정의 내용이 비슷하나 신용정보법은 자동화평가 결과의 재산출을 요구할 권리까지만 인정되는데 반해, 개인정보 보호법은 평가 결과를 거부할 권리 및 인적 개인에 의한 재처리를 요구할 권리까지 인정된다. 따라서 개인정보 보호법의 자동화된 결정에 대한 권리가 신용정보법보다 더 강화된 권리라고 할 수 있다.

> 제37조의2(자동화된 결정에 대한 정보주체의 권리 등)
> ③ 개인정보처리자는 제1항 또는 제2항에 따라 정보주체가 자동화된 결정을 거부하거나 이에 대한 설명 등을 요구한 경우에는 정당한 사유가 없는 한 자동화된 결정을 적용하지 아니하거나 인적 개입에 의한 재처리·설명 등 필요한 조치를 하여야 한다.

금융회사의 경우 신용정보법이 개인정보 보호법에 우선하여 적용되긴 하지만 회사에서 활용하는 AI가 신용정보법 및 개인정보 보호법에서 정하고 있는 자동화된 결정에 모두 해당한다면, 두 규정을 모두 확인하고 더 엄격한 의무를 부여하고 있는 규정을 따르는 것이 바람직하다.

참고

▸ 금융분야 AI 가이드라인

금융분야 AI와 관련하여서는, 금융위원회가 발간한 다음 세 가지 가이드라인[80)]이 있다.

- 금융분야 AI 운영 가이드라인
- 금융분야 AI 보안 가이드라인
- 금융분야 AI 개발활용 안내서

엄밀한 의미에서 가이드라인은 법적 구속력을 있는 문서는 아니지만, 규제기관이 작성한 문서라는 점을 고려할 때, 금융회사는 AI를 도입할 시 금융분야 AI 가이드라인을 준수하는 것이 필요하다.

본 가이드라인은 데이터나 시스템 관점보다는 주로 관리적 통제 관점에서의 의무들을 부여하고 있는데, 회사가 준수해야 할 주요 의무들만 정리하면 다음과 같다.

- AI활용에 관한 윤리원칙과 기준을 수립하여야 한다.
- AI시스템의 위험 수준을 평가할 수 있는 기준 및 위험관리정책을 마련하여야 한다.
- 고위험 서비스에 대해 AI시스템을 활용하는 경우에는 적절한 승인절차를 마련하고 승인책임자를 지정하여야 한다.

80) 본 서에서는 세 문서를 통칭하여 "금융분야 AI 가이드라인"이라는 용어로 표현하였다.

- AI시스템의 개발운영 등을 외부기관에 위탁하는 경우에는 수탁자가 AI 윤리원칙 및 위험관리정책을 준수하게 하기 위한 내부 위험관리지침을 마련하여야 한다.
- 수탁사의 AI시스템 개발·운영이 위험관리지침에 따라 이루어졌는지 주기적인 보고 및 점검하는 체계를 구축하여야 한다.

⇒ 금융분야 AI 가이드라인에서 요구하는 의무를 정리해보면, 대부분 문서 작성 의무라는 것을 알 수 있다. 따라서 회사에서 AI서비스를 도입하기 전에 본 가이드라인에서 요구하는 문서를 모두 작성하였는지 확인할 필요가 있다.

참고

‣ AI기본법(인공지능 발전과 신뢰 기반 조성 등에 관한 기본법)

2024. 12. 26. 국회 본회의를 통과한 AI기본법이 2026. 1. 22.부터 시행될 예정이다. AI기본법에서는, 인공지능사업자가 고영향 인공지능 또는 이를 이용한 제품·서비스를 제공하는 경우 사전고지의무, 사전검토의무, 안전성·신뢰성 확보조치 이행의무 등을 부과하고 생성형 인공지능을 이용한 제품 또는 서비스를 제공하는 경우 사전고지의무 및 표시의무를 부과하는 등 다양한 의무를 규정하고 있다. 다만, 이와 관련된 구체적인 내용은 대부분 대통령령으로 위임하고 있는데, 아직 그 내용이 제정되지 않은 상태이다.
AI기본법과 그 하위규정이 AI에 대한 일반법이 될 것이므로, 금융회사가 AI를 도입할 경우 분야와 업무에 상관없이 AI기본법에서 정한 모든 의무를 준수해야 할 것이다. 따라서 해당 규정이 어떻게 확정되는지를 주기적으로 모니터링할 필요가 있으며 2026. 1. 22.이 시행일이라는 점도 반드시 기억해 두어야 한다.

정리

- 금융회사에서 AI서비스를 도입할 경우, 개발 및 서비스 제공과정에서 처리하는 데이터와 관련된 법률 이슈 및 시스템 구축과정에서의 법률 이슈를 챙겨야 한다.
- 데이터법에서 정하고 있는 개인정보의 수집·이용 사유 중 하나에 해당하는 경우에만 개인정보가 포함된 데이터를 AI의 학습데이터로 활용할 수 있다.
- 상용AI를 활용하는 경우에는 망분리, 클라우드 이용, 정보처리위탁 등의 법률 이슈가 발생할 수 있다.
- 향후 확정되는 AI기본법의 내용에 맞게 AI서비스를 도입하고 운영해야 하므로 대통령령 및 하위 규정의 제정과정을 지속적으로 모니터링할 필요가 있다.

제2부

디지털금융 서비스와 법률

제8장

디지털금융 환경에서 개인정보 처리 시 주의 사항

KOREA BANKING INSTITUTE

제8장

디지털금융 환경에서 개인정보 처리 시 주의 사항

디지털금융은 당연히 앱이나 웹을 통해서 서비스가 제공된다. 본 장에서는 앱/웹사이트를 이용한 서비스 운영 시 주의해야 할 사항들을 정리해보려고 한다. 회사에서 서비스를 런칭할 때 이 부분을 확인하면서 모든 내용들이 다 준비되었는지 체크해보는 것도 좋은 방법이라고 생각된다.

제1절 개인정보 처리 흐름의 파악 •••

개인정보 보호와 관련된 법적 의무를 확인하기 위해서는, 서비스 전체의 개인정보 처리 흐름 내지 현황을 파악해야 한다. 이를 먼저 문서로 정리한 이후에 관련 법적 의무를 검토하는 것이 현명한 접근방법이다.

- 앱/웹사이트를 통해 수집될 예정인 개인정보 항목
  ⇨ 일반 개인정보, 민감정보, 고유식별정보로 나누어서 정리해보자.
- 개인정보의 수집이 예정되어 있는 경로
  ⇨ 회원가입절차, 비회원구매, 민원신청 등 앱/웹사이트를 통해 고객정보가 수집되는 모든 경로를 다 정리해보자.

• 개인정보의 이용 목적

⇨ 다음과 같이 목적과 항목을 묶어서 정리하는 것이 관리가 수월하다.

목적	항목	선택/필수

• 개인정보가 저장되는 장소 (사내 서버, 웹사이트 운영업체 등)

⇨ "회사 내 저장 or 외부 저장"/"국내 저장 or 국외 저장"을 구분할 필요가 있다.

• 타 법인으로의 개인정보 이전 또는 타 법인에 의한 개인정보 열람 여부 및 그 내역

⇨ 타 법인으로 개인정보가 전달되는 경우뿐만 아니라 타 법인이 DB의 접속권한을 취득하여 개인정보를 열람하는 경우까지 포함하여 정리할 필요가 있다.

제2절 개인정보 동의서 준비

- 원칙적으로 개인정보 수집이 이루어지는 모든 경로에 대하여 동의서를 준비하여야 한다고 생각하자.
- 개인정보의 처리와 관련하여 동의를 받아야 하는 경우는 다음과 같다. 정리된 개인정보 처리 흐름 문서를 확인하면서 해당되는 사항이 있는 경우 관련 내용이 반영된 동의서를 준비하여야 한다.
  - 개인정보의 수집 및 이용[81)]
  - 개인정보의 제3자 제공[82)]
  - 마케팅 목적의 개인정보 처리[83)]
  - 영리목적의 광고성 정보 전송
  - 개인정보의 국외이전(제공/조회, 처리위탁, 보관 등)[84)]
- 동의서 준비 관련 유의사항
  - **수집항목의 최소화**: 개인정보는 필요한 범위 내에서 최소한으로 수집되어야 하므로 서비스의 본질적 기능과 직접적인 관련이 없는 항목은 선택사항으로 하여야 한다.
  - **법정사항의 고지**: 유효한 동의를 받기 위해서는 개인정보 보호법에 규정된 사항들을 모두 정확하게 알리고 동의를 받아야 하며, 고지된 사항에 변경이 있는 경우 다시 동의를 받아야 한다. 고지하여야 하는 사항은 다음과 같으므로, 아래 항목들에 해당하는 내용이 동의서에 반영되어야 한다.
    - ▸ <u>개인정보의 수집 및 이용</u>: (i) 개인정보의 수집 이용 목적; (ii) 수집하는 개인정보의 항목; (iii) 개인정보의 보유 및 이용기간; (iv) 동의를 거부할 권리가 있다는 사실 및 동의 거부에 따른 불이익이 있는 경우에는 그 불이익의 내용

81) 일반 개인정보, 민감정보, 고유식별정보에 대해 각각 나눠서 동의를 받아야 한다.
82) 일반 개인정보, 민감정보, 고유식별정보에 대해 각각 나눠서 동의를 받아야 한다.
83) 웹사이트 회원 등 이용자에게 이메일/SMS 등을 통하여 영리목적의 광고성 정보("SPAM")를 전송할 예정인 경우, 추가로 이용자들로부터 마케팅 목적의 개인정보 수집·이용 동의 및 그 광고성 정보 수신에 대한 동의를 받아야 한다는 점도 놓치지 말자.
84) 다만, 정보주체와의 계약의 체결 및 이행을 위한 국외 처리위탁·보관의 경우, 동의를 받지 않아도 되는 예외 규정이 있다.

▸ 개인정보의 제3자 제공: (i) 개인정보를 제공받는 자; (ii) 제공받는 자의 개인정보 이용 목적; (iii) 제공하는 개인정보의 항목; (iv) 제공받는 자의 개인정보 보유 및 이용기간; (v) 동의를 거부할 권리가 있다는 사실 및 동의 거부에 따른 불이익이 있는 경우에는 그 불이익의 내용

▸ 개인정보의 국외이전: (i) 이전되는 개인정보 항목; (ii) 개인정보가 이전되는 국가, 시기 및 방법; (iii) 이전받는 자의 성명(법인인 경우에는 그 명칭 및 연락처); (iv) 이전받는 자의 개인정보 이용 목적 및 보유·이용기간, (v) 개인정보의 이전을 거부하는 방법, 절차 및 거부의 효과

- **동의항목의 구분 등**: 상기 동의 사항들에 대한 동의는 구분(별도의 동의 체크박스 등)하여야 하며, 개인정보의 수집이 이루어지기 전에 완료되어야 한다. 또한, 필수적 목적의 동의와 선택적 목적의 동의를 나누어서 받아야 한다[85].

- **동의서 작성요령**: 개인정보의 수집·이용 목적 중 마케팅 목적으로 개인정보를 이용하여 정보주체에게 연락할 수 있다는 사실, 고유식별정보/민감정보의 처리 사실, 개인정보의 보유 및 이용 기간, 개인정보를 제공받는 자 및 개인정보를 제공받는 자의 개인정보 이용 목적은 "중요한 내용"에 해당한다. 중요한 내용은 다음과 같이 표시하여야 한다.

  ▸ 글씨의 크기, 색깔, 굵기 또는 밑줄 등을 통하여 그 내용을 명확하게 표시

  ▸ 동의 사항이 많아 중요한 내용이 명확히 구분되기 어려운 경우 중요한 내용이 쉽게 확인될 수 있도록 그 밖의 내용과 별도로 구분하여 표시

- **동의등급 표시**: 개인신용정보를 처리하는 경우에는 선택적 동의 사항에 대해서는 정보활용 동의등급을 부여받아 이를 동의서에 표시하여야 한다.

▸ 마케팅 목적의 개인정보 수집·이용동의와 영리목적의 광고성 정보 전송 동의

규제기관은 광고성 정보전송 동의는 전송자가 보내는 광고성 정보를 수신하겠다는 것에 대한 동의를 의미하므로 개인정보를 수집·이용하는 것에 대한 동의와는 구분된다는 입장이다. 따라서 마케팅 목적의 수집·이용동의와 SPAM 동의는 각각 별개로 받아야 한다.

---

85) 일반 개인정보와 민감정보, 고유식별정보는 구분하여 동의를 받아야 한다는 점도 기억하자.

제3절 개인정보 처리방침의 작성 및 게시[86)]

다음 사항들이 모두 포함된 '개인정보 처리방침'을 작성하여 웹사이트에 공개하여야 한다.

- 개인정보의 처리 목적
- 처리하는 개인정보의 항목
- 개인정보를 제3자에게 제공하는 경우 제공받는 자의 성명(법인인 경우에는 법인의 명칭), 제공받는 자의 이용 목적과 제공하는 개인정보의 항목
- 개인정보의 보유 및 이용 기간
- 개인정보의 파기절차 및 파기방법(다른 법령에 따라 개인정보를 보존하여야 하는 경우에는 그 보존근거와 보존하는 개인정보 항목을 포함)
- 개인정보 처리위탁을 하는 업무의 내용 및 수탁자
- 민감정보의 공개 가능성 및 비공개를 선택하는 방법(해당 시)
- 정보주체 및 법정대리인의 권리와 그 행사방법
- 인터넷 접속정보파일 등 개인정보를 자동으로 수집하는 장치(예컨대, 쿠키 등)의 설치·운영 및 그 거부에 관한 사항(해당 시)
- 개인정보 보호책임자의 성명 또는 개인정보보호 업무 및 관련 고충사항을 처리하는 부서의 명칭과 그 전화번호 등 연락처
- 개인정보의 안전성 확보 조치에 관한 사항
- 정보주체의 권익침해에 대한 구제방법
- 개인정보 처리방침의 변경에 관한 사항
- 개인정보의 열람청구를 접수·처리하는 부서
- 가명정보 처리에 관한 사항(해당 시)
- 동의 없이 개인정보를 추가적으로 이용·제공하는 경우 관련 판단 기준(해당 시)

86) 2023. 9. 15. 시행된 개정 개인정보 보호법에서 개인정보 처리방침 평가제가 도입되었다. 2024년 50개 업체에 대한 평가를 진행하였는데 아직 평가결과는 발표되지 않은 상태이다. 향후 발표되는 평가결과를 참고하여 회사의 개인정보 처리방침을 보완할 필요가 있다.

• 행태정보의 수집·이용·제공 및 거부 등에 관한 사항(해당 시)
• 국내대리인 지정에 관한 사항(해당 시)

웹사이트 첫 화면에 해당 방침의 전문을 확인할 수 있는 링크를 제공하고, 개인정보 처리방침 링크는 굵게 표시하는 등 이용자가 개인정보 처리방침을 쉽게 확인할 수 있도록 표시하여야 한다.

제4절 영리목적의 광고성 정보 전송(SPAM) •••

회원들에게 스팸메시지를 발송하는 경우 다음과 같은 사항들을 준수하여야 한다[87].

- **수신동의**: SPAM을 전송을 하려면 원칙적으로 수신자의 명시적인 사전 동의를 받아야 한다.
- **정기적인 수신동의 여부 확인**: 수신동의를 받은 날부터 2년마다 해당 수신자의 동의 여부를 확인해야 한다. 확인의무를 부여하는 것이므로 다시 동의를 받으라는 의미가 아니라, 수신동의 사실을 안내하고 수신거부의사를 표시하지 않는 경우에는 계속 발송이 가능하다.
- 전송시간 제한: 오후 9시부터 그 다음 날 오전 8시까지는 전자적 전송매체를 이용한 영리목적 광고성 정보 전송을 하려면 별도의 사전 동의가 필요하다. 다만, 이메일을 통한 영리목적 광고성 정보 전송의 경우 위 규정이 적용되지 않는다.
- 광고성 정보 전송 시 명시사항: 각 전송 매체 별로 명시사항 및 명시방법에 차이가 있다. 전자우편의 경우, (i) 전송자의 명칭, 전자우편주소, 전화번호 및 주소, (ii) 수신의 거부 또는 수신동의의 철회 의사표시를 쉽게 할 수 있는 조치 및 방법에 관한 사항, (iii) 제목이 시작되는 부분에 "(광고)"라는 문구를 표시하여야 한다. 참고로 전화, 문자메시지의 경우에도 (i)~(iii)과 유사한 항목들과 수신거부 또는 수신동의를 철회하는 때에는 수신자가 비용을 부담하지 않는다는 내용 등을 표시하여야 한다.
- 앱푸쉬 알림: 앱푸쉬 알림을 통해 광고성 정보를 전송하는 경우에도 동일한 의무가 적용된다.

87) 보다 상세한 내용을 알기 위해서는 "불법스팸 방지를 위한 정보통신망법 안내서(방송통신위원회)"를 살펴보기 바란다.

제5절 웹사이트 이용약관 준비

서비스 회원과 회사 사이의 권리·의무관계를 규율하는 이용약관을 준비하여, 회원가입 단계에서 위 이용약관에 대한 명시적인 동의를 받아야 한다.

- 이용약관의 내용은 약관의 규제에 관한 법률의 규정을 준수하여야 하며, 공정거래위원회에서 제시하고 있는 표준약관을 참고하여 작성하는 것이 효율적이다.

제6절 기타 유의사항

- 업무의 일부를 위탁할 시 점검사항
  - **위탁문서의 작성**: 서비스 이용자의 개인정보를 처리하게 되는 수탁업체(예컨대, 웹사이트의 유지·보수·관리업체, 데이터베이스 운영·관리업체, 상품 주문처리·배송업체, 이메일/SMS 발송업체 등)와의 계약에는 개인정보 보호 관련 법령에 따라 기재하여야 하는 사항들이 모두 반영되어야 한다.
  - 금융회사의 경우에는 위탁하는 업무의 성격에 따라 정보처리위탁규정, 업무위탁규정 등 금융권에만 적용되는 위탁 관련 규정을 함께 확인하여야 한다.
  - **수탁업체에 대한 관리·감독**: 위탁자는 수탁자가 개인정보 보호 관련 법령을 위반하지 않도록 관리·감독하여야 하는 법적 의무를 부담하고, 수탁자가 위탁받은 업무와 관련하여 상기 법령을 위반하여 이용자에게 손해를 가한 경우 그 손해에 대한 책임을 부담하게 될 가능성이 있다. 따라서 수탁업체에 대해 적정한 관리·감독을 하고 관련 내용을 수탁업체와의 계약에 반영하여야 한다.
  - **정보처리위탁보고**: 금융회사의 경우 인허가 등을 받은 금융업을 영위함에 있어 정보처리 업무의 위탁이 발생하는 경우에는 금융감독원에 정보처리위탁보고를 하여야 한다. 금융투자업자의 경우에는 자본시장법의 위탁규정에 따른 위탁보고 의무가 우선 적용된다.

- 이용·제공내역 통지[88] 및 수집 출처 통지[89]
  - 대상: 회사가 전년도 말 기준 직전 3개월간 이용자로부터 수집하여 저장·관리하고 있는 개인정보(일일 평균)가 다음 중 하나인 경우

    (1) 5만명 이상의 정보주체에 관하여 민감정보 또는 고유식별정보를 처리하는 경우

    (2) 100만명 이상의 정보주체에 관하여 개인정보를 처리하는 경우

88) 신용정보법 제35조에 따라 개인신용정보 조회시스템을 구축한 금융회사의 경우에는 시스템을 통해 이용·제공내역을 알 수 있으므로 이용·제공내역을 통지하지 않아도 된다.

89) 개인정보 보호법 제17조에 따른 제3자 제공 동의를 받아 수집한 개인정보에만 적용되는 의무이다. 따라서 금융회사가 신용정보법 제32조에 따른 제3자 제공 동의를 받아 수집한 개인신용정보에는 적용되지 아니하고 개인정보 보호법에 따른 제3자 제공 동의를 받아 수집한 개인정보가 있다면 해당 정보에 대해서만 적용된다.

- 통지방법: 이용자에게 서면, 전자우편, 팩스, 전화, 문자전송 또는 이에 상당하는 방법으로 통지
- 통지 내용:

(이용·제공내역 통지)

▸ 개인정보의 수집·이용 목적 및 수집한 개인정보의 항목

▸ 개인정보를 제공받은 자와 그 제공 목적 및 제공한 개인정보의 항목

(수집 출처 통지[90])

▸ 개인정보의 수집 출처

▸ 개인정보의 처리 목적

▸ 개인정보 처리의 정지를 요구하거나 동의를 철회할 권리가 있다는 사실

- 보험 가입 또는 준비금 적립
  - 회사가 (1) 전년도 매출액이 5천만 원 이상이고, (2) 전년도 말 기준 직전 3개월간 그 개인정보가 저장 · 관리되고 있는 이용자 수가 일일평균 1천 명 이상인 경우에 해당한다면, 손해배상책임의 이행을 위해 보험 또는 공제에 가입하거나 준비금을 적립하여야 한다.
  - 보험 · 공제의 최저가입금액 또는 준비금의 최소적립금액은 다음과 같다.

가입금액 산정요소		최저가입금액 (최소적립금액)
매출액	이용자 수	
800억 원 초과	100만 명 이상	10억 원
50억 원 초과 800억 원 이하		5억 원
5천만 원 이상 50억 원 이하		2억 원
800억 원 초과	10만 명 이상 100만 명 미만	5억 원
50억 원 초과 800억 원 이하		2억 원
5천만 원 이상 50억 원 이하		1억 원
800억 원 초과	1천 명 이상 10만 명 미만	2억 원
50억 원 초과 800억 원 이하		1억 원
5천만 원 이상 50억 원 이하		5천만 원

90) 대상에 해당하지 아니하는 회사의 경우에도 정보주체로부터 요구를 받은 경우에는 통지하여야 한다.

- 다만, 신용정보법 제43조의3에 따른 의무보험(공제)에 가입했거나 준비금을 적립한 경우로서 개인정보 보호법 제39조(손해배상책임) 및 제39조의2(법정손해배상의 청구)에서 정한 의무요건을 충족할 때에는 동 규정을 준수한 것으로 판단된다.

참고문헌

제1부 디지털금융과 기본 법률

제1장 디지털금융 관련 동향

"금융회사의 디지털 전환(Digital Transformation) 추진 현황", 금융감독원, 2019. 5.

제2장 디지털금융에 적용되는 주요 법률

"개인정보 보호법 전면개정, 데이터 신경제 시대 열린다", 개인정보보호위원회, 2023. 7.

"전자금융감독규정 정비계획", 금융위원회, 2024. 2.

"전자금융거래법 개정방향", 금융위원회, 2024. 9.

제3장/제4장 디지털금융 주요 법률 이해하기

"개인정보 보호법령 및 지침·고시 해설", 개인정보보호위원회, 2020. 12.

"개인정보 보호법령 해석 실무 교재", 개인정보보호위원회, 2021. 11.

"개인정보 처리방침 작성지침", 개인정보보호위원회, 2024. 4.

"금융분야 개인정보 보호 가이드라인", 금융위원회/금융감독원/행정안전부, 2016. 12.

"금융분야 주민등록번호 수집·이용 가이드라인", 금융위원회/금융감독원, 2015. 1.

"전자금융감독규정 해설", 금융감독원, 2017. 5.

"비대면 실명확인 관련 구체적 적용방안", 은행연합회/금융투자협회, 2024. 3.

"2024년 상반기 중 전자지급서비스 이용 현황", 한국은행, 2024. 9.

"전자금융업 등록 및 말소현황", 금융위원회, 2024. 4.

"주석상법", 한국사법행정학회

"금융분야 클라우드 및 망분리 규제 개선방안", 금융위원회, 2022. 4. 15.

"4차 산업혁명 시대의 디지털금융 종합혁신방안", 금융위원회, 2020. 7.

"개인정보 보호법 및 시행령 개정사항 안내", 개인정보보호위원회, 2023. 9.

"개인정보 보호법 및 2차 시행령 개정사항 안내", 개인정보보호위원회, 2024. 3.

제2부 디지털금융 서비스와 법률

제1장 전자문서/전자서명 서비스와 법률

"전자문서 및 전자거래 기본법 해설서", 과학기술정통부/법무부, 2022. 2.

"12월부터 공인인증서 폐지 … 인증시장 개방", 머니투데이, 2020. 6. 29.

제2장 빅데이터 서비스와 법률

"'데이터 댐'이 뭐예요?", 블로터, 2020. 7. 15.

"안전한 데이터 활용과 디지털 경쟁·혁신을 위한 금융분야 빅데이터 인프라 구축방안", 금융위원회, 2019. 6.

"가명정보 처리 가이드라인", 개인정보보호위원회, 2024. 2.

"금융분야 가명·익명처리 안내서", 금융위원회/금융감독원, 2022. 1.

제3장 마이데이터 서비스와 법률

"마이데이터, 누구는 되고 누구는 안 된다?", 헤럴드경제, 2022. 2. 10.

"금융업 인허가·승인 심사중단제도 개선방안", 금융위원회/금융감독원, 2021. 5.

"금융분야 마이데이터 서비스 가이드라인", 금융위원회, 2025. 1.

"금융분야 마이데이터 기술 가이드라인", 금융위원회, 2025. 1.

"본인신용정보관리업(MyData) 허가 매뉴얼", 금융감독원, 2022. 8.

"지속가능한 마이데이터 기반 마련을 위해 합리적 과금체계 구축", 금융위원회, 2023. 12.

"마이데이터 2.0 추진 방안", 금융위원회, 2024. 4.

제4장 통합멤버십 서비스와 법률

"금융사 통합멤버십 앱, 일상이 되다 … 국민 10명 중 8명 이용", 아시아경제, 2020. 3. 5.

"[단독] 5대 금융사, 잠자는 포인트 7800억 넘었다...이용률 저조", 데일리안, 2021. 12. 16.

제5장 클라우드 서비스와 법률

"아태지역 금융 클라우드 확산 … 6가지 트렌드 주목", 디지털투데이, 2021. 4. 28.

"금융분야 클라우드컴퓨팅서비스 이용 가이드," 금융보안원, 2023. 3.

"금융분야 클라우드 및 망분리 규제 개선방안", 금융위원회, 2022. 4. 15.

제6장 혁신금융서비스와 법률

"올해도 금융규제 샌드박스가 일상 속 금융혁신을 만들었습니다", 금융위원회, 2023. 12. 26.

"금융규제 샌드박스 2년 … 혁신서비스 139건 나왔다", 대한민국 정책브리핑, 2021. 4. 8.

"금융규제 샌드박스 관련 혁신성 심사 사례집", 금융감독원, 2021. 6.

"규제샌드박스 시행 3년, 세상을 바꾸다!", 부처합동, 2022. 1.

"혁신금융서비스 지정 매뉴얼", 금융감독원, 2021. 2.

"온라인 예금상품 비교·추천부터 자율주행 배달로봇까지 국민생활 크게 바꾼 1,000개의 작은 혁신", 부처합동, 2023. 7.

제7장 금융AI와 법률

"금융분야 AI 운영 가이드라인", 금융위원회, 2021. 7.

"금융분야 AI 보안 가이드라인", 금융위원회, 2023. 4.

"금융분야 AI 개발·활용 안내서", 금융위원회, 2022. 8.

"금융분야 망분리 개선 로드맵", 금융위원회, 2024. 8.

"금융권 생성형 AI활용 지원방안", 금융위원회, 2024. 12.

"인공지능 시대 안전한 개인정보 활용 정책방향", 개인정보보호위원회, 2023. 8.

"인공지능(AI) 개발·서비스를 위한 공개된 정보 처리 안내서", 개인정보보호위원회, 2024. 7.

"AI 혁명이 금융을 바꾼다. 금융CEO 80% "협업 시너지 기대", 한국금융신문, 2024. 2. 26.

참고 사이트

국가법령정보센터 https://www.law.go.kr

국회 의안정보시스템 https://likms.assembly.go.kr/bill/main.do

금융규제 샌드박스 https://sandbox.fintech.or.kr

개인정보 포털 https://privacy.go.kr

금융위원회 법령해석/비조치의견 사이트 https://better.fsc.go.kr

마이데이터 종합포털 https://www.mydatacenter.or.kr

전자문서 통합지원센터 https://www.npost.kr

한경경제용어사전 https://dic.hankyung.com

저자 약력

정세진

고려대학교 전기전자전파공학부 졸업
한국과학기술원(KAIST) 전자전산학과 석사 졸업
성균관대학교 법학전문대학원 법학전문석사 졸업

(현) 법무법인 율촌 파트너 변호사
(현) 성균관대학교 법학전문대학원 겸임교수
(현) 한국금융연수원 겸임교수
(전) 김앤장 법률사무소 변호사
(전) LG전자 Digital TV 연구소

디지털금융 기초 법률 상식

초판1쇄	2022년 07월 20일
3판1쇄	2025년 03월 11일
저　　자	정세진
발 행 인	이준수
발 행 처	한국금융연수원 출판미디어사업부
	03053 서울시 종로구 삼청로 118
전　　화	02) 3700-1500
팩　　스	02) 3700-1530
홈페이지	www.kbi.or.kr
등　　록	1990년 4월 20일(제1-1040호)
정　　가	21,000원
I S B N	978-89-287-8244-4 13320

한국금융연수원 자격검정시험 안내

•「국가공인자격」은 자격기본법에서 정한 기준과 절차에 따라 국가가 공인한 자격으로 신용분석사, 여신심사역, 국제금융역, 자산관리사(FP), 신용위험분석사(CRA), 외환전문역 I종, 외환전문역 II종 등 7개의 자격이 있습니다.

•「자체인증자격」은 우리 원이 인정, 수여하는 자격으로 공개시험형 자체자격인 프라이빗 뱅커(CPB), 은행텔러, 영업점 컴플라이언스 오피서(은행)(보험)(증권), KBI 금융DT 테스트, 자금세탁방지 업무능력 검정시험 등 7개 자격이 있습니다.

<table>
<tr><th>구분</th><th>자 격 명
(공인/등록번호)</th><th>응시료</th><th>자격소개</th></tr>
<tr><td rowspan="7">국가공인자격</td><td>신용분석사
(제2024-1호)
(2008-0438)</td><td>전과목 : 66,000원
1부 : 28,000원
2부 : 39,000원</td><td>금융회사의 여신관련 부서에서 기업에 대한 회계 및 비회계자료 분석을 통하여 종합적인 신용상황을 판단하고 신용등급을 결정하는 등 기업신용 평가업무를 담당하는 금융전문가</td></tr>
<tr><td>여신심사역
(제2024-2호)
(2008-0439)</td><td>전과목 : 66,000원
1부 : 28,000원
2부 : 39,000원</td><td>금융회사의 여신심사 담당자로서 경제상황과 기업의 재무, 비재무상태 등을 분석, 파악하여 적정한 대출심사 의견서 작성, 대출이율 및 대출기간 결정 등 대출실행 여부를 판단하고 자금의 효율적 운용, 대손 방지를 위한 제반조치, 여신의 법률적 검토, 사후관리업무 등 여신업무와 관련한 종합적인 업무를 수행하는 금융전문가</td></tr>
<tr><td>국제금융역
(제2021-1호)
(2008-0440)</td><td>전과목 : 66,000원
1부 : 33,000원
2부 : 33,000원</td><td>금융회사의 국제금융 관련 부서에서 국제금융시장의 동향파악, 분석 및 예측 등을 통하여 외화자금의 효율적 조달과 운용업무를 담당하고 이에 따른 리스크관리 등 국제금융 관련 업무를 수행하는 금융전문가</td></tr>
<tr><td>신용위험분석사(CRA)
(제2023-2호)
(2008-0442)</td><td>1차 : 77,000원
2차 : 88,000원</td><td>금융회사 및 기업신용평가기관 등에서 개인과 기업에 대한 신용상태를 조사평가하고 신용위험을 측정 · 관리하는 여신전문가</td></tr>
<tr><td>자산관리사(FP)
(제2020-1호)
(2008-0441)</td><td>전과목 : 55,000원
1부 : 28,000원
2부 : 28,000원</td><td>금융회사 영업부서의 PB(Private Banking) 팀에서 고객의 수입과 지출, 자산 및 부채현황, 가족상황 등 고객에 대한 각종 자료를 수집, 분석하여 고객이 원하는 Life Plan 상의 재무목표를 달성할 수 있도록 종합적인 자산설계에 대한 상담과 실행을 지원하는 금융전문가</td></tr>
<tr><td>외환전문역 I종
(제2020-1호)
(2008-0436)</td><td>전과목 : 55,000원</td><td>금융회사의 외환업무 중 외국환 거래 법규 및 외환거래실무를 이해하고 고객의 외화 자산에 노출되는 각종 외환 리스크를 최소화시키는 등 주로 개인 외환과 관련된 직무를 담당</td></tr>
<tr><td>외환전문역II종
(제2020-1호)
(2008-0436)</td><td>전과목 : 55,000원</td><td>금융회사의 외환업무 중 수출입업무 및 이와 관련된 국제무역규칙을 이해하고 외환과 관련된 여신 업무를 수행하는 등 주로 기업 외환과 관련된 직무를 담당</td></tr>
<tr><td rowspan="5">자체인증자격</td><td>은행텔러
(2008-0437)</td><td>전과목 : 55,000원</td><td>창구에서 일어나는 제반업무에 대해 신속하고 친절한 업무수행과 정확한 업무처리로 고객에게 도움을 주고 상담을 통해 문제해결을 하도록 도와주는 금융전문가</td></tr>
<tr><td>영업점
컴플라이언스 오피서(은행)
(2010-0118)
(보험, 증권)
(2013-0702,0703)</td><td>전과목 :
각 44,000원</td><td>금융회사의 영업점에서 준법관련 법규와 감독기관의 감독규정이 정한 내용과 취지를 충분히 이해하고 업무 수행과정에서 이를 준수하며, 영업점에서 발생 가능한 금융사고 및 민원사항이 발생하지 않도록 사전적 예방 차원에서 그 준수사항의 이행을 점검하는 금융전문가(은행, 보험, 증권 분야별로 자격이 구분됨)</td></tr>
<tr><td>프라이빗뱅커
(CPB)
(2018-004091)</td><td>1차 : 110,000원
2차 : 342,000원
(실무교육)</td><td>개인고액자산가의 자산 및 수익증대를 실현하기 위해 금융분야 전반에 걸쳐 종합적인 금융상담과 실행을 지원할 수 있는 최고급 수준의 금융자산설계전문가</td></tr>
<tr><td>KBI 금융DT 테스트
(2021-001872)</td><td>전과목 : 44,000원</td><td>금융인 및 예비금융인을 대상으로 디지털금융 전반에 대한 기본지식과 업무활용능력 등 금융DT 관련 기본역량 평가</td></tr>
<tr><td>자금세탁방지
업무능력 검정시험
(2023-004792)</td><td>전과목 : 66,000원</td><td>금융시스템을 이용한 자금세탁행위와 공중협박자금조달행위를 적발 및 예방할 수 있는 전문적인 업무역량 평가</td></tr>
</table>

소비자 알림사항

•상기 “프라이빗뱅커(CPB)”, “영업점컴플라이언스 오피서(은행)(보험)(증권)”, “KBI 금융DT 테스트”, “은행텔러”, “자금세탁방지 업무능력 검정시험” 자격은 자격기본법 규정에 따라 등록한 민간자격으로, 국가로부터 인정받은 공인자격이 아닙니다.

•민간자격 등록 및 공인 제도에 대한 상세내용은 민간자격정보서비스 (www.pqi.or.kr)의 ‘민간자격 소개’란을 참고하여 주십시오.

기타

•응시료 환불 규정 : 접수기간 중 100%, 접수기간 종료 후 시험일 5일전 18시까지 50% 환불/이후 환불 불가

•자격 공인번호는 재공인시점에 따라 변경될 수 있으며, 응시료, 환불규정 등은 응시 시점에 따라 변경될 수 있으니 자격시험 응시 전 반드시 한국금융연수원 홈페이지에서 응시하고자 하는 자격시험에 관한 최신 정보를 확인하시기 바랍니다. 자격시험에 관한 자세한 사항은 한국금융연수원 홈페이지를 참조하시기 바랍니다.

•주소 : 서울특별시 종로구 삼청로 118 / TEL : 02-3700-1500 / 홈페이지 : www.kbi.or.kr

KBI 금융DT 테스트

4년간 은행 임직원 약 1만명이 선택한 자격!
(누적 접수자 : 9,579명 / 누적 취득자 : 3,066명)

01 개요

1. 목적

금융인 및 예비 금융인을 대상으로 **디지털금융 전반에 대한 기본 지식과 업무 활용 능력 등 금융DT 관련 기본 역량 평가**

지식	금융DT 분야의 **포괄적 기초지식**
기술	금융DT 분야의 **일상적 업무를 수행**하고 **일상적 문제를 해결**하는 데 필요한 기술
소양	금융DT 분야의 **트렌드와 이슈를 이해**하고 이를 **자신의 업무수행에 활용**

2. 활용

● 본점 및 영업점 직원 등 금융인

금융회사 직원이라면 누구나 **금융DT 마인드**를 함양하고, **빅데이터, 인공지능, 디지털 마케팅** 관련 지식과 역량을 확인해 보세요!

나도 이제 **금융DT 이노베이터!**

● 금융회사의 인사담당자 및 인재개발 담당자

직원 금융DT 역량 제고, 신입직원 채용 및 DT부서 선발과 배치에 대한 고민, 한번에 해결!

02 인증시험 과목

과목	주요내용	세부내용	배점 (문항수)
디지털 금융의 이해 (30점)	DT의 이해	• 디지털전환의 이해 • 국내외 금융기관 디지털전환 사례 등	15점 (12문항)
	디지털금융 트렌드	• 디지털금융 관련 법규·정책 • 국내외 정책 사례 및 현황 등	15점 (12문항)
디지털 금융의 활용 (70점)	디지털금융 기술	• 디지털금융 기술*에 대한 지식 및 활용사례 등 * 빅데이터, 블록체인, 클라우드 컴퓨팅, 인공지능, 코딩 등	50점 (40문항)
	디지털 마케팅	• 디지털마케팅 현황 및 수립전략 • 디지털마케팅 성공사례 등	20점 (16문항)
계			100점 (80문항)

한국금융연수원
KOREA BANKING INSTITUTE

03053 서울특별시 종로구 삼청로 118
Tel. 02-3700-1500 | www.kbi.or.kr

03 인증기준

1. 인증기준

취득점수에 따른 등급인증

* KBI 금융DT 테스트는 2021년부터 인증시험 결과에 따라 등급을 부여합니다.

2. 등급인증

등급명	부여기준	역량
DT-Gold	90점 이상	• DT 역량과 디지털금융 업무 활용에 필요한 전문 지식 보유
DT-Blue	80점-89점	• DT 역량과 디지털금융 업무 수행에 필요한 실무 지식 보유
DT-Green	60점-79점	• DT 마인드와 디지털금융에 대한 기본 지식 보유

04 인증시험 운영

응시자격	제한 없음	평가시간	90분
문제유형	객관식(4지선다형)		
응시료	• 4.4 만원 * 환불규정 : 접수기간 중 100%, 접수 종료 후 부터 시험일 5일전 18시까지 50% 환불 / 이후 환불 불가		

시험일정

회차	원서접수	시험일시	지역
11회	6.17(화)~6.24(화)	7.26(토)	서울, 대전, 대구, 전주, 광주 부산, 제주
12회	9.23(화)~9.30(화)	11.8(토)	

05 기타 주요내용

1. 시험참고 도서

● 「디지털금융의 이해와 활용」
● 「블록체인, 디지털에 가치를 더하다」*
● 「빅데이터, 인공지능을 만나다」*
* 디지털금융기술 참고도서
(참고도서 외 기타 DT관련 일반지식에서도 출제)

2. 문의

● **시험 준비를 위한 연수과정 문의 :** DT연수부
Tel 02-3700-1500 | E-mail dtlearning@kbi.or.kr

● **인증시험 관련 문의 :** 자격검정사업부
Tel 02-3700-1500 | E-mail certif@kbi.or.kr

3. 소비자 알림사항

● KBI 금융DT 테스트는 자격기본법 규정에 따라 등록한 민간자격 (등록번호: 2021-001872)으로 국가로부터 인정받은 공인자격이 아닙니다.
민간자격 등록 및 공인 제도에 대한 상세내용은 민간자격정보서비스 (www.pqi.or.kr)의 '민간자격 소개'란을 참고하여 주십시오.